전주대학교 문화산업 총서 ❹

문화콘텐츠전략기획론

전주대학교 문화산업 총서 ❹
문화콘텐츠전략기획론

초판 인쇄 2009년 6월 23일
초판 발행 2009년 6월 30일

지은이 전충헌
펴낸이 최종숙
편 집 권분옥 이소희 이태곤 추다영
디자인 홍동선 이홍주
마케팅 문택주 안현진 심용창

펴낸곳 글누림출판사
주 소 서울시 서초구 반포4동 577-25 문창빌딩 2층
전 화 02-3409-2055(편집), 2058(마케팅)
팩 스 02-3409-2059
등 록 2005년 10월 5일 제303-2005-000038호
홈페이지 www.geulnurim.co.kr
전자우편 nurim3888@hanmail.net

값 13,000원
ISBN 978-89-6327-030-2 03600
    978-89-6327-026-5 세트

이 책은 전주대학교 X-edu 사업단의 지원으로 제작되었습니다.

전주대학교 문화산업 총서 ❹

문화콘텐츠 전략기획론

전 충 헌

축 사

　전주대학교 X-edu 사업단이 지난 5년간의 성과를 모아 문화산업 총서를 발간하게 됨을 진심으로 축하드립니다. 문화콘텐츠는 21세기 국가경쟁력과 문화산업에 중요한 자양분입니다. X-edu 사업단은 문화콘텐츠의 중요성을 인식하고 사회적·경제적 요구와 대학 교육을 접목시킨 전통문화콘텐츠 인력양성사업을 2004년부터 매년 50억 원의 사업비를 투자하여 진행해 왔습니다. 우수학생을 유치하고, 교육역량을 강화하며, 내실 있는 교육을 통해 전주대학교는 최고 수준의 문화콘텐츠 특성화대학으로 탈바꿈하였습니다. 특히 2006년에는 전국 최초로 문화산업대학을 신설하였고, 2008년에는 취업률 전국 1위라는 의미 있는 성과를 거두기도 하였습니다.

　대학의 중심은 교수와 학생입니다. 학생들의 취업률만큼이나 중요한 것이 교수의 연구능력입니다. X-edu 사업단 소속 교수들이 지난 5년간 교육현장에서 보여준 열정과 능력은 우리 전주대학교의 중요한 자산입니다. 이번에 발간하게 되는 문화산업 총서는 그 가시적인 결과물인 동시에 한 대학의 지적 재산을 넘어 우리나라 문화산업 전반에 중요한 성과물로 기록될 것입니다.

　지방대학이라는 어려운 여건 속에서도 전주대학교가 문화콘텐츠 분야에서 우수 인력을 양성하고 배출할 수 있었던 것은 X-edu 사업단의 체계적인 교육프로그램과 학생들의 자발적인 참여, 교수들의 헌신적인 노력이 삼위일체가 되었기 때문입니다. 전주대학교는 5년간의 누리사업을 통해 한층 업그레이드되었고, 그 성과를 내실 있는 교육을 통해 다시 사회로 환원시키는 데 최선의 노력을 다할 것입니다.

   여러 가지 어려움 속에서도 X-edu 사업단을 전국 최고의 누리사업단으로 발전시킨 주명준 단장님 이하 사업단 모든 교수님들께 깊은 감사의 말씀을 전합니다.

전주대학교 총장 이 남 식

발간사

　전주대학교의 누리사업단인 전통문화콘텐츠 X-edu 사업단이 문화산업 총서를 펴내게 된 것을 자랑스럽게 생각합니다.
　누리사업은 지방대학이 어려움에 직면하게 되자 교육부가 지방대학의 혁신역량을 강화할 필요를 절감하여 실시한 국책사업입니다. 누리사업으로 인해 지방대학의 역량이 크게 강화되었음은 주지의 사실입니다. 전주대학교는 문화콘텐츠 산업의 세계화 추세에 발맞춰 이에 대한 준비를 오래 전부터 해 왔습니다. 그 결과 2004년 교육부의 지방대학혁신역량강화사업으로 당당히 선정되었고, 5년에 걸쳐 무려 341억 원을 투자한 우리 대학 역사상 초유의 대형프로젝트가 진행되었습니다.
　X-edu 사업단은 전라북도의 전통문화를 오늘날에 되살려 디지털콘텐츠로 제작하는 교육을 통해 학생들의 취업 경쟁력을 높이고 나아가서는 지방산업 발전에 기여하는 인재를 육성할 뿐만이 아니라 지방의 경제 활성화에 도움을 주기 위해 노력하였습니다. 우리는 지난 5년 동안 교수와 학생 및 산업체의 전문가들이 삼위일체가 되어 디지털콘텐츠기술의 전수와 전라북도의 전통문화 발굴, 그리고 문화산업 발전에 필요한 인력양성에 줄곧 매진하였습니다. 그 결과, 지금은 '전통문화!' 하면 전주대학교 X-edu 사업단을 떠올릴 정도로 그 위상을 확고히 할 수 있게 되었습니다. 이는 우리가 배출한 학생들이 다양한 분야의 문화콘텐츠 산업 현장에 진출하여 활동

하고 있음을 통해 확인할 수 있습니다.

  X-edu 사업단에서는 학생들이 문화산업 분야의 새로운 지식을 습득하고 학습 능력을 향상시킬 수 있도록 5년간 매학기 문화산업 관련 교재 편찬을 지원하는 프로그램을 마련하였습니다. 교수들로부터 공개적으로 저술계획서를 받아 엄격한 심사를 거쳐 출판비를 지원한 것입니다. 마지막 학기에는 그동안 개발된 교재 중 10권을 엄선하여 전주대학교 문화산업 총서를 발간하기에 이르렀습니다. 이로써 5년 동안 계획하고 가르쳤던 우리 대학의 문화산업 교육 역량을 마무리하게 되어 전주대학교 구성원 모두와 함께 기쁘게 생각합니다.

  그동안 X-edu 사업단을 위하여 물심양면으로 도와주시고 실질적으로 지휘해 주신 전주대학교 이남식 총장님께 깊은 감사를 드립니다. 그리고 문화산업 총서를 계획하고 간행하는 모든 과정을 직접 책임지고 수행한 팀장 이용욱 교수님께 깊이 감사드립니다. 약 반년에 걸쳐 전주대학교 문화산업 총서 발간을 위하여 수고하신 글누림 출판사의 최종숙 사장님과 편집부 선생님들께도 심심한 사의를 표합니다.

  전주대학교 문화산업 총서가 이 분야에 관심 있는 모든 분들에게 크게 도움이 되기를 간절히 소망합니다.

전주대학교 전통문화콘텐츠 X-edu 사업단장 **주 명 준**

머리말

문화콘텐츠는 디지털 컨버전스 시대의 핵심 키워드이다. 문화콘텐츠는 디지털 패러다임, 특히 인터넷 브로드밴드의 빠른 확산과 이를 기반으로 하는 디지털 신경제를 배경으로 하여 창출된 개념이다.

이제 문화콘텐츠는 지식 기반 창조경제 시대를 추동할 대표 브랜드가 되었다. 지식인들은 이제 이 시대를 문화콘텐츠 시대라 할 정도에 이르게 되었으며 디지털 시대의 글로벌 메가트렌드로써 산업계, 학계, 연구계, 정책당국 나아가 해외 전문가와 각 국가에 공감대가 크게 확산되어 왔다.

즉 디지털융합 환경이 창출하는 창조경제 시대를 이끌어 가는 핵심 성장 엔진이 된 것이다. 문화콘텐츠는 21세기 대한민국을 세계 디지털문화의 중심에 포지셔닝 하도록 하고 있으며, 한류를 창출하면서 다양한 형태로 전 세계의 확산에 기여하고 있다.

문화콘텐츠는 대한민국과 연관 국가 간, 민족 간 문화의 교류와 소통에도 기여하고 있으며 대한민국 디지털 코리아의 브랜드와 문화정체성을 확립하는 데에 기여할 뿐만 아니라, 기업 브랜드의 가치도 함께 끌어 올리고 있다.

앞으로도 문화콘텐츠는 디지털 패러다임을 선도하는 대한민국이 디지털 문화와 문명의 중심에 서서 세계인들과 소통하며, 온라인과 오프라인에서 다양한 커뮤니티와 네트워크의 기반에서 정보와 지식을 융합시키고, 산업을 고도화할 것이다.

이러한 때 전주대 산학협력단의 지원으로 본『문화콘텐츠전략기획론』을 집필하게 된 것을 매우 의미 있게 생각한다. 필자는 문화콘텐츠 지식체계의 중요한 분야로서 『문화콘텐츠전략기획론』을 그 동안의 경험과 지식을 바탕으로 체계화하고자 시도하였다. 미흡하나마 이러한 작은 노력이 학계와 산업계 그리고 지식 네트워크에서 함께 공유되어 문화콘텐츠의 지식체계가 더욱 고도화되기를 바라는 마음 간절하다.

본 『문화콘텐츠전략기획론』이 나오기까지 필자는, 문화콘텐츠 창안, 문화콘텐츠 테마스쿨 대학 순회 강연 외 전국 대학 문화콘텐츠 이해 관련 주제 발제 및 강연 수행, 초기 콘텐츠 학회 설립 20여 개 미디어 콘텐츠 학회 활동, 문화콘텐츠 인력양성 종합계획 정책 제안 및 자문위원 활동, 방송통신융합 환경에서 콘텐츠 중요성 주창, 전충헌의 콘텐츠 코리아 칼럼 랠리 (www.inews24.com/ 칼럼) 등 10여 년 간 5천 회 이상에 걸친 콘텐츠 지식 랠리, 지식 네트워크 활동을 서울과 전국 지역에 걸쳐 수행, 실천해 왔다.

『문화콘텐츠전략기획론』 구성의 중요한 원칙은 시장 리스크 관리 관점, 콘텐츠 생태계 선 순환 관점, 콘텐츠 산업구조의 클러스터 관점에서 기획의 중요성을 강조하고자 하였다.

나아가 글로벌 한류의 지속적 확산에 기여하고 양질의 킬러콘텐츠 창출을 위한 방법 체계로서 역할을 하고자 하였다. 문화콘텐츠 지식체계가 10여 년 전 국가 IMF 경제위기와 인터넷 버블 위기를 극복하기 위한 배경에서 시작되었고 기여한 만큼, 글로벌 금융 위기로 인하여 직면하게 된 제2의

제위기를 창조적으로 극복하는 데에도 일조할 수 있기를 기대한다. 그리고 우리 사회의 패러다임 시프트, 창조산업을 추동하고 지식 창조경제시대를 열어나가는 데에도 기여할 수 있기를 바란다.

그리고 심층지식체계로서 창조산업 클러스터 지식체계화는 지속, 보완되어 갈 것이다. 방송통신융합 뉴미디어 환경과 문화콘텐츠의 공진화 프로세스의 경우도 『문화콘텐츠전략기획론』에서 다루어야 할 중요한 주제였음에도 보다 심층적으로 다루지 못했다. 이는 후일을 기약하고자 한다.

본 졸저는 아직은 미흡한 『문화콘텐츠전략기획론』 1.0이다. 그럼에도 본 저가 출간되기까지 적지 않은 분들의 성원과 격려가 있었다. 누구보다 문화콘텐츠 지식체계에 인사이트를 제공하여 주신 한국 외국어대 이기상 교수님께 감사드린다. 문화체육관광부 유병한 문화콘텐츠 산업실장님, 방송통신위원회 서병조 방송통신정책실장님, 한국콘텐츠진흥원 이재웅 원장님, 경기디지털콘텐츠진흥원 서병문 이사장님, 권택민 원장님, 전주정보영상진흥원 이흥재 원장님 등 전국 지역 원장님과 관계자 분들, 한국문화관광연구원 정갑영 원장님, 한국교육학술정보원 곽덕훈 원장님, 한국인터넷진흥원 서재철 단장님, 한국소프트웨어진흥원 신재식 단장님, 한국전파진흥원 최창식 실장님께도 이 기회를 빌려 감사 인사를 드린다. 인문콘텐츠학회 여러 선생님들, 한국 외국어대 임영상 교수님, 중앙대 박경하 교수님, 건국대 김기상 교수님, 호서대 김교빈 교수님께 감사드린다. 미디어미래연구소

김국진 소장님, 역사문화콘텐츠연구소 강진갑 소장님, 연세대 미디어아트 연구소 임정택 소장님, 허정아 선생님 등께도 감사의 마음을 전해 드린다. 한국디지털콘텐츠학회 오명 명예회장님, 방기천 회장님, 한국콘텐츠학회 오용선 회장님, 한국문화콘텐츠학회 최창섭 회장님, 한국만화애니메이션학회 김현호 회장님, 한국게임학회 조성현 회장님, 한국컴퓨터게임학회 이원형 부회장님, 인문콘텐츠학회 박상천 회장님, 한국문화산업학회 임배근 회장님, 한국디지털정책학회 노규성 회장님, 한국문화경제학회 구문모 회장님, 문화콘텐츠기술학회 황보택근 회장님, 국제엔터테인먼트융합학회 박상용 회장님, 한국영화학회 조희문 회장님, 한국엔터테인먼트산업학회 오창석 회장님, 한국엔터테인먼트법학회 홍승기 회장님, 한국방송통신학회 진용옥 회장님, 중앙아시아경제학회 정행득 회장님, 전택수 유네스코한국위원회 사무총장님 등께도 감사드리며, 을지대 유진룡 교수님, 성균관대 황대준 교수님, 이화여대 용환승 교수님, 조선대 이강현 교수님, 광운대 유병배 교수님, 고려대 김형중 교수님, 한밭대 김동화 교수님께도 감사드린다. 항상 마음으로 함께 해주신 전주대 최종렬 교수님께 특히 감사드린다. 함께 수고해주신 글누림 출판사 편집부 가족에게도 심심한 감사의 말씀을 전한다. 끝으로 아내와 주영, 인영 두 딸에게 미안함과 고마움을 전한다.

저자 **전 충 헌**

CONTENTS

축 사_4
발간사_6
머리말_8

Chapter ❶ 문화콘텐츠 시대 배경과 이해___19

1. 문화콘텐츠 시대의 생성 배경 ·· 20
2. 디지털 컨버전스 생태계의 변화 ·· 29
3. 미디어 산업 환경 변화 ·· 32
4. 문화콘텐츠정책 및 시장 환경 변화와 전망 ·· 37
   1) 새 정부 콘텐츠 산업 ·· 40
   2) 문화콘텐츠 산업 전망 ·· 41
   3) 문화콘텐츠 산업 과제 ·· 48
   4) 문화콘텐츠 산업 발전을 위한 제언 ·· 55

Chapter ❷ 문화콘텐츠 지식체계와 전략 기획___57

1. 문화콘텐츠 지식체계 ·· 59
2. 문화콘텐츠 정책포지셔닝 ·· 65
3. 문화콘텐츠 전략 기획 인사이트 ·· 68
   1) 콘텐츠는 인류문명의 지식과 정보의 표현 양태 핵심 전략 가치 ·· 71
   2) 성공적인 콘텐츠 비즈니스 전략 기획 방향 ·· 72
   3) 콘텐츠 비즈니스 전략 기획의 파이프라인 셋업 ·· 74

Chapter ❸ 문화콘텐츠 크리에이티브 기획__77

　　1. 콘텐츠 크리에이티브 벨류 체인‥78
　　　　1) 콘텐츠 크리에티브 벨류 체인의 의미‥78
　　　　2) 디지털융합과 콘텐츠 생산 방식의 변화‥80
　　　　3) 콘텐츠 생산과 수급방식의 도입 체계‥82

　　2. 크리에이티브 파이프라인‥86

　　3. 콘텐츠 크리에이티브 창출 환경‥87

　　4. 콘텐츠 크리에이티브와 창조적 상상력‥89
　　　　1) 인터넷 브로드밴드 전국 확산이 가져온 디지털융합 환경‥89
　　　　2) 창조적 상상력의 보고, 문화콘텐츠‥91
　　　　3) 콘텐츠 크리에이터와 창조적 상상력‥95

Chapter ❹ 문화콘텐츠 비즈니스 모델 기획__99

　　1. 문화콘텐츠 비즈니스의 특성 및 유형‥100
　　　　1) 기술 기반의 융합 비즈니스‥101
　　　　2) 온라인과 오프라인의 융합 비즈니스‥101
　　　　3) 엔터테인먼트 융합 비즈니스‥102
　　　　4) 크리에이티브 가치 창출과 관계 네트워크 비즈니스‥102
　　　　5) 창조산업 클러스터 기반 비즈니스‥103
　　　　6) 콘텐츠 서비스 플랫폼 네트워크 융합 비즈니스‥103

7) 개인 미디어 콘텐츠 비즈니스··103
   8) 롱테일 비즈니스··104
   9) 글로벌 비즈니스··104
   10) 무한복제··105

 2. 문화콘텐츠 비즈니스의 사례··105
   1) 디지털만화··105
   2) 디지털애니메이션··107
   3) 디지털 게임··111
   4) 디지털음악··113
   5) 출판 영화 문화콘텐츠 OSMU 미디어믹스··115
   6) UCC··116
   7) 애플 앱스토어··118
   8) 가상현실··119

 3. 콘텐츠 산업구조의 이해··122
   1) 콘텐츠 산업구조의 이해··122
   2) 콘텐츠 산업구조의 특징··124
   3) 콘텐츠 산업구조에 따른 기업 환경 변화와 발전 모델··128

 4. 문화콘텐츠 비즈니스 모델링··133
   1) 문화콘텐츠 비즈니스 모델링의 이해··133
   2) 문화콘텐츠 비즈니스 모델링 추진 체계··135
   3) 문화콘텐츠 비즈니스 창업 모델··140
   4) 문화콘텐츠와 투자 모델··145

Chapter ❺ 문화콘텐츠 OSMU 기획___151

1. 문화콘텐츠와 OSMU 의의‥152
2. 문화콘텐츠 OSMU와 마켓 채널‥154
3. 문화콘텐츠 OSMU 사례‥157
    1) 포켓몬스터‥157
    2) 메이플스토리‥160
    3) 라그나로크‥161
4. 문화콘텐츠 OSMU 기획‥163
    1) 문화콘텐츠 원작의 참신성과 우수함‥163
    2) 콘텐츠 크리에이티브 기획 역량 강화‥165
    3) 문화 거버넌스 콘텐츠 산업 클러스터 체계‥166

Chapter ❻ 문화콘텐츠 디자인 기획___169

1. 디지털 디자인 크리에이티브‥170
    1) 디자인 크리에이티브‥170
    2) 디지털융합과 콘텐츠 크리에이터‥171
2. 디지털 테크놀로지 크리에이티브‥173
    1) 테크놀로지 크리에이티브‥173
    2) 콘텐츠 테크놀로지 인사이트 체계‥175
3. 문화콘텐츠 지식체계와 디자인 크리에이티브‥176

4. 문화콘텐츠 디자인 크리에이티브‥178
   1) 문화콘텐츠 디자인 크리에이티브의 비전‥178
   2) 문화콘텐츠 디자인 크리에이티브의 전략 체계‥179
   3) 문화콘텐츠 상품 디자인‥180

Chapter ❼ 문화콘텐츠 스토리텔링 기획___183

1. 문화콘텐츠 스토리텔링의 의의‥184
   1) 디지털 스토리텔링‥184
   2) 문화콘텐츠 스토리텔링의 특징‥188

2. 인문학적 상상력과 스토리텔링‥190
   1) 풍부한 창작 기반의 중요성‥190
   2) 창조적 상상력과 세계관‥191
   3) 디지털융합 환경과 인문학의 역할‥194

3. 문화콘텐츠 지식체계와 스토리텔링‥195

4. 문화콘텐츠 스토리텔링 기획‥198

Chapter ❽ 문화콘텐츠 상품화 기획___201

1. 문화콘텐츠 상품화의 의의‥202

2. 문화콘텐츠 상품화와 클러스터 체계‥204

3. 문화콘텐츠 지식체계와 상품화‥208
   1) 문화콘텐츠 원작의 상품화 기획 단계‥208

2) 문화콘텐츠 원작의 판권 라이선싱 단계에서의 상품화 기획 ·· 209
3) 문화콘텐츠 미디어 전략 매니지먼트 단계 ·· 210

4. 문화콘텐츠 상품화 기획 ·· 210
1) 문화콘텐츠 상품화 기획의 시장과 범주 전망 ·· 211
2) 문화콘텐츠 상품화 기획의 본질 ·· 212

Chapter ❾ 문화콘텐츠 라이선싱 기획__215

1. 문화콘텐츠 라이선싱의 의의 ·· 216
2. 문화콘텐츠 라이선싱의 구조 ·· 219
3. 문화콘텐츠 라이선싱 관리 ·· 223
4. 문화콘텐츠 라이선싱 전략 ·· 229

Chapter ❿ 문화콘텐츠 마케팅 기획__233

1. 문화콘텐츠 마케팅 기획의 의의와 콘텐츠마켓의 현황 ·· 234
1) 문화콘텐츠 마케팅 기획의 의의 ·· 234
2) 콘텐츠 마켓의 현황과 시사점 ·· 236

2. 문화콘텐츠와 포지셔닝 전략 ·· 238
3. 문화콘텐츠 마케팅의 지식체계 ·· 240
4. 문화콘텐츠 마케팅 기획 인사이트 ·· 249

참고문헌_254

Chapter ❶ 문화콘텐츠 시대 배경과 이해

본 장에서는 문화콘텐츠 생성의 시대 배경을 살펴본다. 디지털융합과 생태계의 변화, 미디어 생태계의 경쟁 환경의 변화, 문화콘텐츠 정책 환경의 변화와 전망에 대해 살펴본다.

문화콘텐츠는 우리 사회의 www, WTO 체제로 진입하는 1995년을 기점으로 세계적으로 가장 빨리 인터넷 초고속망이 전국에 깔리고 이러한 인터넷 브로드밴드 기반 위에서 새로운 비즈니스 모델이 실험되고 창출되었다. 스타크래프트 열풍, 전국 PC방 체인점의 확산, 온라인게임의 개발, 인터넷 포털 야후, 다음, 네이버 등 정보 검색 서비스의 확대, 디지털 커뮤니티 서비스 모델 싸이월드의 선풍적 인기, 미디어 생태계의 변화 등이 또한 급속히 일어났다. 오프라인 신문 등 미디어 산업의 급속한 변화를 가져왔으며 온라인신문의 태동이 일어났다. 이러한 온라인의 급속한 발전이라는 환경 변화는 음악산업의 경우, 발전으로 인한 불법 다운로드가 확산되면서 급격한 쇠퇴를 초래하게 되었다. 이렇듯 디지털융합 환경으로 우리 사회가 급격히 추동되는 시점에 문화콘텐츠가 창안되었다.

문화콘텐츠 개념의 창출은 당시 급속히 발전한 디지털 커뮤니티, 온라인 디지털콘텐츠로서 1분 30초짜리 디지털애니메이션 〈마시마로(Mashimaro)〉 캐릭터가 선풍적인 인기를 모으고, 스타크래프트가 전국 PC방 체인점을 확산시키며, 〈바람의 나라〉, 〈리니지〉 등 온라인게임이 급속히 확산되고 드라마, 영상, 음악, 영화 산업이 온라인커뮤니티와 결합되면서 시장과 콘텐츠가 고도화되고 글로벌 시장 환경으로 급속히 변화해가는 시장 환경을 기반으로 하고 있다.

한편 문화콘텐츠는 이러한 사회 현상의 변화에 전통문화와의 디지털 디바이드 현상이 심화되는 상황에서 이를 극복하고자 전통문화와 첨단 IT와의 융합 창조가치, 온라인과 오프라인의 통합이라는 가치를 개념에 내포하게 된다.

1. 문화콘텐츠 시대의 생성 배경

문화콘텐츠 시대의 생성 배경을 이해하기 위해서는 먼저 '1995와 문화콘텐츠, 창조경제'의 메커니즘을 정확히 이해하여야 한다.

1995년은 전 세계가 www과 WTO 체제로의 편입을 통해 글로벌화, 세계화가 본격적으로 시작되는 해이다. 즉, 우리 사회는 1995년을 기점으로 인터넷 브로드밴드 기반이 급속하게 확산되기 시작하였으며, 나아가 디지털 융합이 본격화되면서 세계화의 물결이 어떤 나라보다도 빠르게 전개되고 격변하기 시작한 해라 하겠다.

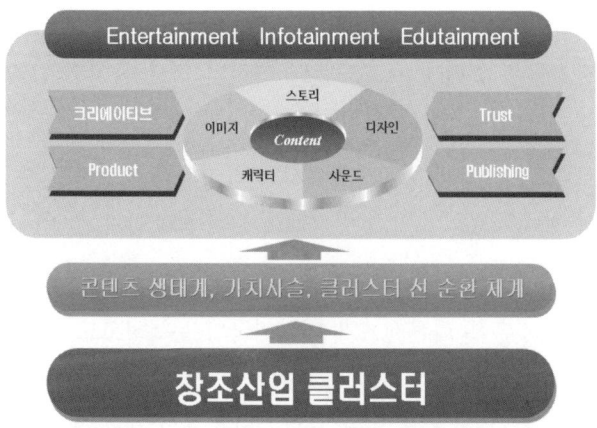

문화콘텐츠 지식체계 구성도[1]

지난 미국 클린턴 행정부 시절 '인포메이션 수퍼 하이웨이'를 주창한 엘 고어 부통령이 정작 미국이 아닌 대한민국에서 당신이 구상하였던 정보화의 구체적 비전과 변화, 흐름을 확인하게 되었다고 고백한 바 있다. 바로 문화콘텐츠는 1995년 www, WTO 체제의 기점에서 이후 5~6년간의 우리 사회의 국가, 사회, 경제, 문화적 변화가 디지털융합 환경 위에서 펼쳐지고 있는 시대 상황을 핵심 배경으로 하고 있으며, 이를 기반으로 문화콘텐츠의 개념이 창안되었다고 하겠다.

그 시기는 한편 국가 IMF 경제위기와 인터넷 버블 위기라는 격변의 시기이기도 하였다. 즉, 이러한 국가적 위기상황과 리스크를 극복하고자 하는 목적과 배경 속에서 문화콘텐츠의 개념이 창안되었다.

한편 1995년에서 2000년 초반까지의 5~6년의 시기는 디지털융합 환경

---

[1] 문화콘텐츠 지식체계 구성도는 필자가 문화콘텐츠 개념을 창안하게된 시기인 1998~2000년 이후 최근까지 지속적인 콘텐츠 지식랠리를 통해 전체 구조에서 디테일에 이르기까지 보완되고 진화되어 왔다는 표현이 정확할 것이다.

에서 한민족 5천년 역사상 가장 창의가 꽃 피우던 시대라 할 수 있다. 이미 후세의 역사가들은 인터넷 브로드밴드 이전의 역사와 이후의 역사로 크게 구분할 것으로 보기도 한다.

지금 글로벌 금융 경제 위기상황에서 한국경제를 지탱하여 주고 있는 핵심 기업과 브랜드, 상품, 비즈니스 모델의 상당수가 바로 1995년 이후 2000년 초반까지 약 5~6년간의 시대적 상황에서 창출된 것들이다.

이제 중요한 것은 문화콘텐츠가 대한민국의 독특하고도 독창적인 IT 기반 인프라 위에서 디지털 융합과 함께 출현한 경제 현상, 산업적 구조와 현상을 배경으로 하여 창출된 개념이라는 것을 인식해야 한다는 사실이다. 문화콘텐츠는 창조산업이라는 산업구조의 패러다임의 대전환을 가져오고, 글로벌 브랜드를 창출하고 있으며, 우리 사회를 창조경제 사회로 급격히 추동하고 있다. 그리고 한편 대학을 중심으로 문화콘텐츠학이 확산되어 왔으며, 문화콘텐츠 대학원 개설 등이 확대되고 있다. 또 이러한 대학을 중심으로 중국 등 해외 유학생들이 급증하고 있다. 이렇듯, 짧은 시간임에도 우리 사회에 문화콘텐츠에 대한 인식이 그 저변에서부터 확대되고 뿌리를 내리고 있다는 점은 매우 중요한 시사점이 있다 할 것이다.

최근 필자는 2000년대 초반 이후 한류 열풍과 확산이 이내 사그라지며 한류의 위기가 닥친 상황과 창조기업이 보다 활발히 출현하지 못하는 사이 글로벌 금융 위기의 외적 상황으로 다시 맞이하게 된 경제적 위기 상황을 극복하기 위한 정책 대안을 지속적으로 제시하고자 동분서주 하였다.

1995년 이후 2000년 초반까지 대한민국의 창의가 가장 활발하게 꽃 피우던 시절 많은 창조적인 기업과 상품이 시장에서 창출되었던 신화를 다시 한 번 창조해 내야 한다. 그리하여 대한민국 경제가 창조경제 패러다임으로 연착륙하도록 함으로써 진정한 선진화의 길로 진입할 수 있도록 하는 계기로 삼아야 할 것이다.
 이제 문화콘텐츠 산업은 창조경제, 창조산업 클러스터의 핵심 섹터로 생태계 선 순환 관점, 가치사슬 네트워크 관점, 클러스터 관점으로 인식되어야 한다. 필자가 10년 전, 콘텐츠 지식랠리를 집중적으로 전개한 과정, 이 과정에서 한류의 확산과 소기의 산업적 성과를 창출하는데에도 기여한 지식 기반 축적의 과정은 우리 사회의 소중한 경험 자산일 것이다.
 또한 전체적으로는 여전히 우리 경제와 산업구조의 위기 국면과 리스크 요인이 상존하고 있다는 사실을 인식하고 이의 위기 국면을 창조적으로 극복하고 돌파할 수 있는 내부 역량과 대안을 창출해 온 과정에서 축적된 지식 네트워크 역량과 크리에이티브 인사이트 역량은 우리 사회의 매우 가치 있는 소중한 지식 자원일 것이다.
 이제 콘텐츠 산업 환경에서 법 제도의 미비 및 적절한 대응 미흡 등으로 인한 국가 경쟁력과 에너지 낭비와 손실은 없는지, 있다면 어느 정도인지를 정확히 파악하여 대응 방안을 모색하는 일은 중요한 일일 것이다. 이로 인한 산업 현장에서 느끼는 문제점과 부작용은 어느 정도인지, 정책 프로세스상의 선 순환 효과를 내지 못한 채 겉돌고 있으며 해결되지 못한 채 공전하거나 간과되고 있는 핵심 정책 과제는 무엇인지를 파악하는 일 역시 매우 중요하다.
 디지털 패러다임은 지난 10여 년 동안 우리의 산업 패러다임을 지식 창조시대로 급속히 변화시켜 왔다. 기존 관념과 질서, 제도, 교육, 법 등이 새로운 패러다임에 맞게 혁신과 변화를 요구 받고 있다. 그 변화와 혁신은 우리 사회 문화 경제 전반에 걸쳐 오프라인의 온라인화, 아날로그의 디지털화, 가치와 재화의 콘텐츠화를 촉진하고 있다.
 디지털 융합은 주로 방송 통신 영역에서 대표적으로 미디어의 융합, 네트워크의 융합을 촉진하고 있다. 이러한 융합은 기술 패러다임 역시 정보 기술(IT)에서 콘텐츠 융합 기술(CT)로 패러다임의 전환을 요구하고 있다. 이러한 패러다임은 지식 창조사회로의 변화의 중심축이 바로 콘텐츠로 바뀌고 있다는 것을 의미한다.

콘텐츠 역시 디지털 문화화, 융합화, 글로벌화라는 트렌드를 창출하고 있다. 현재 미디어와 네트워크 환경에서 현안이 되고 있는 콘텐츠의 내실화, 고도화, 차별화, 다양화 전략 역시 이러한 트렌드의 반영 속에서 가능할 것이다. 이러한 현상은 우리 사회 전반의 모든 영역에서 일어나고 있다. 정책 환경 역시 디지털문화화, 융합화, 글로벌화가 핵심 키워드가 되어 있다. 즉, 지식 창조시대의 정부 조직 역시 콘텐츠 중심 조직으로 재구성해야 한다. 글로벌 경쟁 환경에서 FTA의 경우 당사국의 배후에는 국가 이익, 자국의 글로벌 기업들의 이해관계 전략을 바탕으로 하고 있다. 따라서 우리 역시 산업 현장과 공동체의 전체 이익과 운명에 기초한 통합된 목소리와 전략, 정책을 요구하고 있다.

그럼에도 현재 우리는 정부 부처의 콘텐츠 정책에 관한 기득권과 갈등구조에 직면하고 있으며, 산업구조에서는 글로벌 시장을 지배하기 위한 상대측 다국적 미디어 콘텐츠 기업들의 역량을 대응하기 위한 우리 측 역량을 통합한 대표 브랜드와 콘텐츠 기업들을 키워 내지 못하고 있는 상황에 있다. 이를 효과적으로 대응하지 못한 결과로는 산업구조의 선 순환을 이루어 내지 못한 채 악순환의 구조가 심화되고, 경제 양극화, 청년실업 등의 제반 사회적 역기능을 야기하게 된다 하겠다.

이렇듯 디지털융합은 현재 우리에게 커다란 기회와 위협으로 다가오고 있다. 디지털 융합은 지식 창조시대로의 변화를 촉진시키고 있으며 과거 30년 전 우리 경제의 발전 모델, 기업성장 모델과 같은 지식 창조시대의 국가 경제 발전 모델, 지식 창조시대의 기업성장 모델의 창출을 동시에 요구하고 있다. 디지털융합 시대의 국가경쟁력을 위한 핵심 전략은 바로 이러한 국가 경제 발전, 기업 성장을 위한 모델을 창출하고 이를 효과적으로 뒷받침하기 위한 정부 구조와 조직의 재창출을 요구하고 있다 하겠다.

이와 함께 기업 및 산업구조 역시 콘텐츠 중심 산업 및 정책 구조로의 통합과 재편을 요구하고 있다. 콘텐츠 중심 산업구조 및 정부 조직 구조로의 지혜로운 재창출은 지식 창조시대에 걸맞은 국가경쟁력의 핵심 기반이 될 것이다. 이러한 1990년대 말 이후 빠르게 진화하면서 변화하고 있는 디지털 패러다임은 우리사회가 의식하지 못한 채 새로운 디지털 환경에 빠르게 진화하고 있었던 것이다. 이러한 극한적인 환경과 인터넷 브로드밴드의 새로운 시장 환경은 절묘하게 맞아 떨어지면서 새로운 생존의 방법을 시장에서 찾아가고 있었던 셈이다. 이렇게 인터넷 초창기 이후 불어 닥친 우리 사회의 직 간접적인 사회 구조와 현상이 바로 문화콘텐츠 개념 창안의 직접적인 배경이 된 것이 틀림없다.

필자는 1999년 한국디지털콘텐츠학회 설립에 참여하게 되었다. 당시 창립멤버로 우리 사회의 산학 전문가들과 함께 학제적인 모임을 주선하게 되면서 디지털콘텐츠에 대한 지식과 현황에 대한 경험을 축적하게 되었다. 이러한 과정에서 디지털 패러다임에 대한 보다 깊은 이해를 더할 수 있었다. 그리고 당시 벤처의 수익모델 부재와 인터넷 버블 위기를 극복하고 돌파할 수 있는 핵심 키워드의 창출 필요성을 절감하게 되었다. 그러한 배경에서 문화콘텐츠를 창안하게 되었다.

또한 당시 온라인, 오프라인의 개념이 생겨 유행이 되고 디지털 디바이드에 대한 극복의 과제가 제기되었다. 이미 산업 현장에서는 첨단 IT 멀티미디어 기술과 전통 문화와의 융합, 인문 사회 과학과 문화 예술과의 융합,

온라인과 오프라인 간의 통합, 유무선 통합 등의 인터넷의 발달이 필연적으로 가져오는 통합과 융합 현상이 빠르게 진행되고 있었다. 필자는 이러한 변화 현상을 산업 현장에서 학제적 연관 관계 속에서 지켜보게 되었다. 이미 그러한 시대적 배경과 필요성에서 문화콘텐츠는 창출되고 개념 정의되는 사회적 경제적 역사적 배경을 가지고 있었던 셈이다. 그런데 그러한 변화와 진화의 움직임은 사실 우리 스스로는 잘 인지하지 못하였던 게 사실이다.

이러한 한국 사회의 디지털 환경에서의 창조적 진화와 변화 움직임은 오히려 2000대 초반 해외에서 주목하고 빌게이츠와 같은 세계적인 영향력이 있는 사람들이 디지털코리아를 다보스포럼 등에서 언급을 하기 시작하면서 사실상 주목하게 되었다. 2000년대 초반 이후 민간 차원에서의 문화콘텐츠의 개념 확산을 위한 노력은 집중적으로 진행된다. 당시 필자는 디지털 패러나임이 통합과 융합의 시대를 열 것이고 이를 규정하는 문화콘텐츠가 우리 국가의 장래에 커다란 대안이고 희망이 될 수 있다는 확고힌 신념을 가지고 있었다.

그래서 당시 최초의 서울대, 연세대, 고려대, 이화여대, 한양대 5개 대학 순회 문화콘텐츠테마스쿨 행사를 주저 없이 추진하였다. 강남에서는 콘텐츠 비즈니스 성공전략 세미나 랠리를 지속하였다. 전자신문 등의 매체와는 당시 게임콘텐츠포럼도 제안하게 된다. 게임콘텐츠포럼은 당시 2000년대 초반 한국 온라인게임 산업의 지식 기반의 구축이 집중적으로 이루어지는 계기가 되었다. 이러한 노력은 문화콘텐츠의 정부정책으로 수용, 학계의 호응, 대학의 관련 학과 확대 등과 산업계에서 노력으로 대한민국의 현재 문화콘텐츠 지식 기반과 수준이 세계 수준으로 진화, 발전하고 있으며 전방위적으로 그 내용이 확산되고 있다.

이렇듯 문화콘텐츠는 한국의 디지털 패러다임과 디지털 신경제 산업구조에서 창출된 개념이다. 문화콘텐츠는 대한민국의 세계적으로 선도하고 있는 디지털 문화의 융합 현상, 온라인과 오프라인의 통합과 미디어의 융합, 학제적 네트워크의 과정에서 그 현상을 규정한 개념이다.

사실 한국의 디지털 컨버전스는 가장 역동적인 크리에이티브 환경을 창조하여 왔으며 다양한 비즈니스 모델 역시 창조하였다. 대표적인 예로써, 온라인게임은 1990년대 중반 이후 현재까지 발전을 거듭하여 전 세계 30여 개국에 수출이 되고 70여 개국에서 즐기고 있다. 디지털 환경이 아니면 가능하지 않은 사회 경제 문화 현상이 급속히 우리 사회를 변화시켜 오고 있다.

나아가 한국의 브로드밴드 환경은 세계 최초로 디지털 상품과 서비스를 상용화하고 있다. 예컨대, 아바타, 아이템 등 사이버 공간에서 디지털 거래를 위한 모델이 창조되었으며, 각종 다양한 지식 커뮤니티 활동들이 전개되었다. 디지털콘텐츠로서 온라인 캐릭터인 〈마시마로〉의 등장은 당시까지 일본의 〈포켓몬스터〉 등 일본 캐릭터의 대표적인 소비 국가였던 대한민국의 캐릭터 소비시장을 뒤바꿔 놓는다. 한국 디지털콘텐츠가 전 세계에 캐릭터 라이선싱을 하고 로열티를 받는 전기를 마련하게 된 것이다. 특히 만화 캐릭터 강국인 일본으로부터 라이선스 로열티를 거두는 전기를 마련한다.

이렇듯 문화콘텐츠는 우리 사회를 지식 기반 사회로 급속히 전환시켰다. 2000년대 초반의 한국의 온라인게임의 급성장은 전 세계 30여 개국 이상에 수출을 하게 되며 수년 만에 수조 원 단위의 시장 규모를 형성하게 된다. 또한 한국의 온라인게임은 중국에서의 인터넷 보급 확대와 중국에서의 한국 온라인게임의 급성장에 우리 스스로도 놀라는 상황에 직면하게 된다.

변변한 국제 무역 간 계약서 체결 역량도 안 되었던 입장에서 간단한 협약서 수준에서 넘겨준 한국의 〈미르의 전설〉과 같은 온라인게임이 중국에서 크게 성공하는 상황에 이르게 된다. 이렇듯 한국의 디지털콘텐츠는 전 세계를 깜짝 놀라게 하는 성공을 거두게 되며, 디지털 문화 현상을 낳게 된다.

〈스타크래프트〉와 〈리니지〉 등 게임 산업의 성장은 전국에 2만여 개에 이르는 PC방 산업을 성장 시켰으며 e-스포츠 리그라는 산업 분야와 프로게이머라는 신종 직업을 창출하게 된다. 당시 불법복제 왕국이라 지탄을 받던 나라가 지적재산권에 대한 인식을 재빠르게 하고 우리 문화콘텐츠의 해외 시장에서 불법복제에 대응하는 노력과 함께 라이선스 비즈니스를 전개하게 된 것이다.

이러한 디지털 환경으로 인한 급격한 산업의 변화의 물결 속에서, 이렇게 빠르게 변화하는 디지털융합 환경 속에서, 모든 패러다임이 멀티미디어 환경으로 몰아가는 속에서 문화콘텐츠는 우리에게 가치 평가와 의사결정의 방향타가 될 수 있다. 현재 학계와 지식인 사이에 10여 개에 이르는 문화콘텐츠 관련 학회의 창설과 문화콘텐츠 관련 세미나 컨퍼런스 학술대회의 붐이 일고 있다. 전국의 대학에는 문화콘텐츠 관련 대학원, 연구소 학과의 개설 열풍이 불고 있다. 향후 문화콘텐츠는 디지털 융합 현상으로 사회 경제 변화가 가속화되는 환경 속에서 디지털생태계를 선 순환으로 만들어 가는 핵심 가치로도 더욱 부상하게 될 것으로 보인다.

2. 디지털 컨버전스 생태계의 변화

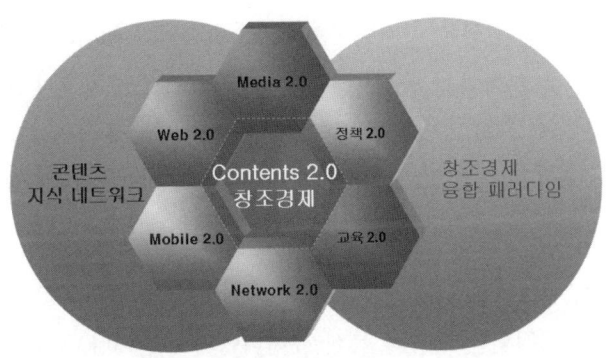

콘텐츠 지식 네트워크과 창조경제 융합 패러다임[2]

현재 대한민국은 전 세계 유례없는 강력하고도 빠른 디지털 컨버전스를 경험하고 있는 대표적인 국가이다. 디지털 융합은 이미 메가트렌드가 되어 있으며, 우리 사회의 기존의 질서와 가치를 변화시키고 있다. 기존의 산업을 재편시키고 한편에서는 새로운 패러다임을 창조하며 새로운 기회와 시장을 창출하고 있다.

인터넷 브로드밴드 기반에서 출발한 디지털 융합은 이제 모든 분야에서 융합을 촉진시키고 있다. 방송과 통신의 융합, 뉴미디어의 융합, 네트워크 융합이 진행되어 왔으며, 나아가 디지털 패러다임은 디지털 컨버전스 기반에서 서비스의 융합, 비즈니스 모델 융합, 삶의 양식, 동서양 문화의 융합까지도 변화를 이끌어 왔다.

어느 순간 디지털 컨버전스는 킬러 비즈니스 모델을 온라인 커뮤니티 기

---

[2] 웹 2.0의 담론은 창조경제와 콘텐츠 2.0 패러다임으로 완결되어야 한다. 이는 방송통신 융합 환경에서 진화하고 있는 미디어 2.0, 네트워크 2.0 등의 개념과 정책 2.0, 교육 2.0이 지식 네트워크와 생태계 관점에서 통합적으로 인식되어야 한다.

반, 커뮤니케이션 기반으로 옮겨 왔다. 디지털 엔터테인먼트 쌍방향 커뮤니케이션 모델에서 새로운 비즈니스 모델이 창출되기 시작하였다. 또한 이러한 급격한 사회 현상은 디지털 디바이드, 디지털과 대비되는 아날로그와의 융합과 전통 문화와의 연계, 통합에 대한 가치를 고려하게 되었다. 즉, 이러한 배경에서 창안된 문화콘텐츠는 전통문화와 첨단 IT 의 융합에 나아가 웹 2.0, 미디어 2.0, 네트워크 2.0의 생태계를 유지시키는 핵심 성장 동력으로 인식되고 있다.

최근 융합의 생태계의 변화에서 가장 특징적인 부분은 IPTV, 와이브로, DMB 등으로 상징되는 방송과 통신 뉴미디어의 융합이다. 이러한 융합 현상은 기존의 미디어 산업 전반을 혁명적으로 변화시키면서 새로운 상품과 서비스를 통한 시장의 변혁을 예고하고 있다. 이러한 시장의 변화 상황은 디지털콘텐츠와 뉴미디어 서비스 환경이 디지털 컨버전스 생태계에서의 변화와 트렌드를 통찰하는 일이 중요하며, 글로벌 환경에서 킬러콘텐츠, 킬러 애플리케이션으로 등극할 기회가 더욱 커진다는 것을 의미한다.

이러한 디지털 컨버전스 생태계를 변화의 가장 큰 현상은 한 축에서는 창조적 파괴 현상이 일어나고 있으며 새로운 창조산업이 기존산업과 빠르게 대체되고 있는 것이다.

그리고 전 세계는 지금 인터넷 브로드밴드의 확산에 힘입어 디지털콘텐츠의 생태계가 새롭게 형성되고 있으며 먼저 시작한 한국의 디지털 문화콘텐츠의 다양한 서비스가 확산되고 있다.

한국의 온라인게임은 이제 10억 명의 전 세계인이 함께 즐기고 커뮤니티로 참여하는 킬러콘텐츠가 되었다. 디지털화, 글로벌화, 쌍방향화의 디지털콘텐츠의 특성은 소비자들의 입맛과 소비문화 행태도 점점 디지털 중심으로 변화시키고 있는 것이다. 바야흐로 세계는 디지털 컨버전스와 디지털콘텐츠로 구성되는 생태계의 변화가 가장 중요한 화두가 되었다.

디지털생태계는 지식 창조산업 기반을 만들면서 창조산업을 추동한다. 디지털생태계의 핵심은 크리에이티브 벨류 체인이며, 크리에이티브 벨류 체인을 관통하는 핵심 키워드가 문화콘텐츠이다. 사람들은 나아가 콘텐츠에 가치 판단의 기준을 두고, 행동양식과 생활, 문화의 원칙을 삼으며, 거래와 협상의 의사결정의 방향타로 삼기 시작하였다. 이는 기존 산업이 상대적으로 위축되고 무너지는 결과를 초래하기도 하며 새로운 시장 환경에 대한 기회와 위협이 동시에 증가하는 디지털 환경에서 채택되고 있는 창조적 대안이기도 한다.

디지털생태계의 가장 큰 특징은 콘텐츠 커뮤니티와 커머스의 증가 등 디지털 문화에 사람들의 생활이 점점 빠져들고 지배한다는데 있다. 이러한 이유로 디지털 음원, 디지털 아바타, 디지털 아이템과 같은 콘텐츠에 대한 거래가 증가하고 온라인게임 등 사용자들의 절대 시간이 디지털콘텐츠에 보내는 시간이 급증하고 있다. 이러한 과정에서 디지털생태계의 선 순환은 중요한 이슈가 되어 있다.

즉, 디지털콘텐츠 크리에이티브 벨류 체인은 창조적인 콘텐츠에 대한 디지털 유통 환경과 그 과정에서의 비즈니스 모델의 정립, 거래의 활성화를 위한 룰의 정립을 필요로 한다. 크리에이티브 콘텐츠 벨류 체인은 바로 문화콘텐츠 전략 기획 역량의 중요성을 부각시키고 있다.

3. 미디어 산업 환경 변화

미디어산업은 최근 수년간 미디어빅뱅이라 불릴 정도로 미디어 생태계의 변화를 촉발하여 왔다. 이러한 미디어 생태계의 변화는 디지털융합, 방송통신의 융합 현상에 기인하는데 MP3, PMP, 게임기, 핸드폰 등 단말기에서의 융합, TPS, QPS 등으로 불리는 서비스에서의 융합, 방송, 통신, 위성, 케이블, 신문, 영화, 게임, 인터넷 포털 등 사업자 간의 수직, 수평적 결합을 통한 네트워크의 융합 현상으로 글로벌화가 가속화되고 있다.

이는 개인화된 채널의 양산과 다채널 PP의 출현을 가능하게 하는 기술적 진보가 거듭되고 웹 2.0의 UCC(USER CREATIVE CONTENTS), 블로그, 웹 TV, DMB, 와이브로, IPTV, 모바일 TV 등 개인미디어, 뉴미디어의 기존 매체와의 결합과 클라우드, 매시업 등 융합 기술 서비스를 통해 거듭 진화를 하고 있으며 사회적으로 커다란 이슈가 생기면서 가속화되는 경향이 있다.

이러한 미디어 생태계의 환경 변화는 그 동안의 선진국 중심의 글로벌 미디어 산업 시장 구조와 환경에 우리도 한 걸음 내 딛을 수 있는 기회가 주어지고 있는 듯해 보인다. 하지만 뉴미디어의 출현이 글로벌 미디어 시장의 재편과 변화 속에서 기회요인인 것은 사실이지만, 어쩌면 위협이 함께 상존하고 있다고 보는 것이 보다 정확할 것이다. 현재까지 뉴미디어 산업에서 국내 시장 상황은 기존 미디어 산업구조와 생태계의 선 순환을 이루어 내지 못한 채 사업자들의 입장에서 일정 정도 규모의 경제에 도달하지 못하는 악순환 현상이 가중될 가능성의 목소리와 우려를 지적하는 전문가들이 적지 않다.

이러한 여러 우려에도 불구하고 국내 미디어 생태계와 산업은 긍정적인 시장의 변화와 성과가 창출되어 왔다. 이는 지난 10여 년간 한류 콘텐츠의 아시아를 넘어 전 세계 확산이라는 현상인데 이는 시청자의 글로벌로의 확대라는 새로운 문화현상을 가져오고 있으며, 〈겨울연가〉, 〈대장금〉 등 방송 드라마 등 한류 콘텐츠의 글로벌 확산에 힘입어 해외에서의 우리 문화와 사회에 대한 관심이 증가되고 있다.

이에 미디어 정책 당국과 관련 사업자들은 보다 양질의 콘텐츠 창출 및 제작 역량 고도화와, 콘텐츠 포맷 비즈니스 등 미디어 관련 산업의 파생산업까지의 글로벌 시장 기회에 눈을 뜨게 되었다. 그리고 한편 이러한 미디어 시장과 환경 변화에 대응하여 방송 분야에 대한 정부의 규제완화 및 경쟁촉진정책이 발표되고 대기업의 방송시장 진출을 골자로 한 미디어 업계의 커다란 시장 변화가 예고되고 있는 상황이다.

특히 IPTV 관련 정책 환경의 변화 속에서 미디어 산업계에서도 각 메이저 플레이어들 역시 각자의 헤게모니를 기반으로 유지, 발전시켜 나가고자 하는 물밑에서의 노력과 경쟁, 협력과 상생 발전이라는 전략적 명분과 실리를 확보하기 위해, 서비스 모델의 시장 확대를 위한 노력이 진행되고 있다.

뉴미디어 산업 환경에서의 경쟁 환경의 전략적 측면을 살펴본다면, 하이브리드 셋톱박스 기술 경쟁, 쌍방향 방송 미디어 서비스 전략 경쟁, 보다 양질의 콘텐츠 확보 및 수급 경쟁이 진행되고 한편 기술 표준에서의 글로벌 경쟁이 진행되고 있어 예컨대, 모바일 TV의 경우 대한민국은 T-DMB, 유럽은 DVB-H, 미국은 미디어 플로 등 간의 기술 표준 경쟁이 진행되고 있고, IPTV 역시 기술과 서비스 환경에서의 표준 경쟁이 진행되고 있다. 방송통신융합 환경에서의 지상파, 케이블, 위성방송, DMB, IPTV 등 미디어 간의 제휴 협력과 M & A 등 세력 경쟁 등이 펼쳐지고 있으며, 한편에서는 해외 글로벌미디어 그룹의 국내 진출, 자본과 규모의 경쟁 역시 진행되고 있다고 하겠다.

　이러한 미디어 생태계 경쟁 환경의 순기능적 측면은 미디어 콘텐츠 서비스의 질적 고도화가 될 것이며 이를 통한 시청자 복지의 증진을 기대할 수 있을 것이다. 하지만 한편 해외 글로벌 미디어 그룹의 국내 진출이 본격화되면서 국내 콘텐츠 제작 집단은 단순 하청 네트워크로, 국내 채널 사업자는 단순 창구화로, 국내 창작 산업 기반이 보다 힘들어질 우려 역시 상존하고 있다.

　이는 미디어 생태계의 규모의 경제와 기업의 생존 논리에 의거하여 충분히 긍정적, 부정적 시나리오를 예측해 볼 수 있는 것이며 이에 우리 미디어 업계에서는 달라져 가고 있는 경쟁 환경에 긴장하면서도 새로운 정책 환경, 시장 환경의 변화 상황에 대응하고자 노력하고 있는 형국이라 하겠다.

　즉 미디어산업이 사실상 이제 글로벌 경쟁 환경에 진입함으로서 콘텐츠 창작 기반 조성, 지역 문화콘텐츠 창출 기반 활성화, 글로벌 디지털콘텐츠 서비스 플랫폼 전략 등과 함께 글로벌 미디어 콘텐츠 전략의 효율적 고려는 개별 기업 해외 진출 전략과 더불어 국가의 방송통신 융합과 이에 따른 미디어 콘텐츠 생태계 선 순환이라는 정책 전략적 차원에서도 고려되어야 하는 긴급하고도 핵심적인 과제가 되어 있는 것이다.

　우리도 글로벌 미디어 시장에서 영향력을 발휘할 수 있는 보다 탄탄한 미디어 콘텐츠 창작 기반과 글로벌 콘텐츠 유통 네트워크를 구축하기 위한 다각적인 연구와 노력이 필요하며 미디어 산업 전체가 함께 상생 발전, 시너지를 창출할 수 있는 구조에 대해 깊은 통찰을 해야 할 때가 된 것이다.

　하지만 지금 화두가 되는 글로벌 미디어 콘텐츠 전략의 이슈임에도 불구하고 돌이켜 보면 우리는 전반적으로 글로벌 미디어 콘텐츠 전략 역량과 철학, 기반 등이 서구 선진 미디어 그룹에 비하면 사실 매우 취약하다. 지

Chapter ❶ 문화콘텐츠 시대 배경과 이해

난 수백 년 동안 식민지 개척의 역사적 배경과 경제적 성취를 기반으로 하는 정치 민주화, 문화 민주화, 경제 민주화를 거치면서 미디어의 역량과 글로벌 지배 시장 구조를 축적해 온, 서방 선진국의 기존의 미디어 서비스 기반은 결코 무시할 수 없다 하겠다.

뉴스코퍼레이션, 타임워너, 월트 디즈니, 비밴디 유니버셜, 소니 등 글로벌 메이저 미디어 그룹들의 미디어 전략, 콘텐츠 서비스 역량은 결코 단기간에 이루어 진 것이 아니다. 그리고 신흥 뉴 미디어 시장의 재편을 꿈꾸는 구글, 애플, 야후 등의 움직임도 그러한 기존의 글로벌 미디어 역량 기반과 무관하지 않다.

이러한 미디어 생태계 경쟁 환경하에 우리의 대응은 앞서의 한류의 흐름으로 만들어진 기회요인을 집중적으로 살려 나감으로서 글로벌 미디어 콘텐츠 경쟁 환경에 대응할 수 있다는 것이며, 이에는 당연히 우리의 강점으로 검증된 콘텐츠를 중심으로 확립되어야 한다는 게 필자의 생각이다.

그리고 지난 10여 년 동안 글로벌 미디어 시장의 기회가 확대되는데 크게 기여한 한류의 확산과 이에 따른 시장과 기회의 확대에는 눈에 보이지 않은 여러 주체들의 남모를 헌신적 노력과 희생이 있어 왔음도 간과해서는 안 되겠다.

콘텐츠가 진정한 글로벌 미디어 콘텐츠 그룹 전략의 핵심이고 콘텐츠에 시장의 기회가 있다면, 적어도 콘텐츠 크리에이터와 전문가, 제작사들이 미디어 산업의 키 플레이어의 하나로서 역할을 하고 미디어 시장의 선 순환의 고리를 만들어내는 핵심 해법의 하나로서 의미 있게 평가 되어야 한다는 점이며 방송과 통신, 지상파와 케이블, 위성방송, 텔레콤, 이동통신사 모두 다 어쩌면 새로운 블루오션 시장이 될 수 있는 함께 상생의 시대를 열어갈 수 있는 해법 역시 콘텐츠에서 창출될 수 있다는 것이다.

35

따라서 우선 고려할 수 있는 콘텐츠 전략은 콘텐츠 중심의 협력과 경쟁 환경을 조성하고 경쟁력을 고도화해나가야 한다는 점이다. 이는 결국 콘텐츠의 글로벌 경쟁력이 핵심인데, 이는 콘텐츠 크리에이터들에게 역량과 지식 기반이 축적되어 있다는 점을 가장 우선 고려해야 하며, 콘텐츠 크리에이터들의 지니고 있는 무형의 가치에 대한 사회적 평가의 재인식이 역시 수반되어야 한다는 점을 의미한다.

또한 미디어 생태계의 보다 치열한 글로벌 경쟁 환경 속에서 우리가 견지해야 할 콘텐츠 전략은 전 국민이 지식 창조경제 시대 창의적인 인재로 거듭날 수 있도록 양질의 콘텐츠를 제공하는 미디어 채널의 사명을 다하는데 집중해야 한다는 점이다.

지식 창조경제 시대라는 패러다임의 전환 시기에 전 국민이 새로운 지식과 정보, 문화에 대한 접근과 시청각 커뮤니케이션이 수월할 수 있도록 노력해야 하며 뉴미디어가 연계된 별도의 보다 강화된 지식 문화 전문 채널의 운영도 적극 검토해야 할 때라 하겠다.

그리고 글로벌 한류의 확산으로 우리도 글로벌 시장 환경 기반에서의 시청자 서비스와 복지를 고려해야 한다는 점이다. 글로벌 한류의 확산으로 인한 국경을 넘어 다양한 시청자들에 대한 최상의 서비스는 양질의 콘텐츠를 지속적으로 제공하고 다양한 모델 창출을 통해 선 순환을 창출해 낼 수 있어야 하겠다.

그리고 상생과 협력의 구도가 콘텐츠를 중심으로 이루어지고 글로벌 콘텐츠의 지속 창출과 확대를 위한 구조가 짜여야 한다는 점이며 글로벌 문화 네트워크 기반에서의 글로벌 미디어 전략 모델의 창출을 통해 국내적으로는 일자리 창출, 지역 경제 발전, 경제 양극화 해소, 지식과 정보, 문화의 융합시대 국민 개개인의 역량 고도화와 국민경제에도 기여할 수 있다.

4. 문화콘텐츠정책 및 시장 환경 변화와 전망

문화콘텐츠는 디지털 융합이라는 문화 환경에서 창조적 상상력과 융합 기술력을 바탕으로 끊임없이 진화하는 속성을 지닌다. 이는 기존의 오프라인 환경에서 주로 이루어지던 사회 문화 경제 제반 활동이 디지털 환경으로 옮겨 가고 오프라인과 온라인의 조화와 융합을 통한 창조가치를 구현한다.

문화콘텐츠는 지식 기반 사회를 가속화하며 디지털 기반의 거래 환경을 융합시킨다. 문화콘텐츠는 미디어 네트워크의 융합, 학제적 융합, 크리에이티브의 융합을 통해 가치를 창출한다. 즉 캐릭터, 드라마, 게임, 엔터테인먼트 등을 통해 가치를 구현하며 연관 산업의 시너지를 창출한다. 지식 창조 시대는 지식과 정보가 힘이고 거래가 되고 지식 창조 활동이 주된 문화 경제 활동의 중심이 되는 시대이다. 따라서 지적재산권과 이의 연관 산업의 파이프라인이 체계적으로 관리될 필요성이 커지게 된다.

따라서 콘텐츠 산업구조 체계와 클러스터 체계가 중시되는 데, 문화콘텐츠는 엔터테인먼트, 에듀테인먼트, 인포테인먼트로 분류될 수 있다. 이러한 문화콘텐츠의 창출 로드맵은 디지털 컨버전스와 크리에이티브, 그리고 콘텐츠라는 3단계 프로세스를 거치게 된다. 이 과정에서 문화콘텐츠는 인간의 근원적 욕구에 대한 해갈을 주는 핵심 가치로서 감성과 이성을 자극하고 오락에 대한 욕구, 지식 욕구 및 사회적 욕구, 자아실현의 욕구, 오락에 대한 욕구 등을 충족하는 콘텐츠가 가치를 평가 받게 된다.

문화콘텐츠는 크리에이티브 창출 로드맵에 의거, 지속적으로 고도화할 필요가 있다. 문화콘텐츠는 디지털화, 글로벌화, 쌍방향화라는 특징을 본질적 속성으로 가진다. 온라인과 오프라인의 통합과 융합 과정을 거치면서 커뮤니티 기반의 네트워크 환경에 크게 영향을 받으면서 게임, 영화, 애니메이션, 만화, 영상 등 다양한 미디어로 커뮤니케이션되고 소통이 된다. 문화콘텐츠의 경쟁력은 디지털화, 글로벌화, 쌍방향화라는 특성에도 존재하지만, 가장 중요한 요소는 무엇보다 융합 크리에이션에 있다.

문화콘텐츠의 크리에이티브는 디지털 컨버전스의 프로세스를 기반으로 한다. 디지털 컨버전스는 콘텐츠 미디어, 디바이스 네트워크 서비스 융합을 바탕으로 기존 통신망의 광대역화와 유무선 통신 기술의 발전과 방송의 다채널화와 양방향 서비스에서의 진화를 들 수 있다. 이는 소비자들의 사용 환경의 급격한 변화와 진화를 가져와 소비자 니즈에 맞는 새로운 기술과 서비스 진화를 촉진하게 된다. 대표적으로는 영화나 영상, 애니메이션의 제작 기술 간의 융합 및 표현 양태 간의 융합, 2D, 3D, 특수 효과 등 디지털기술의 진화 발전으로 인하여 사용자들에게 룩앤필(Look & Feel)[3] 크리에이티브를 제공하는 보다 양질의 콘텐츠를 서비스하는 환경에 이르게 된다.

결국 문화콘텐츠는 크리에이티브 파이프라인이 생명이며 이 과정에서 시장과 산업에 연관 효과를 극대화하고 부가가치를 극대화하는 전략 기획과 마케팅이 핵심 역량으로 평가받게 된다.

예컨대, 드라마〈대장금〉의 경우 드라마의 성공은 한류 확산을〈대장금〉드라마의 궁중 음식 문화의 확산으로까지 이르게 하고 나아가 한국의 진정한 깊이 있는 문화에 대한 관심으로까지 이어지게 된다. 이는 일본, 중국 등 주변 국가를 비롯한 아시아 국가 나아가 전 세계 국가들에게 대한민국의 문화와 이미지를 매우 강력하게 전파시키는 미디어 콘텐츠로써 영향력을 발휘하게 된다. 이는 나아가 대한민국을 이해하고자 하는 동기를 유발하고 이에 한글에 대한 관심과 공부로 이어지며 대한민국을 방문하고 한국

---

[3] 콘텐츠는 이미지와 스토리, 디자인 크리에이티브를 통하여 소비자의 감성을 자극하고 커뮤니케이션에서의 몰입과 감동을 제공한다.

문화를 체험하고자 하는 동기로 이어지게 된다.

 물론 〈대장금〉 드라마 콘텐츠 스토리 구조의 탄탄함과 제작 역량의 고도화는 디지털 컨버전스 환경에서 우리 스스로도 인식하지 못한 채 2000년대 초반 전후로 수년 동안 축적된 지식 기반 고도화에 힘입은 바 적지 않다. 드라마 진행 과정에서 각종 페인이라 일컫는 커뮤니티에서 소비자들과의 즉각적인 상호 작용은 드라마 콘텐츠의 질적 재고와 국내 및 해외까지 온라인 커뮤니티 기반에서의 홍보 마케팅이 자연스럽게 진행되고 있다. 이러한 문화콘텐츠의 크리에이티브 벨류 체인 네트워크는 바로 디지털생태계를 구성하는 핵심 가치를 이루게 된다.

 문화콘텐츠전략 기획의 핵심 요체는 진정한 문화콘텐츠 크리에이티브 벨류 체인 네트워크가 활성화되고 시장에서 선 순환의 구조를 정착시키는 길이며 부가가치를 극대화하는 것이다.

 『문화콘텐츠 전략기획론』에서 보다 체계화하여 다뤄나가야 할 핵심은 크리에이티브 파이프라인이다. 크리에이티브는 언제 어디에서든 창출될 수 있지만 풍부한 경험과 지식을 바탕으로 하는 환경 분석, 연관 관계 분석, 핵심 킬러콘텐츠 창출 과정을 통해 더욱 가시화 시킬 수 있다.

 멀티미디어 콘텐츠의 경쟁력의 원천소스로는 스토리, 디자인, 브랜드 등을 들 수 있다. 이러한 원천소스는 만화, 게임, 영상, 애니메이션 등 문화콘텐츠 상품화의 경쟁력 고도화에 중요한 기능을 한다. 하지만 결정적인 크리에이티브는 철학, 심리학, 역사학, 문학 등의 인문학 분야와 문화예술 분야의 융합, 과학기술 분야와의 학제적 통합과 지식 소통과정을 통해 창출될 가능성이 더욱 크다 하겠다. 이에 더해 문화콘텐츠의 핵심 역량은 디지털 환경에서의 크리에이티브 전략 기획 역량과 더불어 비즈니스 전략 기획 역량 및 마케팅 전략 기획 역량이 뒷받침되어야 한다.

문화콘텐츠 크리에이티브 파이프라인의 구조는 바로 콘텐츠 산업구조로 이어지는데 크리에이티브 기획, 스토리텔링, 디자인 전략 기획, 마케팅과 제작, 투자와 배급 서비스 부분으로 크게 구분될 수 있다.

1) 새 정부 콘텐츠 산업[4]

새 정부의 콘텐츠 산업발전을 위한 정책 기조는 콘텐츠 산업을 제조업 수준으로 키우겠다고 하는 획기적이고 전폭적인 내용을 담고 있다. 문화체육관광부는 최근 2012년까지 세계 5대 콘텐츠 산업 강국을 실현한다는 목표에 따라 문화콘텐츠 산업발전을 위한 부내의 조직 확대개편, 디지털융합 환경 변화에 대응하고 창작, 유통 등 콘텐츠 가치사슬 전반에 걸쳐 세계적 수준의 경쟁력을 확보하기 위한 마스터플랜을 구성하였다.

이의 중점과제는 다음과 같이 설정되었다.

- 통합 콘텐츠 정책 추진체계 정비
- 불법복제 근절 및 저작권 보호
- 콘텐츠 창작역량 강화
- 기업의 해외시장 개척지원
- 기업하기 좋은 시장 환경 조성

또한 "통합콘텐츠 정책추진체계 정비"를 위해 '콘텐츠 산업기본법' 제정 및 '콘텐츠진흥위원회' 신설 등 범정부적인 콘텐츠 진흥체계 구축을 추진할 계획이며, 약 15,000억 원 규모의 '콘텐츠 산업진흥기금' 신설 및 산·학·

---

[4] 본 내용은 2008년 5월에 중앙대에서 있었던 새정부 콘텐츠 산업 정책방향 행사에서 필자가 발제한 내용의 일부를 재구성하여 담았다.

관으로 구성된 'CT R & D 기획단'을 설치하고 문화산업진흥지구를 지정하여 지역별 특화된 문화산업을 집중 육성할 계획을 발표하였다(문화체육관광부 시도문화산업 관계관회의 전국문화산업정책워크숍, 2008. 3. 27). 이러한 새 정부의 콘텐츠 산업 정책기조에 대해 콘텐츠 산업 관련자는 모두가 기대하고 있다.

또한 정책의 실행단계에서 보다 실질적인 성과로 이어가도록 뒷받침하고, 콘텐츠 산업 진흥, 일자리 창출 등의 핵심가치로서의 새정부의 실용주의 정책 목표에 보다 명확히 도달하도록 하기 위해 "창조산업 클러스터 체계 확립"과 이의 "정책 중심 체계로의 포지셔닝", "대학의 창조섹터로서의 역할 정립", 클러스터전략의 성공 요건으로서 산학연 네트워크 기반의 "콘텐츠 창조지식 공동체"에 대해 심도있는 활용방안을 고려할 때라 생각한다. 또한 문화콘텐츠 창조섹터로서 대학을 중심으로 하는 비전 프로바이더, 마켓 크리에이터, 전문직(법률, 회계, 지적재산권 등) 종사자들이 분야별 핵심 전문 역량을 발휘하도록 함으로서 창조산업 클러스터의 성공요건을 충족시켜 나갈 수 있도록 해야 하겠다.

나아가 콘텐츠 크리에이터, 콘텐츠 코디네이터의 크리에이티브 기획 역량을 십분 활용함으로써 지역마다의 창조산업 클러스터 기반에서의 글로벌 문화창조기업을 창출하고 선진경제 실현과 일자리 창출이라는 가치에 도달하는데 요구되는 전략 체계를 담고자 하였다.

2) 문화콘텐츠 산업 전망

- 융합경제, 창조경제 시대 문화콘텐츠 본격 발현
- 문화콘텐츠학 지식체계, R & D 체계 정립
- 글로벌 문화콘텐츠 대학(원) 및 학과 출현

- 콘텐츠 생태계 중심 산업구조 통합
- 창조산업 클러스터 신성장동력 창출

콘텐츠 산업은 근본적으로 창조산업이다. 콘텐츠 산업은 근본적으로 창조산업(copyright industry, creative industry)의 영역에 속한다. 문화콘텐츠는 창조산업 클러스터와 그 연관산업의 성장을 추동하는 성장 동력원으로서 창조섹터에서의 크리에이터의 창작물, 창작활동의 성과, 내용, 지식체계, 문화상품, 서비스, 커뮤니케이션 활동을 말한다.

문화콘텐츠 산업은 대한민국의 세계적인 수준의 IT 성장 고도화와 이에 따른 시장의 패러다임 변화와 산업화와 정보화 시대를 이어 지식과 문화의 융합, 창조경제라는 패러다임의 급속한 변화 속에서 발전하고 있다. 따라서 문화콘텐츠라는 개념은 선진국의 엔터테인먼트 산업 등의 개념과 유사하지만, 독특한 대한민국의 디지털 기술 및 환경 출현과 함께 창조된 개념으로도 이해할 수 있겠다.

또한 문화콘텐츠는 지극히 한국적 조어의 법칙을 따르고 있어, 문화는 동양적 문화 융합, 콘텐츠는 서양적 영어 표기법의 융합 창조적 성격과 특질을 이미 그 표현 형태에서부터 나타내고 있다. 문화콘텐츠는 온라인 유무선 통신이 번성하기 시작하고, 그의 상대적 개념으로써 오프라인, 즉 인터넷 이전 시대에 우리가 살아온 삶의 형태의 표현인 문화산업을, 정보통신 산업의 디지털이란 개념과 융합하여 새로운 가치를 창조하는 개념을 함축하고 있다.

예컨대, 온라인게임은 인터넷 문화 환경 속에서 과거 오프라인 게임의 불법복제 문제로 사업자들의 수익창출의 애로를 극복할 수 있는 새로운 대안으로 창조된 게임콘텐츠라 말할 수 있다. 이는 그 이전의 게임과는 유통 환경이나 서비스 환경의 양상이 다른 문화콘텐츠적 성격을 띠고 있는데, 즉, 양방향 커뮤니케이션과, 커뮤니티의 특성, 영상미와 캐릭터성, 캐릭터 상품 전략의 플랫폼 서비스, 광고 미디어의 통합, UCC 등 이용자 참여 주도형 게임콘텐츠 서비스로써 인터랙티브 미디어의 융합적 특성을 강하게 띠고 있다.

그리고 이는 이전의 문화산업의 유통, 글로벌 커뮤니케이션의 패러다임을 변화시키는 모습으로 진화하고 있다. 이러한 양상은 인터넷 브로드밴드 환경의 지난 10여 년 동안 융합 창조 환경에서 대동소이하게 나타나고 있으며 드라마, 영화, 디지털만화, 디지털 애니메이션, 인터넷 소설 등도 함께 진화하여 왔다. 나아가 제조 산업, 서비스 산업 분야로 융합되고 창조적으로 발전하여 왔다.

2000년대 초반 이후 현재까지 우리 사회의 커다란 혁신과 창조적 노력의 현상을 꼽는다면, 문화콘텐츠 산업으로 인한 한류의 본격화와 더불어 기업의 문화콘텐츠 전략 적용과 글로벌 시장 성공 모델의 확대, 우리의 창의적인 콘텐츠의 창출, 라이선스 시장의 개화와 더불어 대학의 문화콘텐츠학과 및 대학원 과정의 개설 붐이라 할 것이다.

〈표 2〉 전국대학 문화콘텐츠학과 현황(2007년 2학기 현재)

학부	독립 학과	14대학 (15학과)	가톨릭대(성심), 건양대, 경남대, 대구한의대, 상지대, 성결대, 성신여대, 위덕대, 인하대, 전주대, 한라대, 한신대, 한양대, 호서대(문화기획학과, 문화콘텐츠창작학과)
	연계 전공	8대학	건국대, 경희대, 목포대, 상명대, 안동대, 원광대(예정), 중앙대, 한국외대(용인)
대학원	7대학원		동국대(전문대학원), 중앙대(특수대학원), 한국외국어대(일반대학원 석사, 박사), 이화여대(전문대학원), 연세대(전문대학원), 인하대(일반대학원), 한양대(일반대학원 석사, 박사, 특수대학원),

문화콘텐츠 융합 교육의 현황과 방향, 박기수, 2008. 2. 21, 중앙대 문화콘텐츠기술연구원[5]

즉, 문화콘텐츠는 이미 대학에서 학문적 위치에서 체계를 세워가기 시작하고 있으며 인문학, IT, 미디어커뮤니케이션, 아트, 창조경영 등 5대 분야의 융합 창조학으로서 응용인문학, 복합학 등으로도 불리며 문화콘텐츠학으로 성장 발전의 태동기에 있다. 이러한 성과는 지난 10여 년간 문화콘텐츠 산업 종사자, 학계 교수님, 정책 당국자들 모두의 열정 어린 노력의 결실이라 할 것이다.

하지만 산업 환경은 최근 3, 4년 동안 웹 2.0 환경, 방통융합 환경 등 급변하는 시장 환경의 변화에 보다 지혜롭게 대응하는 전략, 창조적인 역량 결집 등의 아쉬움과 함께 전반적인 문화콘텐츠 산업의 글로벌 경쟁 환경에서의 퇴조, 한류의 주춤, 음악, 영화, 드라마 산업의 악순환 구조의 심화, 몇 개의 게임콘텐츠를 제외하고는 시장에서의 어려움을 겪으면서 초창기 열정과 창조성 상실의 위기에 대한 근본적인 성찰의 시기에 놓여 있다.

한편 문화콘텐츠의 대학에서의 교육도 열정적인 노력에도 불구하고 대학 스스로도 문화콘텐츠 융합 교육의 현황과 방향을 성찰하는 시간을 최근 가지게 되었으며, 문화콘텐츠의 인재양성을 위한 교육이 효과적으로 이루어지지 못한 점에 대해서도 언급하기도 하였다.

> 문화콘텐츠 교육이 효과적으로 이루어지지 않는 이유는 A) 문화콘텐츠에 대한 탐구의 역사가 일천하기 때문에 아직 문화콘텐츠가 독자적인 학문의 영역으로 체계화되지 못했다는 점, 따라서 B) 전문성을 갖춘 연구 인력과 교수 요원이 절대적으로 부족하다는 점, C) 문화콘텐츠 하위 장르와 분야가 매우 광범위하다는 점, D) 문화콘텐츠는 응용학문으로서 이론적 학습과 연구뿐만 아니라 현장중심의 실무 능력을 갖추어야한다

---

5 2008년 2월 21일에 중앙대 문화콘텐츠 기술연구원에서 주최한 문화콘텐츠 융합교육의 현황과 방향에서 박기수 한양대 문화콘텐츠학과 교수의 발표 내용의 일부이다.

는 점, E) 급변하는 트렌드를 능동적으로 기민하게 반영해야 하고, 연구 및 교육의 결과가 실제 성과를 확보해야만 그 정당성을 인정받는 것에 대한 부담이 크다는 점

−박기수[6]

콘텐츠 산업은 근본적으로 창조산업이며, 2005년 유네스코에서도 함께 정의하였듯, 문화가치를 창출하며, 문화정체성을 확립하는 산업이다. 〈겨울연가〉, 〈대장금〉과 같은 양질의 콘텐츠가 창출되면 문화콘텐츠 산업과 그 연관 산업의 성장동력으로써의 역할뿐만 아니라 국가 이미지 재고에도 크게 더욱 지속적으로 기여하게 된다.

이를 좀 더 콘텐츠 기획단계에서부터 크리에이티브 기획 역량을 발휘하였더라면, 산업구조적 측면에서 그 연관 산업을 고려하였다면 더욱 더 많은 산업적 효과를 거두게 되었을 것이다. 그렇다고 하여 〈겨울연가〉 콘텐츠의 기획과 창조작업에서 크리에이티브의 고되고 고통스런 작업의 가치는 통계나 계산으로 나타내기가 쉽지 않다는 점으로 인하여 콘텐츠 크리에이터의 수고와 노력에 대한 가치 평가가 소홀할 수 있다.

(1) 문화콘텐츠는 콘텐츠 크리에이터의 창조의 산물

또한 모든 콘텐츠 산업은 흥행을 본질적 특징으로 지니고 있어 시청자와 유저의 호응을 얻기 위한, 최고의 서비스를 제공하고 고객 감동을 선사하기 위한 시장에서의 치열한 노력을 필요로 한다. 이게 창조산업으로서 문화콘텐츠 산업의 구조적 특징인데, 오직 창조자의 창조적인 작업 과정 속에서 작품이 탄생된다. 그래서 오히려 창조적인 상상력을 발현하는데 필요

---

[6] 앞과 같음.

한 생태적 환경을 잘 조성하는 것이 중요하며 시장에서 고객과 소비자들이 유저들의 감동과 만족을 통해 흥행에 성공하기 위한 기획력, 직관력, 통찰력, 마켓 창출 역량, 리더십 등이 절실한 이유이다.

(2) 콘텐츠 생태계의 선 순환 구조 확립 중요

그리고 나아가 이러한 양질의 콘텐츠의 창출 기반 환경을 조성하고, 이를 최대한 글로벌 시장에서 기획-제작-유통 배급 파이프라인이 안정적으로 유지, 관리되도록 함으로서, 양질의 콘텐츠가 지속적으로, 효과적으로 창출되고 배급되도록 하는 콘텐츠 생태계의 선 순환 구조가 확립되도록 하는 일이 중요하다 하겠다. 콘텐츠 생태계의 선 순환 구조를 확립하기 위해 이러한 조건과 환경을 구성하는 창조산업 클러스터 체계의 확립이 강조되는 이유이다. 창조산업 클러스터 체계의 확립으로 인하여 문화콘텐츠는 가치사슬 네트워크와 그 연관 산업에까지 부가가치와 시너지가 창출될 수 있는 기회와 가능성을 높일 수 있다.

(3) 창조산업 클러스터 체계는 융합창조형 연관산업으로 확장

창조산업 클러스터 체계는 문화산업진흥지구와는 조금 개념적으로 차이가 있다고 보이며 따라서 현재 진행되고 있는 문화산업진흥지구의 추후 보완이 요구된다 하겠다. 창조산업은 디자인, 테크놀로지, 매니지먼트, 정책 크리에이티브를 포괄하며 엔터테인먼트, 예술, 스포츠, 관광, 광고, 미디어 산업과 함께 IT, BT, NT 등 다양한 산업군을 융합창조형 연관 산업으로 연관시키고 확장해 나가기도 한다. 문화콘텐츠의 경우 콘텐츠 크리에이터 중심 산업구조적 특성과 함께 방송, 통신 미디어 융합의 환경에서 콘텐츠 생태계를 중심으로 산업구조의 통합을 이루게 된다 하겠다.

창조산업 클러스터는 해외 선진국의 경우 R & D 역량고도화, 산학연관 연계 네트워크 활성화, 일자리 창출, 국제 수준의 창의적 인재 양성, 창조기업 및 중소기업 육성에서 이미 적지 않은 성과를 창출하고 있다.

영국의 창조산업의 경우 이미 2000년대 초, 밀레니엄 상품 1,000개를 개발하여 지속적으로 명품을 창조, 전체 157조 원 매출, GDP 8% 성장, 일자리 200만 개 이상을 창출한 바 있으며, 시청각 미디어 분야에서만 2만 개의 일자리를, 중소기업 40만 개 이상을 실현하면서 발전하고 있다.

창조산업 클러스터는 글로벌 시장 환경에서의 경쟁력 있는 금융, R & D, 유통, 제작 파이프라인 환경을 이끌 창조적 인재를 핵심 요건으로 한다.

(4) 대학의 창조산업 클러스터의 창조섹터에 포지셔닝

따라서 대학이 창조산업 클러스터의 창조섹터에 포지셔닝 함으로서 이러한 창의적 인재들이 문화콘텐츠의 핵심인 스토리를 창조하고, 디자인을 창조하고, 이미지를 창조하며, 나아가 비즈니스 모델과 프로젝트를 개발하고 기업을 창출하는 일을 비전 프로바이더, 마켓 크리에이터, 전문직 종사자들이 함께 지혜와 힘을 모아 창조산업의 핵심 동력원으로서 역할을 담당하게 된다 하겠다.

(5) 문화콘텐츠학 지식체계 R & D 체계 확립 기대

문화콘텐츠는 창조산업 클러스터의 환경 조성이 되어감에 따라서 융합 창조경제 시대가 본격화되고 이에 따라 본격 발현될 것으로 전망된다. 그리고 문화콘텐츠학의 지식체계도 창조적인 R & D 체계와 함께 확립될 것으로 보이며 글로벌 문화콘텐츠 학과 및 대학(원)의 출현도 기대하여 볼만하겠다. 물론 이를 위해서는 창의적인 문화콘텐츠 MBA 과정들을 대학에 오픈 커리큘럼으로 설치하고 다양한 산학협력의 모델을 만들어 가야 한다. 이를 위한 국가의 정책 지원도 보다 체계적으로 이루어질 필요가 있다.

3) 문화콘텐츠 산업 과제

(1) 우리 문화콘텐츠의 세계시장 진출

우리는 10년 전까지만 해도 글로벌 시장에서 우리 문화콘텐츠에 대하여 본격적이고도 전면적인 진출을 해 본 역사적 경험을 가지고 있지 않았다. 전면적인 진출이란 동북아 구도에서만이 아닌 미국, 남미, 유럽, 중앙아시아, 중동, 동남아시아 등을 포함하는 전 지구적 차원에서의 한국 문화콘텐츠의 시장 진출을 의미한다. 수년 전부터 본격 불어 닥친 우리 문화콘텐츠에 대한 해외에서의 반응과 한류 열풍은 한국문화콘텐츠의 세계 시장 진출의 가능성을 확인하여 주고 있다.

(2) 일자리 창출과 경제 살리기에 기여해야

해외 시장 경쟁력을 일정 정도 검증된 바 있는 우리 문화콘텐츠 산업은 일자리 창출과 경제 살리기가 최대의 현안인 요즘, 본격적인 해외 시장 진출을 통해 이러한 시대적 소명에 부응할 수 있다.

미국, 영국 등 주요 선진국들이 일자리 창출을 통하여 경제 활성화의 성과를 거둔 분야로서 확실히 검증된 분야가 바로 창조산업 클러스터이며 문화콘텐츠 산업이다. 그들은 이미 200만 개 이상의 일자리 고용 창출 효과를 거두었으며 경제성장을 견인하는 신성장동력을 창출하여 왔다.

창조섹터 정책포지셔닝-클러스터 환경-대표 문화기업, 문화상품 지속 창출 및 해외 시장 진출-연관산업 발전-일자리 창출의 선 순환 문화콘텐츠는 창조섹터에 포지셔닝함으로써 자체 성장동력만이 아니라 연관산업, 타 산업까지도 성장시켜내는 진정한 신성장동력으로 역할을 다하게 된다.

문화콘텐츠가 진정한 성장동력으로써 역할과 효과를 제대로 발휘하도록 하기 위해서는 창조산업 클러스터 전략적 토대가 필요하다. 이는 정책 체계, R & D 체계, 창작 체계, 유통 체계에 걸쳐 전략적 토대가 구축될 필요가 있는데, 글로벌 인재의 유치와 함께 산학협력 기반의 관련 교육 프로그램이 운영됨으로써 수요를 진작시켜갈 수 있을 것이다.

이러한 창조산업 클러스터의 기반 위에서 문화콘텐츠 산업은 선 순환 체계를 확립하면서 선진국과 같은 수준의 일자리 창출을 효과적으로 해 나갈 수 있을 것으로 생각한다.

(3) 동북아 창조산업 클러스터 중심 정책 조직 체계 확립

창조산업 클러스터는 현재 문화산업 진흥지구가 지향하는 구도에서 좀 더 큰 전략적 지형을 요구한다. 즉, 작게는 대한민국을 하나의 창조산업 클러스터로 인식하고 그 연관 구조하에서 전국 지역의 문화산업 진흥지구의 설계를 통해 문화콘텐츠 산업의 시너지를 창출하는 큰 그림과 함께 디테일을 함께 그릴 수 있어야 한다.

우리도 문화산업 진흥지구 클러스터 정책의 경우 그 동안 정책적 관점에서 우선순위에서 밀리는 형국이었다. 이제는 좀 더 창조산업 클러스터 중심 조직 체계를 확립함으로써 지역에 대한 예산 배정의 획기적 증대와 재량권의 부여 등으로 좀 더 자발적이고 창발적인 지역 경제의 활성화를 유도할 필요가 있다. 아직도 이렇다 할 대표적인 글로벌 문화콘텐츠 기업이 지역에 없다는 것은 정책에서 커다란 과제로 인식해야 할 때가 되었다고 하겠다.

(4) 대학은 창조섹터의 비전 프로바이더로서 역할 지대

이렇듯 동북아와 글로벌 네트워크의 기반 위에서 창조산업 클러스터의 경쟁전략은 설계, 기획되어야 한다. 물론 그 중심에는 대학이 반드시 자리매김되고 비전 프로바이더로서 역할 모델이 확립되어야 클러스터의 지속적인 성장을 견인하고 일자리 창출의 효과를 극대화시켜 나갈 수 있다. 대학의 역할은 창조섹터에 위치하면서도 비전 프로바이더로서 글로벌 시장 특성에 부합하는 프로젝트, 기업, BM 개발 창조 활동을 수행하는 핵심 인재의 양성, 배출의 활동을 지속적으로 하게 된다.

물론 현재의 우리 대학의 구조적 현실로 인하여 단기간에 성과를 내기가 쉽지 않을 수 있다는 우려가 제기될 수 있다. 클러스터 핵심 성공의 요건인 지속적인 프로젝트 기획, 개발 역량이 뒷받침 되어야 한다는 문제도 있다.

하지만 이의 보완은 프로젝트 개발 역량이 있는 산업체 전문가를 획기적으로 영입함으로써 가능하다고 하겠다. 그리고 지역 특성에 맞는 문화콘텐츠 MBA 과정을 산학협력으로 오픈 커리큘럼으로 함께 개발하고 운영해 나감으로서 보다 더 효과적인 성과를 창출 할 수 있을 것이다. 대학의 창조섹터로서의 역할 모델의 확립과 강조는 M. PORTER의 창조산업 클러스터 전략의 원칙으로서 지난 90년대부터 모든 선진국가가 채택하여 실질적인 성과를 거두고 있다.

이렇듯 대학에서의 창조섹터의 활성화와 글로벌 네트워크 기반의 지식 역량을 지닌 비전 프로바이더, 마켓 크리에이터, 전문직 종사자들의 적극적인 참여와 협조, 역할 모델의 확립은 그러한 성과를 우리도 창출할 수 있는 핵심 자원이자 기반으로서 역할을 하게 될 것으로 생각한다.

(5) 콘텐츠 진흥 위원회 설치

그리고 이번 대통령 주재의 콘텐츠 진흥 위원회의 신설 발표는 매우 바람직하며 이와 함께 좀 더 구체적인 비전과 명확한 목표를 설정한다면 보다 큰 성과를 도출할 수 있지 않을까 생각한다.

예컨대, 영국의 경우 밀레니엄 상품 1,000개 개발이라는 보다 구체적인 목표를 설정하여 비전을 창조하였듯 우리의 경우도 글로벌 문화콘텐츠 상품 1,000개 개발이라는 구체적인 목표와 비전을 제시함으로서 보다 실질적인 성과와 함께 지역경제의 활성화, 부가가치 창출, 일자리 창출에도 크게 기여하게 될 것으로 보인다.

아울러 핵심 주체들의 보다 효과적인 실행을 위한 액션 로드맵을 구성할 필요가 있는데 일본의 경우 이미 2004년 〈콘텐츠 창조 보호 및 활용 촉진에 관한 법률〉을 통과시키고, 일본 영상산업진흥기구를 설치, 디지털콘텐츠 진흥정책의 일환으로서 지식 기반 산업구조 변화혁신 4단계를 콘텐츠 생태계와 크리에이터를 중심으로 설정, 추진하고 있다.

〈변화혁신 4STEP〉
1. 창조단계(CREATION STEP)
   • 디지털콘텐츠 창조그룹을 만들고 육성
2. 보호단계(PROTECTION STEP)
   • 콘텐츠 지적재산권 보호, 제작가의 주체적 이익 보장
3. 활성화단계(EXPLOITATION STEP)
   • 제작된 콘텐츠의 가치를 최대화하여 이윤을 실현하도록 함
4. 인적자원개발단계(DEVELOPMENT OF HUMAN RESOURCES)
   • 콘텐츠전문가 시스템 구축, 인적자원 발굴, 육성시행
   －일본 영상산업진흥기구, 지식 기반 산업구조 변화혁신 4단계

(6) 콘텐츠 진흥기금의 설치

콘텐츠 진흥 기금의 효율적인 운영과 전략체계에 대해서도 이제까지의 경험을 바탕으로 신중하게 세워나가야 하겠다. 창조산업으로서 문화콘텐츠산업 특징을 고려하여, 지식경제시대의 성장 동력으로서 창조산업 클러스터의 핵심 기반으로서 창조섹터의 핵심 지식 기반을 고도화하는데 기금운영이 안배되어야 한다. 콘텐츠 생태계가 악순환 구조에 빠지지 않고 선 순환 구조를 확립하는 데 투입되어야 한다.

그동안 소외되어 온 매우 취약한 문화예술 분야에 대해서도 배려되어야 한다. 풍부한 상상력과 창의력을 제공하여 보다 창조적인 프로젝트의 창출이 가능하게 하는 인문학 분야의 심층 연구에도 보다 안배되어야 한다.

전국적으로 대학에서의 글로벌 문화콘텐츠 MBA 산학협력 과정을 개설하여 커리큘럼을 개발하고 해외 전문가를 초청하여 강의를 맡기는 등 운영하는 데에도 안배되어야 할 것이다.

교사, 공무원, 군인, 기업가 등 사회지도층 인사들이 이러한 문화콘텐츠 MBA 과정에 참여함으로써 글로벌 인재 네트워킹과 평생학습 지식 공동체에 동참하고 문화콘텐츠의 비전을 이해하고 창조산업 클러스터의 핵심 기반에 참여하도록 유도하는 데에도 투입되어야 할 것이다.

(7) 지역 진흥원의 예산 대폭 증액해야

무엇보다 우리 사회의 전 분야에 지식문화 운동이 자발적으로 일어날 수 있도록 전국 지역 시군구 지역 진흥원의 예산을 대폭 증액해야 한다. 대학이 문화콘텐츠의 창조섹터가 되고 전체 창조산업 클러스터의 비전프로바이더로서 역할을 할 수 있도록, 엔젤 및 투자 펀드의 운영이 효과적으로 연계됨으로써 대학에서의 창업과 프로젝트 창출이 활성화되도록 배정되어야 한다.

(8) 문화콘텐츠 창조섹터에 향후 10년 동안 매년 1조씩 투입하여야

1.5조 원이라는 획기적인 콘텐츠 산업진흥기금의 설치에 대해서도 매우 바람직하고 환영할 만하다. 하지만 일자리 창출 및 경제활성화의 길이 이 방향이 선진국의 사례와 같이 맞다면, 보다 더 공격적이고 획기적인 예산의 증액이 이루어져야 할 것이다.

콘텐츠 창조산업 클러스터 정책 체계 인식의 인식과 콘텐츠 산업구조의 특징상 그 연관 산업까지 미치는 영향이 지대함을 재인식한다면, 진정한 문화콘텐츠가 국가의 문화적 가치와 문화정체성을 확립하는 데에 절대적인 기여를 한다면, 문화콘텐츠가 신성장동력 산업으로서 창조산업 클러스터에서도 특히 대학이 담당할 창조섹터의 중추로서 그 의미가 깊다면, 창조섹터를 통해 향후 창조기업이 창출되고, 창업기업이 활발하게 일어나고, 프로젝트가 다양하게 창출됨으로써 청년들에게 비전과 희망의 일자리를 제공하는 일이라면 문화콘텐츠 창조섹터에 향후 10년 동안 매년 1조 원씩 집중적으로 투입되어야 한다.

우리는 아직까지 콘텐츠 창조섹터에 사실상 본격적으로 투입해 본 일이 없다. 그래서 콘텐츠 생태계의 악순환 구조가 심화된 근본 원인이 되었다.

(9) 글로벌 정책 환경에 보다 집중해야

그리고 이제 중앙 정부 및 문화체육관광부와 콘텐츠 관련 기구 및 진흥원은 글로벌 정책 산업 환경에 보다 핵심에 집중하고 콘텐츠 제작 파이프라인 상의 단순 제작 기업을 대상으로 하는 지원 사업의 경우 해당 지역 지원기구에 과감히 이양, 지역 진흥원의 재량권과 예산을 확대 재편할 필요가 있다 하겠다.

문화콘텐츠 산업은 본질적으로 글로벌 시장 환경의 트렌드에 민감하게 작동되는 메커니즘이 있으며 향후에는 해외 시장을 본격 개척 단계에서 각 국가별 글로벌 정책 환경에 대한 면밀한 조사, 분석과 함께 우리의 문화콘텐츠 산업이 각 국가의 정책에도 부합되도록 노력할 필요가 있다.

문화콘텐츠가 본질적으로 어느 나라와 국가든 그 나라의 문화가치와 문화정체성을 확립하는 데 유용한 수단이 될 수 있다는 점을 주지시키고 설득한다면 우리가 지향하는 글로벌 정책 환경에서의 창조적인 리더십을 확보하고 글로벌 시장을 본격 선도하는 시대를 열게 될 것이다.

(10) 문화콘텐츠 중심 글로벌 미디어 기업 창출

선진국의 글로벌미디어 기업의 태동과 성장과정을 살펴볼 때 대부분 지속가능한 양질의 콘텐츠 창출 기반에서 가능하였던 것을 알 수 있다. 즉 이미 문화콘텐츠는 글로벌미디어 기업 창출의 중요한 전제가 되고 있으면 나아가 경제와 산업구조의 생태계에 영향을 지대하게 미치고 있다.

문화콘텐츠 지식체계의 확립은 양질의 콘텐츠를 지속적으로 창출하고 투자의 선 순환 체계와 궁극적으로 콘텐츠 생태계의 선 순환 구조를 확립하는 데 불가결하게 요구된다.

창조섹터를 중심축으로 하는 대학의 역할도 매우 지대하다. 즉 산·학·연·관 네트워크 기반의 자본과 지식이 글로벌 마켓에서 통합됨으로써 진정한 부의 창조의 기회를 확대해 나갈 수 있는 시대이다. 우리도 이제는 일본의 콘텐츠 제작 위원회와 같이 문화콘텐츠 창조섹터에서의 활동이 산학연 협력 콘텐츠 창조위원회로 구성되고 활성화될 필요가 있다. 이를 통해 1,000개의 코리아를 빛낼 문화콘텐츠 명품도, 글로벌 미디어 기업의 창출도 가능할 수 있을 것이다.

(11) 창조산업 클러스터 성공전략의 KSF - 융합창조형 인재

창조산업, 창조경제시대는 더욱 지식의 융합, 창조로 체화된 사람이 중요한 자산이 되는 시대이다. 경제활성화를, 기업을 일자리를 창출할 수 있는 전략도 세울 수 있는 것은 결국 사람이다.

창조경제 시대가 요구하는 인재유형은 융합창조형 인재로서 콘텐츠 크리에이터이다. 콘텐츠 크리에이터는 스스로 현장 경험을 통해 습득한 풍부한 지식을 바탕으로 하이브리드로 네트워킹하면서 변화하는 시장의 트렌드와 통찰력을 확보하고 융합 지식의 크리에이티브 기획력으로 무장되어 있다. 결국 문화콘텐츠 산업의 성패도, 창조산업 클러스터 전략 체계도 이러한 융합창조형 인재의 발굴과 올바른 적용에 달려 있다.

우리 사회에 이미 10년 이상 치열한 노력을 통해 문화콘텐츠 지식체계에 이미 도달하고 있는 융합창조형 인재네트워크와 지식 공동체를 찾아 함께 상생과 협력의 파이프라인을 구축해야 할 것이다.

4) 문화콘텐츠 산업 발전을 위한 제언

문화콘텐츠는 본질적으로 창조산업 클러스터의 중심에 위치하고 있으며, 핵심으로서 창조섹터에 포지셔닝하고 있다. 대학의 창조섹터로서의 위치와 역할은 지속 가능한 경제 성장과 클러스터의 성공의 전제가 된다고 하겠다. 창조섹터를 구성하는 핵심 요소 기반인 대학에 국가의 정책적인 배려와 전폭적인 지원이 요구되는 이유이다.

문화콘텐츠가 창조산업 클러스터의 창조섹터에서 성장하게 된다면 콘텐츠 생태계의 선 순환을 확립하고, 방송통신융합 환경에서의 콘텐츠 수요를 충족시키고, 일자리를 창출하는데 기여할 것으로 보인다. 특히 디지털 융합 창조 환경에서 양질의 일자리는 문화콘텐츠에서 찾을 수 있다. 아울러 문화산업진흥지구의 경우도 역시 대학과 긴밀하게 창조적으로 연계되지 못한다면 지속적인 클러스터 성장 국면을 유지하기가 쉽지 않게 된다 하겠다.

장르 구분도 더욱 희박해지는 콘텐츠 융합 창조 환경과 시대의 트렌드를 따라 킬러콘텐츠를 창출하고 글로벌 시장 환경에서 부를 창조함으로서 이러한 지역마다의 문화콘텐츠 창조산업 클러스터 환경이 국가경제의 신성장 동력 기반으로서 지속적인 역할을 수행 하게 되기를 바란다.

Chapter ❷ 문화콘텐츠 지식체계와 전략 기획

　본 장에서는 문화콘텐츠 지식체계 확립의 배경, 문화콘텐츠와 융합 미디어의 공진화 체계, 문화콘텐츠 정책포지셔닝, 문화콘텐츠 전략 기획 방법론과 인사이트에 대해 살펴본다.
　문화콘텐츠 지식체계는 디지털융합 환경에서 창조, 크리에이티브 파이프라인 지식체계를 일컫는다. 문화콘텐츠 지식체계를 이해함으로써, 문화콘텐츠가 새로운 창조경제 패러다임의 가장 중요한 핵심 키워드임을 이해한다. 또한 문화콘텐츠 지식체계는 리스크 관리 체계임을 인식한다.
　무엇보다 문화콘텐츠 지식체계는 글로벌 킬러콘텐츠 창출에 요구되는 방법론이다. 나아가 문화콘텐츠 지식체계는 문화콘텐츠학, 문화콘텐츠 학문 체계, 학문 분류체계를 확립하는 데에도 필요한 지식체계이며, 한편 산업 분류체계를 확립하는 데에도 필요한 기본적인 지식체계이다.
　문화콘텐츠학은 이러한 지식체계를 기반으로 심층지식체계를 확립하게 되며, 이러한 심층지식체계는 글로벌 킬러콘텐츠 창출에 필요한 세계관의 확립, 전략 기획 프로세스 등에 기여한다. 또한 정책 크리에이티브 인사이트 역량을 고도화하는 데에도 필요한 지식체계라 하겠다. 엘고어 전 미 부통령의 주창한 인포메이션 수퍼 하이웨이가 콘텐츠 코리아로 먼저 구현되기 시작한 역사적, 시대적 상황을 이해한다. 디지털융합과 융합 미디어 체계가 발달하게 됨에 따라 디치털융합문화가 창출되고 글로벌 메가트렌드가 되어, 문화콘텐츠가 중요한 트렌드로서 한류를 촉발한 핵심 성장동력임을 인식하게 된다.

이러한 문화콘텐츠 지식체계에서도 정책포지셔닝이 중요하다. 창조경제 메커니즘에서 새로운 비즈니스 모델과 사회 현상을 낳고, 지식을 창출하게 되는 문화콘텐츠는 창조적인 모델이어서 사회 구성원이, 이용자와 소비자가 프로슈머로서 공감하고 참여하는 서비스 모델의 확립과 더불어 서비스 정책의 확립을 수반한다.

또한 이는 사회적 파급효과가 매우 크므로 국가적으로도 진흥정책과 규제정책의 역할 포지셔닝이 중요하다. 국가 정책의 개입의 시기, 정도에 따라 한 분야의 산업이 성장하거나 성장이 멈춰 오히려 생태계 전체가 구조적으로 심대한 피해를 주게 되는 등 지대한 영향을 미친다. 따라서 정책과 규제 생태계 관점에서의 인식이 중요하다.

따라서 시장 리스크 관점에서의 인식, 공정 경쟁 관점에서의 정책 인식 체계에 대해 중요한 인사이트를 요구하게 된다. 문화콘텐츠 전략 기획은 창의적인 양질의 콘텐츠를 창출하는데 필요한 핵심 역량과 인사이트를 제공한다. 즉, 문화콘텐츠 전략 기획은 이러한 지식체계이자 방법론이다.

1. 문화콘텐츠 지식체계

문화콘텐츠 지식체계는 양질의 문화콘텐츠 개발에 요구되는 지식체계, 창조지식체계이다. 이러한 지식체계 기반에서 창의적인 콘텐츠 창출이 가능하며, 지속 가능한 양질의 콘텐츠 창출이 가능하다.

문화콘텐츠 지식체계을 이루는 심층 기반은 창조산업 클러스터의 지식 기반이라 할 수 있다. 문화콘텐츠 지식 네트워크 체계는 창조적 상상력과 디지털융합 환경에서 인문학, 미디어, 예술, 테크놀로지, 창조경영의 5대 분야의 융합 창조지식 역량을 축적하고 발현하게 된다. 이러한 지식체계는 개인과 조직에게도 문화콘텐츠 전략 기획 역량을 고도화하는 지식 기반이 된다.

문화콘텐츠 지식체계[7]

---

[7] 문화콘텐츠 지식체계의 가장 중요한 요소는 창조적 상상력일 것이다. 그리고 인문학, 미디어, 아트, 테크놀로지, 창조경영 분야의 지식과 경험을 바탕으로 하는 융합, 창조 인사이트 체계를 확립하는 일이다.

일반적인 전략 기획은 비즈니스 현장에서의 목표 관리, 비용 관리, 경쟁 관리, 조직 관리 등의 효율적인 프로세스를 위한 방법론을 의미한다. 전략이라는 개념은 원래 군사학에서 시작된 개념으로서 전쟁을 효과적으로 수행하기 위해 군대의 나아갈 길과 방향을 정하는 큰 그림을 뜻한다.

예컨대 불멸의 이순신, 나폴레옹과 같은 위대한 장군들이 전쟁터에서 승리하기 위한 가장 핵심적인 역량이 전략 전술 역량이다. 오늘날 기업 환경 역시 전쟁터와 마찬가지로 시장에서 생존하기 위한 치열한 경쟁과 협력, 승부가 가로놓여 있다. 기업 경쟁 환경은 끊임없는 시장 환경의 변화에 대응해야 하며 지속가능한 성장을 담보해내기 위하여 미래 기업 환경에 대한 트렌드 변화를 사전에 대비해야 하는 과제에 놓여 있다.

특히 오늘날과 같은 디지털과 글로벌 경쟁 환경에서는 전후좌우를 살펴보면서 긴장을 놓지 않고 진로를 잘 선택해야 한다. 이러한 전략 기획 프로세스에서 가장 중요시 여기는 요소는 현재 지점에서 긴급하고도 중요한 목표와 과제에 대한 명확한 인식에서부터 출발해야 한다.

그리고 상황과 환경에 대한 인식과 분석, 강약점에 대한 분석, 목표 및 경쟁 시장에 대한 분석, 전략 기획팀에 대한 내부 역량에 대한 점검, 경쟁사에 대한 분석, 차별화된 전략 역량에 대한 분석, 재무적 역량에 대한 분석, 경쟁 전략에 대한 분석, 목표를 달성하기 위한 가용 가능한 전략적 수단에 대한 분석, 리스크 환경 분석, 전략 상황 시나리오 분석 등이 될 것이다.

이에 더해 문화콘텐츠 전략 기획 프로세스는 크리에이티브 영역에 대한 전략 기획 역량에 좀 더 포커스 된다. 문화콘텐츠 전략 기획은 디지털 컨버전스와 양질의 문화콘텐츠 창출로 이어지는 문화콘텐츠 로드맵의 전 과정을 포괄하며, 크리에이티브 전략 기획, 비즈니스 전략 기획, 마케팅 전략 기획의 3대 축을 형성하게 된다. 이러한 문화콘텐츠 전략 기획 프로세스가 프로젝트 프로듀싱 관리 역량과 조화롭게 진행될 때 디지털 환경에서의 모든 프로젝트의 킬러콘텐츠 창출을 위한 핵심 전략 기획 역량을 축적해 나가게 된다.

이러한 문화콘텐츠 전략 기획 역량은 현장에서 창조적으로 길러지게 되며 이 과정에서 킬러콘텐츠의 창출, 흥행 대박의 신화가 나오게 된다.

디지털 신경제 패러다임에서의 문화콘텐츠는 전략 기획력에 의해 고도화할 수 있다. 그리고 핵심 가치를 제대로 발굴할 수 있다. 이는 디지털 시대 생존 전략을 제시하며 한편으로는 기업 상품 서비스의 질적인 고도화와 소비자의 니즈에 부응하기도 한다.

문화콘텐츠 전략 기획은 인간의 감성을 자극하고 기업의 브랜드와 상품 경쟁력을 재고시키며 경쟁사와의 차별화와 창의적인 서비스를 제공하는 원천을 제공한다.

문화콘텐츠는 전 산업 부문이 디지털 패러다임으로 변화되고 있는 환경 변화에 따라 전 산업이 창조산업 군으로 재편될 수 있음을 의미하기도 한다. 바로 21세기 지식 창조 시대, 문화콘텐츠를 통해 차세대 먹거리를 제공하고 국가나 기업, 개인의 브랜드 및 경쟁력이 좌우하게 된다는 것을 시사하고 있다. 이에 문화콘텐츠 전략 기획 프로세스와 역량 고도화를 위한 지속적인 노력이 매우 중요한 이유이다.

문화콘텐츠는 엔터테인먼트, 에듀테인먼트, 인포테인먼트의 3대 장르로 구분되어 상품화된다. 나아가 디지털 융·복합화가 촉진되면서 더욱 다양하게 전문화되고 세분화되고 있다. 디지털 시대의 콘텐츠는 기술과 제도, 미디어, 생활방식까지도 융합함으로서 질적 고도화를 이루어 나가며 이에 따라 차별화된 경쟁우위와 경쟁력을 획득하게 된다. 이는 전 산업을 문화산업으로 진화시키며 디지털 문화현상과 융합 지식 기반의 창조산업으로 진화하게 된다.

　문화콘텐츠 전략 기획은 산업화 시대의 생산요소인 토지, 노동, 자본 이 아닌 지식 창조시대의 경쟁요소인 꿈과 상상력, 기술력, 자본력을 핵심 요소로 한다. 문화콘텐츠 전략 기획 프로세스는 개인의 창의적인 아이디어나 상상력을 현실화하기 위한 전략적 프로세스를 규정하게 된다. 이는 미디어 윈도우상에서는 영화로 드라마로 게임으로 만화로 영상으로 나타난다.

　기업의 입장에서는 이를 미디어 콘텐츠의 상품 및 투자 전략으로 기획 프로세스를 인식하고 접근하게 된다. 문화콘텐츠 전략 기획 3대 축은 크리에이티브 전략 기획, 비즈니스 전략 기획, 마케팅 전략 기획으로 구분될 수 있으며, 이의 상호 연관 효과와 시너지를 극대화해나가야 한다. 그래야 크리에이티브 벨류 체인 네트워크 전체의 부가가치를 마케팅, 유통 배급, 서비스 단계에서 극대화하고 투자 효과를 극대화 할 수 있다. 크리에이티브 전략 기획의 핵심 요소는 스토리 디자인, 브랜드 아이덴티티, 캐릭터 모델링, 기획 등이다.

　비즈니스 전략 기획의 핵심 요소는 비즈니스 모델, 환경 분석, 경쟁 전략, 강·약점 분석, 핵심 역량 분석, 차별화 전략 기획, 목표 관리, 팀 빌딩 등이다. 마케팅 전략 기획 핵심 요소는 시장 세분화 및 타깃 설정 포지셔닝 마케팅 크리에이티브 믹스 전략 등이다.

　문화콘텐츠 전략 기획의 핵심 역량은 무엇보다 융합 환경의 진화와 정책 환경과 글로벌 환경, 미디어 환경을 분석하고 거시적, 미시적, 통시적, 공시적 시각을 가지고 시장에서 소비자 니즈에 적절하게 부응한 킬러콘텐츠로 성공할 수 있는 아이템을 발굴하고 성공 전략을 수립하는 과정이라 하겠다.

　문화콘텐츠 지식체계는 심층 지식 기반으로 창조산업 클러스터 체계가 확립되어야 한다. 창조산업 클러스터 체계에서는 콘텐츠 창조섹터가 핵심이며 바로 여기에서 양질의 콘텐츠 크리에이티브가 창출된다. 콘텐츠 창조섹터는 미디어 벤처 생태계의 조성이 중요하다.

미디어 벤처 생태계의 조성은 우리 사회 내부적으로도 각 부문의 기본을 탄탄히 하면서 글로벌 경쟁 환경에 대응한다는 차원에서도 의의가 있을 것이다. 이는 기존 미디어산업이 내부적으로 산업구조에서의 생태계의 선 순환 시스템을 확립하지 못하여 왔고, 그러한 상태에서 사실상 글로벌 경쟁 환경에 진입함으로써 미디어 산업 외에 전 산업 부문에 이르러 그러한 위험성이 보다 커지는 환경에 놓이게 된 것임을 인식해야 하겠다.

따라서 우리도 글로벌 미디어 경쟁 시장에서 생존할 수 있는 보다 탄탄한 미디어 콘텐츠 창작 기반과 다양하고도 창의적인 미디어 콘텐츠 융합 R & D 체계 확립이 필요하며 미디어와 콘텐츠 산업 전체가 함께 상생 발전하면서 우리 사회를 지식 창조경제 패러다임으로 변화해 나갈 수 있는 동력으로서 함께 시너지를 창출할 수 있는 구조에 대해 깊은 통찰을 해야 한다.

이는 사실상 이미 검증된 역량과 지식 기반이 축적되어 있는 기회 요인을 잘 살려나가야 한다는 점이며, 콘텐츠의 경쟁력으로 글로벌 미디어 전략을 펼치는 것이 이미 선진국에서도 검증된 방식이기 때문이다. 또한 우리도 한류의 흐름으로 만들어진 기회 요인을 살려 나감으로서 글로벌 미디어 콘텐츠 경쟁 환경에 대응할 수 있어야 한다는 것이다.

콘텐츠가 글로벌 미디어 전략의 핵심이고 콘텐츠를 중심으로 미디어 벤처 생태계를 조성해야 한다면, 적어도 콘텐츠 크리에이터와 전문가, 제작사들이 미디어 생태계와 산업의 키 플레이어 중의 하나로서 역할을 할 수 있도록 함으로써 미디어 생태계의 선 순환의 고리를 만들어내는 해법을 찾아내야 할 것이다. 그리고 이를 통해 방송과 통신, 지상파와 케이블, 위성

방송, 텔레콤, 이동통신사 모두 새로운 지식의 융합 창조경제 시대, 글로벌 시대의 경쟁과 협력의 시대를 열어갈 수 있는 해법 역시 창출될 수 있어야 할 것이다.

미디어 벤처 생태계가 상생과 협력, 경쟁의 구도가 콘텐츠를 중심으로 이루어지고 글로벌 콘텐츠의 지속 창출과 확대를 위한 구조가 짜여지는 핵심 기반이 되어야 한다는 점이며 한편 글로벌 미디어 콘텐츠 전략 모델의 창출을 통해 국내적으로는 일자리 창출, 지역 경제 발전, 경제양극화 해소와 더불어 지식 창조경제 시대 국민 개개인의 역량 고도화와 시청자 복지, 국민경제에 이바지 하도록 해야 하겠다. 또한 창의적인 콘텐츠 서비스 중심의 경쟁 환경과 콘텐츠 경쟁력을 고도화하고자 하는 노력, 전체 시장을 키워나가고자 하는 사회적 합의하에 글로벌 미디어 생태계의 변화 환경에서 뉴미디어 산업의 진화 발전을 미디어 콘텐츠 산업 전체의 발전으로 유도하는 지혜가 어느 때보다도 필요하다 할 것이다.

이를 위해서는 글로벌 킬러콘텐츠와 창의적인 서비스 모델을 지속적으로 창출할 수 있는 역량을 축적한 전문가들을 존중하는 환경을 만들고, 글로벌 미디어 콘텐츠 마켓 채널 네트워크의 구축, 문화콘텐츠 창조지식체계 확립, 글로벌 미디어 콘텐츠 그룹 전략 역량을 축적한 핵심 인재를 발굴, 육성하는 일 역시 미디어 벤처 생태계 조성의 사명이 되어야 하며 이를 통해 전체 미디어 생태계의 발전과 번영, 선 순환을 이루어 낼 수 있도록 해야 할 것이다.

2. 문화콘텐츠 정책포지셔닝

문화콘텐츠 전략 기획 부분 중 가장 영향력이 크고 중요한 분야가 문화콘텐츠 정책 기획이 아닌가 한다. 콘텐츠는 지식 창조시대를 견인하며 산업 전체에 미치는 연관 및 파급효과가 매우 커서 정부 정책의 연계 및 통합의 필요성 역시 적지 않다.

콘텐츠 정책의 요체는 핵심 정책 과제의 개발과 우선순위의 선정, 정책 역량 고도화와 선택과 집중, 역할 효율성의 추구라 하겠다. 이를 통해 경제 활성화, 투자활성화, 산업 전·후방 효과의 긍정적 또는 부정적 효과에 대한 성찰 등을 통한 지혜로운 정책 기획을 해야 한다. 그러므로 문화콘텐츠 전략 기획역량 중 정책기획 역량은 가장 어렵고도 중요한 분야가 아닌가 한다.

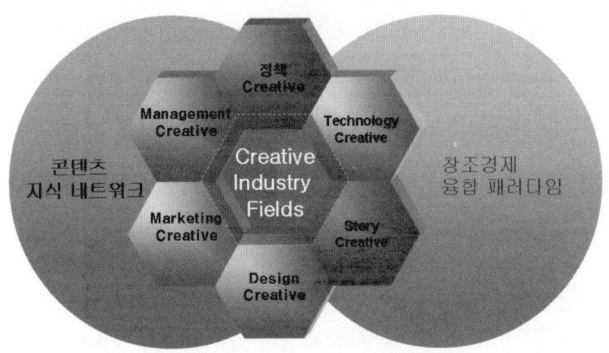

콘텐츠 지식 네트워크 체계와 창조섹터[8]

문화콘텐츠 정책기획 방향은 크리에이티브 벨류 체인과 프로젝트 파이

---

[8] 문화콘텐츠 정책 크리에이티브의 핵심 역량은 무엇보다 디지털 환경의 메커니즘, 산업구조, 마켓 트렌드, 인사이트가 중요하게 요구된다. 그리고 창조섹터에서 정책 리스크 관리, 정책포지셔닝 관리, 정책 리더십 관리 역량이 필수적으로 축적되어야 한다.

프라인인 창조산업 클러스터 체계의 기반 활성화에 정책의 핵심 목표를 둬야 한다. 콘텐츠의 분야별 역할과 이에 따른 선택과 집중, 정부 부처 간의 연합 및 협력이 중요하다. 지식 창조시대를 선도하고 콘텐츠 중심의 산업 구조의 재편 흐름을 파악하여 정책 기획역량의 효율적 자원 배분 노력이 수반되어야 한다.

바람직한 콘텐츠 산업 정책은 디지털 신경제 시대의 국가의 정책 리더십과 역량을 고도화하고 현재 직면한 민생 문제, 청년 실업, 경제 양극화 등 정책 과제를 해소하는 실마리를 찾아냄으로써 진정한 정책 기획 역량을 꽃피우는 일이 된다.

문화콘텐츠 정책포지셔닝의 핵심은 시장 메커니즘이 클러스터 기반에서 생태계와 가치사슬의 선 순환을 이룰 수 있도록 정책 크리에이티브 역량을 발휘하는 것이다.

나아가 콘텐츠는 분야별 핵심 역량의 배분 역시 중요한데 엔터테인먼트의 경우 주무 정책 담당이 문화체육관광부의 고유 영역이 되어야 하며 특히 콘텐츠의 프론트엔드에서 소비자의 감성을 자극하는 콘텐츠의 완성도는 흥행을 결정하는 핵심 요소다. 문화·예술적 감성 스토리텔링과 크리에이티브의 핵심 기반을 풍부하게 구축하도록 하는데 요구되는 정책 역량을 강화해야 한다. 이는 개인이 콘텐츠의 핵심 크리에이티브를 가지고 있고 콘텐츠 산업의 가장 중요한 핵심 기능과 분야를 다루게 된다. 개인의 크리에이티브 역량 강화가 산업 정책의 성공 여부의 관건이 되므로 글로벌 시장에서의 경쟁력 있는 콘텐츠 크리에이티브 밸류 체인 파이프라인을 세계 수준의 경쟁 역량으로 구축할 수 있도록 현장의 지혜와 역량을 모으는 일은 정책 기획 역량의 핵심이다.

예컨대 에듀테인먼트는 지난 10여 년간 교육정보화를 주도하며 이 분야

전문성을 축적해 온 교육과학기술부가 인력 양성 부문과 함께 총괄하는 게 적절하다. 이는 그동안의 경험을 바탕한 핵심 역량을 극대화하고 정책 효율성을 최대화하는 적절한 포지셔닝 전략이 될 것이다. 국가 사회 전반의 효율성을 강화하는데 있어 교육의 역할과 기능은 더욱 중시되므로 교육의 중요성을 더욱 강조하고 효과를 극대화하는데 있어 에듀테인먼트의 효용과 기여에 심도 있는 연구를 해야 할 것이다.

인포테인먼트의 경우 중소 벤처기업과 대기업 등 산업 경쟁력을 좌우할 핵심 지식 정보 콘텐츠를 다루게 된다. 주무 부처가 지식경제부가 적합하며 산업 클러스터와 기반 조성, 수출·무역 등 글로벌 경쟁 시장 개척 연관 산업의 하드웨어 기반을 담당하는 일에 핵심 역량을 발휘해야 한다.

백엔드에서 콘텐츠의 경쟁력을 좌우할 소프트웨어 테크놀로지 시스템 설계, 데이터 프로세싱, 클라이언트 서버 프로그래밍 등 콘텐츠 산업 전반의 핵심 엔진으로서의 경쟁 기반을 강화하는데 요구되는 정책 지원 기능을 보다 효과적으로 수행하는데 그 역할을 담당한다.

뉴미디어 환경, 방송통신 융합미디어 환경과 문화콘텐츠의 공진화를 위한 정책 개발, 지속가능한 성장발전에 필요한 방송통신 융합미디어 기반의 콘텐츠 정책수립은 방송통신위원회에서 담당하고 있다. 그리고 이는 공공미디어 정책, 콘텐츠 미디어 가치사슬 네트워크 기반의 공정경쟁, 생태계 관점에서의 정책 수립, 광고미디어 정책 등은 결국 부처 간의 협업 네트워크 기반에서 최적의 정책결정이 가능하다 할 것이다.

디지털 신경제 패러다임의 급격한 변화가 초래하는 기회와 위협에 대해서도 심도 있게 분석하며 법무부 및 기획재정부까지 필요에 따라 범 부처를 네트워크로 연합할 필요성이 커지고 있다. 콘텐츠핵심 정책과제 및 문제 해결 중심의 탄력적인 콘텐츠 진흥 위원회 시스템으로 운영하여 글로벌 경쟁 환경에서 직면하는 기업 인수 합병, 지적재산권, 투자, 국제 간 자본 이동 등 국가 경제 근간을 흔들 수 있는 중요한 핵심 정책 과제들을 시의 적절하게 다룰 수 있어야 한다.

3. 문화콘텐츠 전략 기획 인사이트

필자는 콘텐츠 비즈니스를 인간의 근원적 욕구와 니즈에 대한 해갈을 주는 핵심 전략 가치로서의 콘텐츠를 영화, 게임, 애니메이션, 드라마, 영상, 교육, 음악, 캐릭터, 출판 만화, 모바일 등의 형태로 미디어믹스 기획 개발하여 상품화 서비스를 하고 라이선싱함으로써 재화를 취득하는 제반 거래 및 커뮤니케이션 활동이며 글로벌 시장을 목표 시장으로 한다라고 정의한 바 있다.[9]

즉, 콘텐츠 비즈니스를 이렇게 정의하게 되는 배경에는 게임이나, 애니메이션, 영화, 캐릭터라는 장르로 제한된 개념을 포괄하여 전체 지식산업의 커뮤니케이션 미디어이자 표현 양태이며 핵심 가치로서 인식하고자 하였다. 산업화 단계에서 지식 기반사회로 빠르게 진화 발전해 나가는 과정에서 산업 형태 역시 제조 산업에서 전자산업으로, 지식문화산업, 창조산업의 형태를 띠고 발전하게 되며 이 과정에서 발생하는 핵심개념 문제 해결의 키로써 존재하게 되었다는 의미를 강조하고자 하였다. 이러한 콘텐츠를 우리는 디지털시대의 빠른 IT혁명과 기술발전이 가져오는 사회적, 문화적 통합과 융합의 네트워크를 통해 창출되는 새로운 핵심 전략 가치임을

---

9 초창기, 즉 1998~2000년 전후 콘텐츠 지식랠리와 문화콘텐츠 관련 주제의 강연을 진행하면서 콘텐츠 비즈니스에 대하여 위와 같이 정의 체계를 내린 바 있다.

인식하고자 하였다.

이러한 핵심 전략 가치는 다양한 미디어와 플랫폼을 통해 소비자에게 전달되면서 기존 전통산업의 유통 환경을 뛰어 넘는 비즈니스 플랫폼이 새로운 차원으로 창조되고, 진화 발전한다는 것이다.

또한 콘텐츠 프로젝트는 스토리 컨셉, 캐릭터 모델링, 배경 디자인, 칼라 스크립트, 뮤직 작업 등의 파이프라인 셋업, 게임-영화-애니메이션 등 문화콘텐츠 미디어믹스 전략 기획 파이프라인 셋업 등을 전제로 한다. 이러한 전체 과정으로서 프리프로덕션과 메인프로덕션 그리고 포스트프로덕션의 체계화가 콘텐츠 비즈니스의 성공전략의 주요 과정임을 더욱 인식하게 된다.

Preproduction	Main Production	Post Production
비즈니스컨셉, 제작기획 및 시스템 구축, 아이디메이션, 스토리라인 구축, 캐릭터 모델링, 배경 디자인, 컬러스크립트, 라벨 디자인, 레이아웃 디자인, 사운드뮤직 디자인, 프리비주얼라이제이션, 시놉시스, 콘티(스토리보드), 시장조사 및 분석, 틈새전략, 제휴전략, 비즈니스 모델링, 핵심콘텐츠미디어믹스전략, 캐릭터머천전략, 라이선싱전략, 경쟁전략, 수익화전략, 단계별 사업 추진전략, BI / CI전략, 웹기획, 데이터웨어, MARKET FEEDBACK	프로덕션 관리시스템, 프로젝트 공정 관리시스템, 해외 아웃소싱 원가 관리시스템, 개발 매뉴얼, 일정스케줄 관리, 프로듀서목표 관리, 프로젝트 업무 조정회의, 자금계획, 스토리라인 제작 관리시스템	수익창출 시나리오, 제휴전략 및 라이선스 파트너십 관리, PPL 시나리오, 4P전략, 머천다이징, 리스크 관리 시스템, 광고홍보전략, 유통네트워크전략, 로컬전략, 경영전략, 해외마케팅 네트워크전략, 수익배분시스템, 특성별 계약 시스템, 배급사 관리, 시장반응별 대응전략시스템

콘텐츠 비즈니스 프로세스[10]

즉, 이러한 체계적인 시스템과 단계를 거쳐 궁극적으로는 다양한 라이선싱과 상품 머천다이징으로 구체적인 수익화가 구현되는 일련의 비즈니스 프로세스 과정이다.

프로퍼티, 캐릭터, 이미지, 스토리의 미학이 이른바 IT혁명이라는 디지털 환경에서 융합되면서 새로운 생태계를 빠르게 창출해 나가는 것이다.

이러한 콘텐츠 비즈니스의 본질적 측면을 인식할 때, 콘텐츠를 코아 비즈니스로서 전략 포지셔닝하고 중심축에 둘 때 디지털 산업 환경의 빠른 변화와 트렌드에 창조적으로 대응할 수 있다 하겠다.

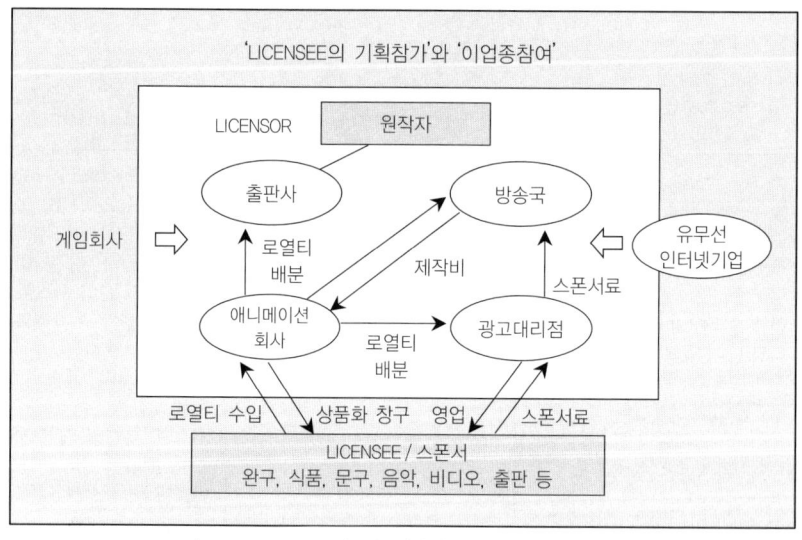

php 연구소 캐릭터비즈니스

---
10 콘텐츠 비즈니스 프로세스 체계를 프로덕션 파이프라인 중심으로 정리한 내용이다. 콘텐츠 비즈니스 프로세스 체계는 콘텐츠 서비스와 플랫폼, 네트워크 간 융합과 협업 체계를 통해 다양하게 진화, 발전해 나가고 있다.

1) 콘텐츠는 인류문명의 지식과 정보의 표현 양태 핵심 전략 가치

사실 이렇게 강조되는 콘텐츠의 개념적 초기 단계는 인터넷 비즈니스의 4C(Contents, Community, Commerce, Communication)의 하나로 제한되어 해석된다. 그리고 온라인 기반에서 주로 해석되어 오다 개념적 확장을 이루게 된다. 이렇게 성장한 콘텐츠 비즈니스는 디지털 환경의 문화 엔터테인먼트 산업으로 칭하기도 하면서 세계 각국에서 국가 전략산업으로 육성 발전시켜 나가고 있다.

대한민국이 현재 콘텐츠에 대한 관심이 커진 중요한 배경은 미국, 유럽, 일본 등 선진국이 주도하고 일찍이 발전시켜 오고 있는 데이터웨어, 소프트웨어, 콘텐츠웨어, 문화 엔터테인먼트 산업에 대한 상대적 열위에 대한 지식 사회의 진지한 성찰에 있다. 이를 바탕으로 한 이 분야의 경쟁력을 하루 빨리 끌어 올리고자 하는 강력한 의지의 표현이자 역동적 움직임으로 봐야 할 것이다.

이는 또한 콘텐츠가 곧 인류 문명의 지식과 정보의 표현 양태, 전달 양식, 비즈니스 거래 형태, 커뮤니케이션 방식을 뜻함이며 바로 인간 생활의 근원적 욕구 및 니즈에 대한 해갈을 주는 핵심 전략 가치로서 공감대를 형성하기 시작하였다는 것을 의미한다. 그리고 선진국 미국, 일본을 비롯한 전 세계는 한국을 새로운 파트너로 인식하기 시작하였다. 세계적으로 우수한 디지털 환경을 먼저 갖춘 한국을 그들이 주목하는 새로운 시장으로 인식하게 되었고 전 세계 주요 나라와 기업이 대한민국을 비즈니스의 파트너로 생각하게 되었으며 세계 각국에서 많은 사절단, 전문가, 투자자들이 대한민국을 방문하였다.

즉, 그동안의 산·학·관·언 일체의 노력이 상당한 성과를 거둠으로써 아시아를 비롯한 전 세계에서 최상의 디지털 환경을 갖춘 한국시장에 대해 기존에 생각하였던 새로운 파트너로서 가치를 부여하게 된다. 그리고 콘텐츠의 기획·제작·마케팅 프로세스에서 글로벌시장에서 구축한 노하우와 기획역량을 일부 공개하면서 제휴모델을 구축하게 된 것이다.

대한민국이 비즈니스 파트너로서 온라인게임 등 디지털콘텐츠 부분에서 일정부분 강점을 지니게 된 사실을 인정하기 시작하게 되었다는 것을 의미한다. 그 시기가 불과 최근 10년 안팎의 세월의 변화라는 것이 가장 큰 특징이다.

즉, 애니메이션, 캐릭터, 게임 등 우리의 콘텐츠 비즈니스의 성장사는 바로 이러한 터널을 걸어온 것이 우리가 인정해야 하는 엄연한 현실이다. 그래서 양질의 우수한 인력이 이 분야에 뛰어 들기 시작한 것도 그리 오래되지 않았다.

2) 성공적인 콘텐츠 비즈니스 전략 기획 방향

최근 한 컨퍼런스에서 일본의 디지털콘텐츠 비즈니스 성공사례와 최신 동향에서 '미야카와 야스오 Sunrise' 기획 경영부 부장이 추억에 잠기면서 (?) 발표한 건담시리즈를 20여 년 전부터 최근 글로벌 머천다이징 비즈니스 현황까지의 PT를 지켜보면서 그들이 콘텐츠 비즈니스의 역량에 새삼스러운 경이감을 느꼈으며, 많은 차이가 있음을 절감하지 않을 수 없었다.

이미 그들은 장구한 비즈니스의 역사 속에서 양질의 수준 높은 콘텐츠의 기획력을 인프라 및 데이터웨어로 축적하고 있다. 나아가 글로벌 네트워크와 마켓채널을 확보하고 있다.

즉, 비즈니스 파트너로 그들의 노하우를 공유하고 우리와 함께 하는 구도이기도 하나, 이 기회는 또한 위협이기도 하다. 이러한 무한시장의 경쟁 환경에서 살아남고 경쟁우위에 서기 위해서는 콘텐츠 비즈니스 프로세스 가치사슬 구조의 인프라를 하루 빨리 더욱 강화해야 한다. 또한 콘텐츠 기획-제작-마케팅 프로세스의 후진적 형태를 하루 빨리 극복해야 한다. 이러한 과제를 소홀히 할 경우 잘못하면 또 한번 시장만 내주는 결과를 초래할 수 있기 때문이다.

성공적인 콘텐츠 비즈니스의 전략 방향은 경쟁력과 핵심 역량을 길러내는 일이다. 콘텐츠 분야별 글로벌네트워크 기반의 전문가 컨소시엄 기획 초기부터의 글로벌 시장전략 및 경쟁전략의 확보, 콘텐츠 요소기술 영역별 통합 및 네트워크 통합, 치밀한 코스트 관리 및 위기 관리능력 확보, 양질의 콘텐츠 제작 프로세스에 대한 접근 이해, 학제적 콘텐츠 전문가 네트워크의 형성과 참여, 기획 초기부터의 미디어믹스 마케팅 전략 수립, 콘텐츠 비즈니스의 니치 마케팅 포지셔닝, 디지털콘텐츠 핵심 가치 포지셔닝, 디지털콘텐츠 머천다이징 전략 실현이 될 것이다.

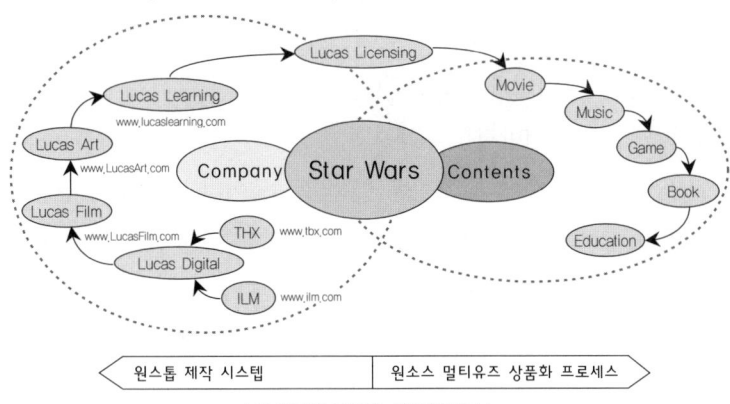

스타워즈의 콘텐츠 전략(유현수)

3) 콘텐츠 비즈니스 전략 기획의 파이프라인 셋업

우리의 기업이 콘텐츠 산업에 눈을 뜬다는 것은 바로 이를 극복하고 글로벌시장이라는 경쟁 환경에서 우리의 창조적 문화역량을 기초로 글로벌 콘텐츠상품을 기획, 개발, 마케팅한다는 것을 의미하는 것이다.

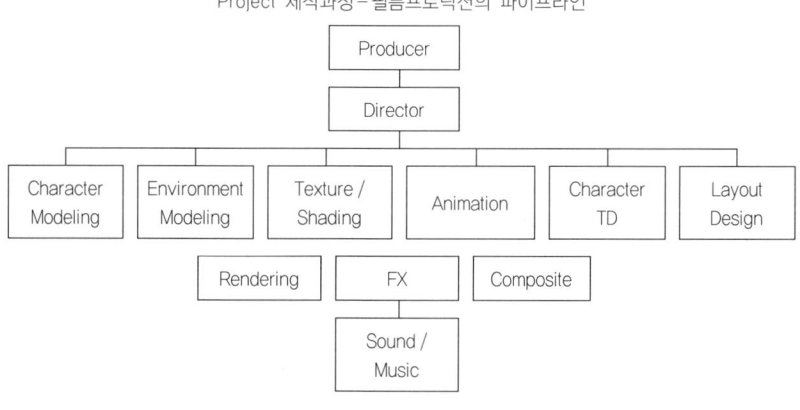

프로젝트 제작과정(제니류)[11]

즉, 일반적으로 우리가 알고 있는 콘텐츠 비즈니스는 제작이 90%, 기획이 10%라 말한다. 아니다. 그 반대다. 이는 그동안 우리가 선진국의 제작 하청국이었고, 사회 전반적으로 제조업 중심의 산업 사회의 압축 성장을 이루어 오면서 생긴 오해이다. 제작은 일종의 노동이며, 아웃소싱 관리시스템의 문제이며 후진국에 하청용역을 주는 인건비와 시간 절감 차원의 문제이며, 보다 효율적이고도 저비용 차원의 프로젝트 관리의 문제인 것이다.

---

[11] 유현수와 제니류는 초창기 문화콘텐츠 지식체계를 정립해 나가는 데 중요한 인사이트를 제공해준 우리 사회의 소중한 콘텐츠 크리에이터들이다.

콘텐츠 비즈니스에서의 기획은 90% 이상이다. 창조적 기획역량만이 성공의 관건이다. 창조적 기획역량이라 함은 프리프로덕션단계에서의 제작위원회의 전문가들의 업무 영역별 체크리스트를 정리하고, 전체 기획서를 작성하고 구상하는 작업이 중요전체 공정의 90%의 비중을 차지한다.

비즈니스 컨셉, 아이디에이션, 스토리라인 구축전략, 캐릭터모델링, 배경 디자인, 칼라 스크립트, 라벨 디자인, 레이아웃 디자인, 사운드 뮤직 디자인, 프리 비주얼라이제이션, 시장조사 및 분석, 틈새전략, 제휴전략, 비즈니스모델링, 핵심 콘텐츠 미디어믹스 전략, 캐릭터 머천 전략, 라이선싱 전략, 경쟁전략, 수익화 전략, 단계별 사업 추진 전략. BI / CI전략, 웹 기획, 온라인 프로모션, 데이터웨어 구축 등.

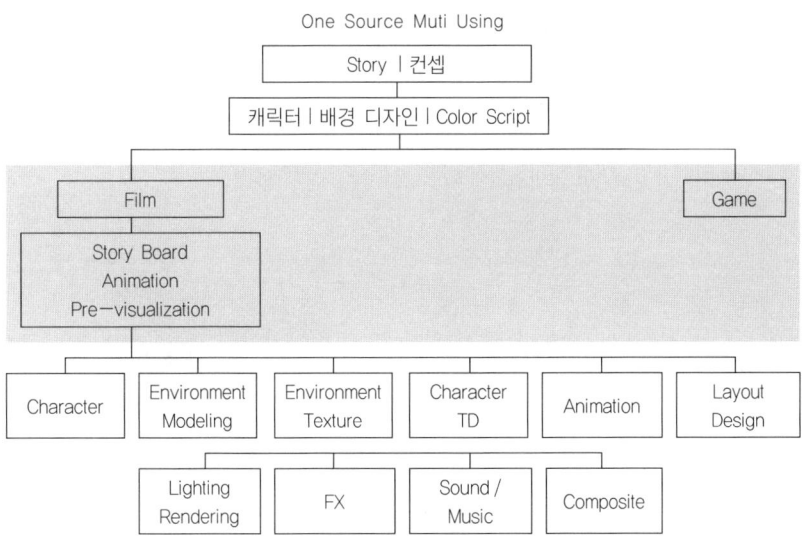

게임과 영화 동시기획 및 제작(제니류)

요즘도 선진국에서는 콘텐츠 비즈니스상의 프로젝트 관리가 어설프게 진행된 것은 모든 걸 과감히 폐기 처분하여 결국 시장을 함께 지켜나간다는 의지와 지혜를 보이고 있다. 이는 결국 콘텐츠 비즈니스는 질이 생명이며, 이게 나와서 시장에서 평가가 되면 그 순간 콘텐츠 비즈니스는 회복 불능의 상황에 빠지게 되고 그동안 쌓아온 BI, CI의 모든 구도가 무너질 수 있기 때문이다.

창조적 기획역량의 요소는 전체시장 조망 능력, 응용력, 위기대처 능력, 대응력, 협상력, 조정능력 글로벌 네트워크 확장 능력, 마케팅 능력, 머천다이징능력, 콘텐츠 스토리라인 경쟁력 구축능력, 틈새 전략 및 차별화 전략, 킬러콘텐츠 창출 능력, 전체 가치 사슬의 파이프라인 구축 능력 문화콘텐츠 전략 기획 인사이트 역량이 프로젝트 매니징 능력과 콘텐츠의 개발 능력의 고도화 작업과 맞물려 요구된다. 이것이야 말로 우리의 선배기업들이 보호정책으로 선진국(미국, 일본 등)의 산업화의 제조업 중심의 OEM, 하청 생산만으로도 기업성공을 이루어 낼 수 있었던 상황과는 확연히 다른 글로벌시장 무한경쟁시대의 생존의 법칙이기도 하다.

Chapter ❸ 문화콘텐츠 크리에이티브 기획

 본 장에서는 창의적인 콘텐츠를 창출하고 이를 성공시켜가는데 있어 요구되는 크리에이티브 가치사슬과 콘텐츠 크리에이티브 파이프라인에 대해 살펴본다. 콘텐츠 크리에이티브 창출 환경을 생태계와 가치사슬 관점에서 분석하고 문화콘텐츠 크리에이티브 기획 인사이트에 대한 내용을 논한다.
 크리에이티브는 무엇보다 가치사슬 네트워크와 생태계 환경을 중시한다. 크리에이티브 파이프라인은 창조적 지식과 창조적 자본의 파이프라인이다. 그리고 문화콘텐츠 크리에이티브 기획의 요체는 창조산업 클러스터 체계의 구성과 기획이다.
 창조산업 클러스터 체계는 R & D 기반과 교육 체계를 기반으로 하며 융합 네트워크 기반에서 콘텐츠 생태계와 가치사슬 선 순환이라는 크리에이티브 인사이트 체계를 요구한다. 이는 정책 크리에이티브, 테크놀로지 크리에이티브, 디자인 크리에이티브, 스토리 크리에이티브, 매니지먼트 크리에이티브의 융합 네트워크와 창조지식체계의 기획 과정을 요구한다.
 콘텐츠 크리에이티브 파이프라인은 콘텐츠 서비스 플랫폼 네트워크 기반에서 콘텐츠 크리에이터와 코디네이터의 인문학적 상상력과 예술적 감수성, 과학기술적 창조성에 기반하여 출판 만화, 캐릭터, 게임, 영화, 애니메이션, 영상 등과 결합한다.

1. 콘텐츠 크리에이티브 벨류 체인

1) 콘텐츠 크리에이티브 벨류 체인의 의미

디지털 컨버전스 환경에 콘텐츠 크리에이터가 갖춰야 할 크리에이티브 콘텐츠 전략 기획 역량은 킬러콘텐츠창출에 있어 요구되는 핵심 역량이다. 누구나 아이디어와 꿈을 꿀 수는 있다. 하지만 이를 구체적으로 실현하기 위해서는 크리에이티브 전략 기획 프로세스를 거쳐야 한다.

문화콘텐츠는 '인문학+미디어+아트+테크놀로지+창조경영'의 디지털 크리에이티브 핵심가치 디지털 융합이 창출하는 '아트+테크놀로지+디지털 크리에이티브'의 핵심 가치를 말하는데 이는 콘텐츠 크리에이티브 벨류 체인 기반에서 콘텐츠 크리에이티브의 고유 업무이자 영역이라 할 수 있다. 21세기 지식 창조시대는 콘텐츠 크리에이터가 중심이 되는 시대이다.

콘텐츠 크리에이터는 디지털 융합 시대 환경과 지식 기반을 바탕으로 소비자와 시장에서 킬러콘텐츠로서 차별화된 서비스, 기술, 프로젝트, 상품 등을 창출하는 전문가를 말한다.

콘텐츠 크리에이티브 벨류 체인 생태계는 기업, 도시, 지자체 등을 포괄한다. 즉, 도시나 지자체, 국가도 콘텐츠 크리에이티브 벨류 체인의 울타리 안에 있다. 즉, 콘텐츠 크리에이티브 가치사슬 생태계는 콘텐츠 네트워크,

미디어, 플랫폼 나아가 연관 산업, 도시, 국가를 아우른다.

이러한 콘텐츠 생태계는 자체의 선 순환 구조를 구축하는 게 핵심인데 선 순환 구조의 제1원칙은 콘텐츠 크리에이티브 벨류 체인 네트워크 구축에 달려 있다. 그리고 이는 창출산업 클러스터 체계와 깊은 연관을 지니며 문화콘텐츠 지식체계의 지식 기반이기도 하다.

콘텐츠 크리에이터의 전문 직업으로서는 작가, 만화가, 애니메이터, 게임 디자이너, 영상저널리스트, 스토리텔러, 문화기획자, 문화마케터, 영화감독, 게임 프로듀서, 캐릭터 디자이너, 창조도시 개발 기획자, 문화기업 CEO 및 임원, 문화콘텐츠 관련 대학 산학협력 연구 교수, 디지털 정책가, 지역 문화 클러스터 전략 기획가, 문화콘텐츠 프로듀서, 테크니컬 디렉터 등이다. 이들은 글로벌 시장에서 지식커뮤니티와 학제적으로 네트워크를 구축하며 지식을 창출하고 나아가 킬러콘텐츠를 프로젝트 중심으로 기획하고 만들어 간다.

콘텐츠 크리에이터의 포지셔닝은 기존의 콘텐츠 비즈니스의 생태계의 출발점으로 분류되어온 콘텐츠 프로바이더(CP), 프로그램 프로바이더(PP)와 함께 창조적인 생태계에 포지셔닝하고 융합전략과 크리에이티브 기획역량을 지니고 있는 창조경제시대의 핵심 직업 분야라 할 수 있다.

콘텐츠 크리에이터는 문화예술, 기초예술 분야의 아티스트나 문학인 등 인문학 분야의 순수 작가 등과는 차별화된다. 이들이 디지털 환경에 적응하면서 콘텐츠 크리에이터로 성장하고 새로운 기회를 창출하게 한다.

콘텐츠 크리에이터의 가치 증대는 지적재산권 및 저작권 등 크리에이터의 권리 관계를 디지털생태계 환경에서 전략적으로 보호하면서 크리에이터의 콘텐츠가 더욱 고도화되고 생태계 환경에서 시장을 활성화시킨다. 이 과정에서 콘텐츠 크리에이터들을 돕는 콘텐츠 매니지먼트 기능, 마케팅 기능을 담당하는 콘텐츠 프로바이더들이 그 역할을 제대로 수행도록 하는 일은 중요하다.

그리고 콘텐츠 크리에이터가 중심이 되는 콘텐츠 크리에이티브 벨류 체인 네트워크 콘텐츠 비즈니스 체계의 도입은 우리 모두에게 동반 성장의 선 순환 구조를 창출하는 길이 된다.

2) 디지털융합과 콘텐츠 생산 방식의 변화

디지털융합은 다양한 콘텐츠 플랫폼, 다채널, 이에 기반한 새로운 뉴미디어 산업 모델의 창출 등 미디어 환경의 급속한 진화 발전을 촉진해 왔다. 이러한 미디어 환경의 급속한 발전과 변화에도 보다 차별화되고 안정적인 콘텐츠 수급을 위한 콘텐츠 생산 방식은 더욱 필요로 하게 되었으며 이는 바로 콘텐츠 크리에이티브 가치사슬 네트워크 기반에서 가능할 것이다. 기존 지상파 TV, 나아가 케이블, 위성방송, DMB, IPTV 등 유료방송 시장의 활성화와 뉴미디어 산업의 연착륙, 콘텐츠 생태계의 선 순환 발전이라는 방송영상 콘텐츠 산업 정책의 핵심과제로 이어지고 있는 국면이다.

방송통신 융합 산업의 가치사슬 생태계로서 콘텐츠, 미디어 플랫폼, 디바이스의 영역이 비즈니스 환경에서는 통합이 콘텐츠 크리에이티브 가치사슬 체계를 이루어 가고 있고, 미디어 서비스 기반에서도 네트워크, 플랫폼, 솔루션 기반이 서비스 최적화와 부가가치 창출이라는 전략적 대안을 요청하고 있다. 이러한 환경의 변화 속에서 결국 양질의 콘텐츠의 지속 가능한 창출 기반 조성이 중요하며 결국 킬러콘텐츠의 생산 방식이 가능한 지혜로운 콘텐츠 산업구조로의 재편이 전체 방송통신 뉴미디어 산업과 시장을 키워내는 핵심 기반이라는 인식에 도달하게 된다.

따라서 콘텐츠 크리에이티브와 제작 방식의 진화가 뉴미디어 환경에 부합되게 재창조되어야 하고, 전체 콘텐츠 미디어 산업구조의 변화와 트렌드를 통찰하는 일은 매우 중요한 일이다. 전체 뉴미디어 산업의 발전과 번영을 위해서는 이제는 콘텐츠 창조와 생산을 위한 환경의 획기적 개선과 이를 통한 보다 안정적인 자금 조달 여건 조성과 투자 활성화가 문제 해결의 단초를 제공한다는 점을 시사하고 있기도 하다.

따라서 이제야말로 콘텐츠 크리에이터와 제작 주체의 창의적인 생산활동이 다각적으로 존중되고, 풍부한 창작 기반에 대한 집중적인 투자 및 정책 지원을 통해 전체 콘텐츠 산업과 미디어 산업의 경쟁력이 확보될 수 있다는 믿음을 가지고 콘텐츠 중심 정책 추진 체계의 제반 제도와 정책 혁신이 실천되어야 한다.

나아가 킬러콘텐츠의 지속적인 생산기반과 전략 체계를 구축하기 위한 정책적 노력이 국가경제와 지역 경제 발전의 연관성이 매우 크다는 데에 대해서도 국민적 공감대가 확대한다. 또한 개별 사업자 단위의 지원 체계와 함께, 프로젝트 중심의 협업 시스템에 대한 경험을 확대하기 위한 지원 체계의 개선이 필요한 시점이다. 프로젝트 중심의 협업 시스템 도입의 중요한 명분과 가치는 글로벌 한류의 확대, 국제 공동 제작 환경, 지역 경제 발전과 양극화 해소, 일자리 창출 등의 명확한 비전을 공동체 전체가 함께 공유하고 공감하면서 구체적인 성과로서 킬러콘텐츠의 지속 창출, 글로벌 문화콘텐츠의 창출, 글로벌 미디어 기업의 창조, 세계 수준의 문화 상품의 전국 지역별 개발 등의 시너지를 창출하는 동시에 이를 통해 콘텐츠 제작 환경의 자금 파이프라인의 획기적 개선과 투자의 선 순환을 가져올 수 있다는 투자 환경에 대한 전략적 이해와 믿음을 실증하는 일이 콘텐츠 크리에이티브 밸류 체인의 비전체계이다.

물론 디지털융합 시대가 몰고 온 뉴미디어 산업 환경은 이전에 경험해 보지 못한 기회와 위협이 공존하고 있다. 또한 구조적 모순과 악순환 구조에 처한 현재의 상황을 함께 돌파해내야 한다는 보다 절실한 과제에 놓여 있다는 현실 인식에도 기반하여야 한다. 필자가 생각하건대, 이러한 구조적 모순에 처하게 된 요인으로는 디지털융합 환경에 대한 보다 정확한 인식의 부재, 혼돈과 이에 따른 뉴미디어 산업구조의 변화에 대한 지혜로운 대응 전략과 정책 비전의 확립의 미흡에 적지 않은 원인이 있었다.

디지털 융합은 뉴미디어 산업 환경의 변화로 인하여 최근 2, 3년 사이 보다 활발하게 논의되고 있는 이슈이나, 산업 현장에서는 그 보다 더 많은 세월 동안, 특히 지난 90년대 후반 이후 인터넷 브로드밴드의 폭발적 성장과 더불어 10년 이상 진행된 전 세계 뉴미디어 산업의 변화와 디지털 경제의 글로벌 메가트렌드를 사실상 추동해 온 성장 동력의 핵심 개념이다. 디지털융합은 이러한 인터넷 기반의 성장과 더불어 방송통신의 융합, 지식과 정보, 문화의 융합, 콘텐츠 융합, 비즈니스 방식의 융합으로 빠르게 진화, 확산되어 가고 있다.

3) 콘텐츠 생산과 수급방식의 도입 체계

디지털 융합이 이끌어 온 뉴미디어 산업의 변화는 글로벌 환경에서 보다 종합적이고도 총체적인 인식과 문제 해결을 위한 안목과 통찰을 요구하고 있다. 즉, 이러한 산업구조의 변화 요인으로 인하여 기존의 정책과 제도, 사업 환경의 변화를 초래해 왔으며 이 모든 문제를 해결하는 단초로서 디지털 융합 시대의 환경에 부합하는 콘텐츠 수급과 생산방식의 혁신과 이를 뒷받침하는 콘텐츠 중심 정책 추진체계로의 전환이 보다 절실하고도 시급히 추진되어야 하는 것이다.

뉴미디어 산업 환경 변화 속에서 우리가 인식해야 할 것은 지상파, 케이블 등 플랫폼 사업자와, 콘텐츠 제작자로서의 외주제작사, 독립제작사, 콘텐츠 크리에이터의 관계는 이러한 새로운 산업 환경의 변화를 인식하면서 콘텐츠 생산 방식과 협업, 협력의 방식, 경쟁의 원칙 등을 콘텐츠 크리에이티브 가치사슬 구조에 맞게 새롭게 정립해나가야 한다.

전체 산업 생태계의 선 순환 구조를 함께 창출하고 공동의 이익을 고려하면서 경쟁의 원칙을 확립하고, 고객과 소비자의 편익을 고려하며 글로벌 시장으로의 성장기반을 확대해 나갈 수 있도록 하는 "협업 기반의 뉴미디어와 콘텐츠 산업구조의 재창조"를 검토해야 한다. 나아가 글로벌 콘텐츠 제작 파이프라인, 콘텐츠의 유통 및 배급 채널의 확대, 미디어 환경 변화에 따른 리스크 관리, 보다 다양한 서비스 전략, 지재권 관리 및 수익 모델의 다각화, 안정적 투자 네트워크 등을 종합적으로 고려, 정책 지원 방식 역시 혁신해야 한다.

지난 2000년대를 전후로 촉발되고 전개되어 온 한류의 확산과 글로벌 콘텐츠 제작 환경의 변화가 디지털융합 환경의 변화로 인하여 촉진되어 왔음을 인식하고, 이를 기반으로 전개되고 있는 뉴미디어 콘텐츠 제작 환경과 글로벌 시장에서의 향후 비전과 기회의 가능성이 보다 실질적인 국가 정책의 비전으로 연계될 수 있도록 새로운 뉴 미디어 산업 환경에 부합하는 콘텐츠의 수급과 제작 방식을 고려해야 할 때인 것이다. 글로벌 한류의 재확산이라는 긍정적 변화를 창조할 수 있다는 측면 외에도 국가 경제 활성화, 산업 선진화, 지역 경제 발전, 중소기업 성장, 지역마다의 콘텐츠 기업 창조 등을 통한 양질의 일자리 창출 등의 연관 구조를 통찰하여 이를 총체적으로 고려해야 한다.

　이러한 차원에서 콘텐츠의 창조와 기획, 투자 제작 환경에서의 '콘텐츠 창조위원회'라고 하는 콘텐츠 수급 및 생산 방식을 적극 도입하고 실험하고 실천하면서 그 시행착오와 다양한 케이스를 성공사례와 함께 연구 분석 해 나간다면 우리의 콘텐츠 미디어 산업 환경에 부합하는 콘텐츠 제작 방식이 창조될 수 있을 것이라고 생각한다.

　물론 콘텐츠 창조위원회 제작 방식의 도입 과정에는 여러 가지 고려해야 할 요소들이 적지 않다. 무엇보다 디테일 프로세스에서 전문 역량과 지식 역량, 콘텐츠 창조 역량, 리더십 등이 구축되어야 한다. 구성원들이 충분히 이해하고 다양하게 실험하고 지속적으로 글로벌 미디어 시장 전략의 체계와 지식과 경험을 프로젝트 중심으로 실행해 나가면서 데이터베이스로 축적해나가야 한다. 또 한편으로는 콘텐츠 크리에이티브 가치사슬 선 순환 체계와 크리에이티브 기획 역량 관리, 지재권 관리, 리스크 관리, 글로벌 시장 트렌드 변화 관리, SPC 관리, 중앙정부 및 산하 지원기관, 지자체의 지원 체제, 투자 관리 등의 디테일 프로세스를 함께 고려해야 한다.

　이러한 콘텐츠 창조위원회 방식의 도입은 현재의 미디어 산업의 개별 주체의 입장에서 생각할 때도 그 기대효과와 유효성이 적지 않다.

　우선 현재 지상파 방송사의 입장에서 볼 때, 현재 광고 수입 등 적자 구조에 직면하고 있는 방송영상 콘텐츠, 드라마 제작 등 자금 관리의 부담을 줄이면서도 보다 유연한 투자 관리를 통해 글로벌 시장에 대한 핵심 역량의 선택과 집중을 통해 시장과 파이를 키워나갈 수 있다.

　케이블 TV의 입장에서도 기존의 유료방송 서비스에 대한 경험에 더해 양질의 콘텐츠의 수급 환경을 개선해나갈 수 있으며 이에 따라 지역 방송에 대한 시청자 복지와 서비스를 보다 고도화할 수 있어 유료방송 시장의 전체 시장과 파이를 확대해 나갈 수 있다.

　IPTV 등 뉴미디어 산업 환경에서도 글로벌 미디어 시장 전략을 펼쳐 나가면서 콘텐츠 미디어 플랫폼 디바이스 등 가치사슬이 통합되어 동반 성장의 구도를 창출할 수 있다. 중앙정부 및 지자체의 입장에서도 그동안 투자해온 콘텐츠 지원 기반, 방송영상 산업 지원 기반의 혁신과 선진화를 통해 지역 경제 발전, 관광산업 활성화, 일자리 창출, 양극화 해소 등의 창조적인 정책성과를 보다 구체화하고 실현할 수 있다.

　대기업 및 중소기업의 입장에서도 뉴미디어 산업 환경의 성장과 더불어 광고 시장의 성장, 진화, 발전과 함께 글로벌 기업으로의 성장 기회를 확대해 나갈 수 있다.

　방송영상 콘텐츠 미디어 산업 전체의 입장에서도 콘텐츠 미디어 전략, 콘텐츠 상품화 전략, 콘텐츠 포맷 비즈니스 전략, 콘텐츠 국제 제작 환경 변화에 적극 대응해나감으로써 현재의 산업구조의 문제점과 모순을 창조적으로 해소해 나가고 부가가치를 확대해 나갈 수 있다.

　물론 이러한 콘텐츠 창조위원회 방식이 성공하기 위한 중요한 전제로는, 디지털 융합 시대 콘텐츠의 수급 생산 방식으로서 자리를 잡기 위해서는, 무엇보다 콘텐츠 크리에이터, 콘텐츠 제작사들의 콘텐츠 창조 환경과 각 분야의 전문 역량이 창발적으로 참여할 수 있는 여건을 보다 충분히 조성해 주어야 한다. 나아가 창조적 상상력과 통찰력을 발휘할 수 있는, 기존 미디어와 뉴미디어, 디지털콘텐츠 전반의 풍부한 지식과 경험을 축적한 콘텐츠 크리에이터, 코디네이터, 프로듀서, 융합창조형 인재들을 적극 발굴하고, 이들에게 이러한 콘텐츠창조위원회 형태의 콘텐츠 수급과 생산방식을 통하여 적극 참여하도록 하여 킬러콘텐츠 창출과 마케팅, 글로벌 유통, 배급에 걸친, 프로젝트의 주도적 수행의 기회를 제공해야 한다.

2. 크리에이티브 파이프라인

콘텐츠 크리에이터의 역량은 무엇보다 디지털 환경에 대한 이해와 디지털콘텐츠 테크놀로지 트렌드에 대한 기본적인 지식과 정보에 대한 적응력이 뒷받침되어야 한다. 현장에서의 지식과 경험을 축적하며, 역량을 개발하고 고도화하고 킬러콘텐츠 크리에이터로서 부가가치를 창출하게 된다. 콘텐츠 크리에이티브 역량은 디지털 환경의 시지각적 공간지각력을 요구한다. 온·오프 통합 네트워크 역량과 인문학적 감성과 지식, 현장 체험을 통한 이종 산업 간 연관 관계를 이해하는 역량도 필요로 한다.

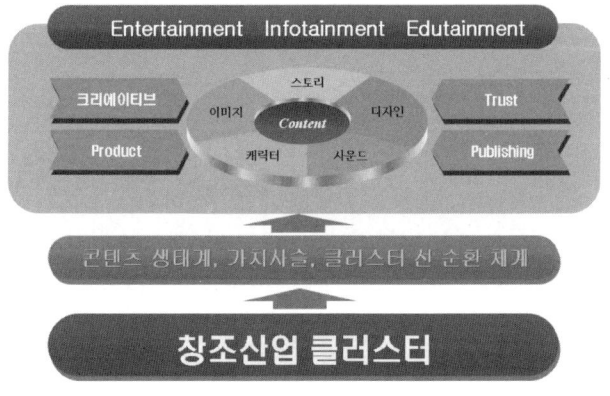

문화콘텐츠 크리에이티브 파이프라인[12]

콘텐츠 크리에이터가 창출해 가고자 하는 목표는 차별화된 킬러콘텐츠 창출이다. 킬러콘텐츠는 미디어와 결합된 엔터테인먼트, 에듀테인먼트, 인

---

12 문화콘텐츠 크리에이티브 파이프라인은 문화콘텐츠 지식체계의 핵심이다. 콘텐츠 생태계, 가치사슬, 클러스터 선 순환체계 기반위에서 창의적 아이디어, BM, 기획, 제작, 투자, 매니지먼트, 유통 배급 등의 비즈니스 프로세스가 크리에이티브 파이프라인 구조 내에서 순환된다.

포테인먼트 콘텐츠 서비스, 상품, 지식정보에서 창출된다. 이러한 킬러콘텐츠의 창출을 위한 크리에이티브 기획은 콘텐츠 기획자의 핵심 역량이 되어야 한다. 이를 위한 풍부한 독서와 현장 체험 등 기본적인 소양과 지식을 축적하기 위한 노력을 지속적으로 하면서 콘텐츠 크리에이티브 역량은 축적되게 된다. 또한 디지털 시대의 트렌드 변화와 연관 산업의 관계 변화의 시장 통찰력은 크리에이티브 기획을 수행하는 데 있어 가장 중요한 역량이다.

킬러콘텐츠는 차별화와 창조성을 전제로 하여 탄생된다. 디지털 환경에서, 온라인과 오프라인 환경에서 독창적인 새로운 문화를 창조한다. 이러한 킬러콘텐츠 창출을 위한 콘텐츠 크리에이티브 역량은 학제적 협업과 정보 네트워크 환경에서 축적된다.

크리에이티브 파이프라인은 양질의 콘텐츠를 창출, 기획, 라이선싱하는 파이프라인 체계와 안정된 자금을 조달하는 자금 조달 파이프라인 체계, 콘텐츠의 질적 고도화를 충족시키는 제작 인프라에서의 파이프라인 체계, 그리고 콘텐츠 서비스 및 유통 배급 파이프라인을 그 범주에 포함한다. 또 창출경제를 지속가능한 성장시키는 시스템과 메커니즘의 핵심인 창조섹터에 포지셔닝하고 콘텐츠 플래너, 디자이너, 디벨로퍼, 라이선스 매니저, 펀드 매니저, 프로바이더, 디스토리뷰러, 콘텐츠정책 플래너, 콘텐츠 R & D, 인스티튜터, 콘텐츠 프로페서 등 콘텐츠 크리에이터의 다양한 직업을 창출한다.

3. 콘텐츠 크리에이티브 창출 환경

콘텐츠 크리에이티브 창출에는 크리에이티브 창출 환경이 중요하다. 디지털 시대의 상상력과 꿈을 현실화시키는 환경이 중요하다. 보다 창조적인 다양한 콘텐츠의 리소스들이 필요한 시기이다.

하지만 진정한 크리에이티브는 고전과 철학을 통해, 인문학에 대한 깊은 통찰을 통해 인간과 인생에 대한 깊이 있는 이해, 학제 간 지식 네트워크 기반을 통해 실질적인 역량을 고도화할 수 있다. 이러한 역량이 디지털의 상상력과 꿈이 발현되는 환경, 문화 예술과 과학기술, 디지털 상호 작용을 통해 자연스럽게 융해되고 소통되는 환경을 통해 콘텐츠 크리에이터의 핵심 역량은 더욱 크게 발현 될 수 있다.

디지털 융합은 광대역 통신망 기반과 유비쿼터스 사회가 되면서 더욱 촉진이 가속화되고 있다. 디지털 융합의 과정은 그 자체가 기존 개념과 질서의 일정부분 파괴 과정이기도 하다. 그리고 그 과정은 복잡한 무질서와 혼란을 야기하게 되는데 이는 한편으로는 창조 과정이기도 하다. 이러한 과정에 기업과 시장에서는 치열한 경쟁 환경이 조성된다. 이러한 경쟁 환경에서 서로가 협력하면서 번영하기 위해서는 보다 창의적인 콘텐츠 크리에이티브 전략 기획력이 요구된다.

지속가능한 킬러콘텐츠 크리에이티브 창출 환경은 창조산업 클러스터 지식 네트워크 환경이라 할 수 있다. 그리고 창조산업 클러스터 지식 네트워크 체계는 정책 크리에이티브, 테크놀로지 크리에이티브, 매니지먼트 크리에이티브, 마케팅 크리에이티브, 디자인 크리에이티브, 스토리 크리에이티브의 지식 네트워크 체계를 구성한다. 이러한 지식 네트워크 체계는 R & D, 교육, 금융, NPO 체계와 기능적, 유기적 조화를 이루면서 콘텐츠 생태계를 형성한다. 즉 이러한 기반 위에서 양질의 킬러콘텐츠의 지속적인 창출이 가능하며, 이를 통해 글로벌 미디어 기업이 탄생하고 성장하게 된다. 이러한 콘텐츠 크리에이티브 환경을 이끄는 주체는 콘텐츠 크리에이티브 그룹, 즉 창조계급이며 콘텐츠 크리에이터의 창조적 상상력과 인사이트가 시장에서 살아 숨쉬도록 환경을 조성하는 것이 크리에이티브 창출 환경의 핵심이라 하겠다.

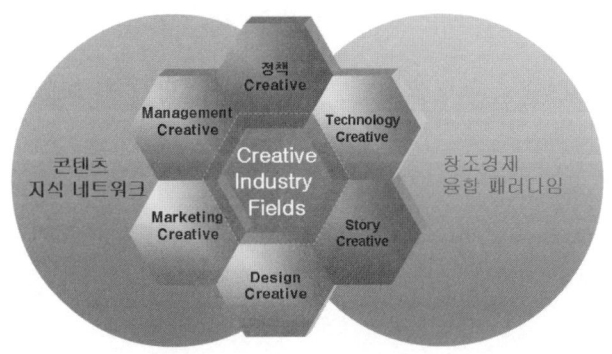

창조산업 클러스터 지식 네트워크 체계

킬러콘텐츠의 창출은 경제를 활성화하고 수많은 일자리를 창출하며, 기업과 전문가를 키운다. 이러한 크리에이티브 기획은 디지털 환경의 전반적인 전후방 효과와 영향에 대한 깊은 통찰을 요구하게 된다.

4. 콘텐츠 크리에이티브와 창조적 상상력

1) 인터넷 브로드밴드 전국 확산이 가져온 디지털융합 환경

디지털융합은 인터넷 브로드밴드의 역사와 궤를 함께 한다. 즉, 인터넷 브로드밴드의 지난 10여 년은 디지털융합의 시간대이다. 그리고 창조적 상상력의 발현 방법론이자 킬러콘텐츠 창출, 콘텐츠 생태계 선 순환, 콘텐츠 비즈니스 성공 전략의 핵심 지식체계로서 문화콘텐츠 심층지식체계 확립의 역사라 할 수 있다.

이 시간대는 이전 산업화 시대에서의 시간과 공간 축과는 다른 차원의 역사적 의미를 지니고 있다. 한국 역사에서 이 시간대는 매우 독특하고 이전에 전혀 경험해 보지 못하였던 디지털문명의 개화라는 디지털 문명사적으로도 의미가 적지 않은 새로운 세계로의 도전 과정이었다 할 수 있을 것이다.

디지털융합의 지난 10여 년의 역사는 이전에 상상할 수 없었던 정치, 경제, 사회, 문화 전반에 걸친 변화와 글로벌 환경에서의 메가트렌드를 형성해 왔다.

그 중 가장 커다란 트렌드로는 인도와 중국 경제 이른바 '친디아'의 경제 발전과 부상을 들 수 있다. 이는 인터넷과 디지털융합이 가져온 수평적 네트워크 기반의 부의 이동, 일자리와 직업의 대규모의 대륙 간 이동이라는 글로벌 메가트렌드를 창출하였다. 이렇듯 인터넷은 이념을 넘어 글로벌 경제에서 비즈니스의 융합으로 부의 이동과 창출을 통해, 국가와 기업의 발전, 개인의 일자리와 신분 상승에 기여를 하였다.

또 하나는 이러한 개인과 소규모 집단의 인터넷을 통한 글로벌 영향력 증대를 들 수 있다. 9·11 사태는 그러한 하나의 예가 될 수 있을 것이다. 즉, 이전에는 상상할 수 없었던 개인이나 소규모 집단이 인터넷을 통해 어떻게 글로벌 사회에 영향을 끼칠 수 있는지에 대한 극단적인 예라 할 수 있을 것이다.

그리고 우리에게 중요한 의미가 있는 글로벌 트렌드의 하나는 바로 우리 대한민국에서 꽃 피우고 발신하였던 한류 문화콘텐츠의 개화를 들 수 있다. 한류는 대한민국에서 발신이 된 동서양 문화 융합의 큰 흐름으로서 '한류(Khan wave, Big wave)'라는 의미가 더 타당할 것이다.

이러한 한류가 불과 수 년 만에 침체설, 위기설에 직면하고 있지만, 지난 1990년대 후반 인터넷과 디지털 융합이 낳은, 대한민국이 창발적으로 아시아를 넘어 전 세계에 발신한 창조가치, 바로 문화콘텐츠인 것이다.

문화콘텐츠는 인류에게 즐거움과 친환경, 정신적 평화, 창조적 실용주의, 실사구시적인 동양의 도(道)와 서양의 기(器)가 함께 어우러지고 조화를 이루는 동도서기(東道西器), 즉 동서양 문화의 융합 창조 가치를 구현하며, 디지털융합과 창조적 상상력의 발현이라는 핵심 가치에서 창출되었다. 그리고 이러한 디지털융합과 창조 가치가 바로 대한민국에서 전 세계에 발신되었다는 점에 커다란 의미가 있다 하겠다.

즉, 이렇듯 문화콘텐츠는 이러한 인터넷 디지털융합 환경이 본격 개화되는 시점인 1990년대 후반에 창조된 개념이다.

2) 창조적 상상력의 보고, 문화콘텐츠

문화콘텐츠는 우리 모두에게 새로운 21세기 지식정보화 사회, 창조경제시대를 열어가는 창조적 상상력의 보고가 되어야 한다. 그리고 문화콘텐츠는 창조적 상상력을 바탕으로 한 심층지식체계로의 도달이 핵심이다.

문화콘텐츠의 개념이 확립되던 시기, 디지털융합이 한창 꽃피우기 시작하던 1998년을 전후로 한 약 5년 내외의 시기는 한국 역사에서 디지털 문화, 문명이 혼돈과 함께 활발하게 시작되고 한편에서는 창조적으로 발현되어 경쟁이 활성화되는 시기였다.

이러한 디지털 융합의 영향으로 시장은 글로벌로 확대되고 있었지만, 당시 지식인들은 한국의 좁은 시장 규모로 인하여 콘텐츠 산업이 성장하는데 근본적인 한계를 지니고 있다는 입장을 여전히 취하고 있었으며, 한편 정책 당국은 이러한 디지털 문화와 사회 현상의 급격한 변화와 흐름을 정확히 인지하지 못하던 시기였다.

하지만 이 시기는 우리의 5천년 역사에서도 드문 가장 창조적 상상력이 꽃피우던 시기였다고 봐야 할 것이다. 오늘날까지 한류가 전 세계에 발신되고 글로벌 한류로 성장, 발전하고 있는 킬러콘텐츠는 대부분 이 시기 이후부터 2000년대 초반까지 창조적인 민간 전문가와 기업 차원에서 창출되고 기획되고 제작된 콘텐츠라 할 수 있다.

또한 이 시기는 〈스타크래프트〉가 킬러콘텐츠로 급속히 확산되면서 전국에 PC방이 확대되던 시기와 궤를 같이 하고 있으며, 〈리니지〉와 같은 온라인게임이 킬러콘텐츠로 부상하고 캐릭터 〈마시마로〉, 〈뿌까〉, 〈뽀로로〉 등의 등장, 포털에서도 카페와 같은 콘텐츠 커뮤니티가 온라인에서 선풍적 인기를 거두게 되는 시기와 일치하고 있다. 해외에서도 해리 포터와 같은 작품이 국내 시장을 위시하여 글로벌 시장에서 성공하기 시작하는 시기였다.

한편 이 시기는 또한 국가 IMF사태와 벤처 버블이라는 커다란 변혁과 위기의 시대 상황과 정확히 맞물려 있다. 또한 이 시기는 필자가 미약하나마 국가적 위기극복의 일환으로 민간 차원의 창발적인 콘텐츠 지식랠리를 집중적으로 전개한 약 4년여의 시간대와 일치하고 있다.

이러한 흐름 속에서 지난 2000년대 초반에 미국의 전 클린턴 정부의 인포메이션 수퍼 하이웨이를 주창한 엘 고어 부통령, 마이크로소프트의 빌 게이츠 회장과 같은 글로벌 리더들이 우리나라를 연이어 방문하고, 세계적으로도 디지털 코리아를 칭송하였다. 또한 엘빈 토플러 박사와 같은 미래학자들이 대한민국에서 발신하는 글로벌 디지털 한류에 대한, 디지털콘텐츠에 대한 높은 기대와 평가를 당신의 저서 『부의 미래』에서도 비중있게 다루었는데 그러한 시기와도 맞물려 있다.

또한 투자자들 역시 미국 외에도 일본, 중국, 영국에서 한국의 디지털콘텐츠에 관심을 가지고 한국을 방문하고 활발하게 투자, M & A가 진행되기 시작하고, 세계적인 전문가들이 대한민국을 방문하고 국제 수준의 콘텐츠 지식 컨퍼런스가 활발하게 개최되기 시작하는 시기와도 일치한다. 이러한 분위기는 2003년 이후 한류드라마 〈겨울연가〉의 일본 NHK 방영을 통한 폭발적 반응을 통해 일반 사회와 정치권, 정책 당국에서도 본격 인지하고 실감하게 된다.

이렇듯 디지털 융합이 이끈 글로벌 메가트렌드의 하나로서 바로 한류 문화콘텐츠를 들 수 있으며 디지털 융합이라는 본질적 성격 자체가 문화콘텐츠의 개념과 특징을 이미 함축하고 있으며 창조적 상상력의 보고로서 문화콘텐츠는 한류를 폭발적으로 전 세계에 확산시켰던 것이다.

그러나 문화콘텐츠 창조지식체계를 확립한다는 과제는 쉬운 일이 아니었다. 인문학적 상상력과 예술적 감수성, 과학기술의 창조성이 융합, 글로벌 트렌드와 맥을 함께 하면서 지식이 창출되는 환경을 통찰하여야 하고, 인문학, IT 멀티미디어 아트, 창조경영 등 학제 간 지식체계에 대한 이해와 장르를 넘고 경계를 넘어 경험 지식을 체계화해야 하는 과정이었다. 특히 이는 시장과 현장에서의 풍부한 경험의 바탕이 전제되어야 하는 일이었다.

이러한 과정을 거치면서 디지털융합 환경에서의 콘텐츠 심층지식체계를 세우는 일이야말로 개별 기업의 입장에서는 지속적인 킬러콘텐츠를 창출할 수 있는 창조지식 기반이 되고, 산업적으로도 연관 산업이 성장할 수 있는 핵심 기반이 되어 대한민국의 선진화의 길에도 매우 중요한 지식 기반이 될 수 있다고 확신하게 되었다.

이렇듯, 지난 10여 년 동안의 인터넷과 디지털 융합 현상으로서 글로벌 메카트렌드 중 친디아의 경제 부상이 직업과 기업의 원자재, 원가 경쟁력에 대한 대륙 간 이동 현상이라고 한다면, 9·11 사태가 테러리즘의 공포와 인류 문명에 대한 커다란 부정적 위협의 영향력에 대한 상징으로 각인되었다면, 한류 문화콘텐츠는 인류에게 즐거움과 행복을 주는, 드라마, 게임, 영화 등 엔터테인먼트에서 출발하고 있으며, 콘텐츠와 미디어 플랫폼, 디바이스 간 생태계의 가치사슬 통합이라는 디지털 경제, 지식 창조 시대의 소중한 지식체계로서 심층적으로 진화 발전하여 온 것이다.

이러한 의미를 충분히 파악하고 있는 경제협력개발 기구 OECD는 지난 6월 서울에서 장관회의를 개최하였으며, 서울 선언을 통해 '창조, 융합, 신뢰, 공정경쟁'이라는 사실상 콘텐츠 지식체계의 원칙을 미래 인터넷 세계의 나가야 할 방향으로 천명하였으며 전 세계 국가별 인터넷진흥원이 이미 존재하고 있어 한국인터넷진흥원의 글로벌 네트워크와 인터넷 정책에 대한 중요성이 보다 커지고 있다.

한편 작금 글로벌 경제 위기라는 외부요인으로 한국 경제는 더욱 심각한 상황으로 접어들고 있다. 특히 지난 40여 년 동안의 한국 경제의 체질을 지혜롭게 혁신시켜오지 못한 구조적 문제와 한계가 외부적 영향에 크게 동요되는 구조가 되어 있으며 보다 창조적인 대안 창출을 위한 혁신적 실천을 하지 못한다면, 공동체 전체의 리스크 관리와 선진화로의 연착륙이 쉽지 않은 상황이 되고 있는 것이다.

3) 콘텐츠 크리에이터와 창조적 상상력

디지털융합과 창조적 상상력의 보고로서 문화콘텐츠는 결국 지난 시절 10년의 역사에서, 좀 더 길게는 25년의 IT 역사를 통해 축적된 다양한 경험과 지식, 정보와 문화의 융합을 통해 진정한 창조 가치가 발현될 수 있으며, 우리 사회의 제반 문제와 리스크를 창조적으로 해결해 낼 수 있는 핵심 지식체계로 발전하고 있다.

나아가 우리의 지난 역사와 문화에 대한 풍부한 인문학적 상상력과 깊이 있는 통찰, 그리고 동도서기의 실학 정신을 구현하는 서양의 과학기술 문명과의 창조적 융합을 통해 지속적으로 그 가치가 발현될 수 있을 것이다.

그리고 디지털융합과 글로벌 트렌드, 문화콘텐츠의 본질적 특성상 그러한 긴 역사적 맥락과 흐름을 온전히 경험하고 지식으로 체화한 지식의 융합창조형 인재들이 리더십을 가지고 킬러콘텐츠 창조, 기획 및 개발, 마케팅, 유통에 걸쳐 보다 중요한 포지셔닝과 역할을 해나가야 한다.

문화콘텐츠 산업은 지식과 정보와 문화의 융합의 총합이자, 전문 역량의 총합으로서 클러스터 정책과 전략, 리더십 등 핵심 역량이 연관 산업의 시너지로 중요하게 작동되는 창조산업이다.

그러한 결과로 지난 10년 동안 디지털융합 환경에서 우리 대한민국이 활발하게 창조하고 발신하였던 모든 디지털 코리아의 창발적 활동, 비즈니스 모델들이 해외에서 글로벌 비즈니스 모델로 성장하고 한국에 역으로 들어오는 사례가 빈번하게 되었다.

현재 글로벌 시장에서 킬러 비즈니스 모델로, 시장 흐름을 주도하고 있는 사례들을 살펴보면 거의 다 한류 문화콘텐츠, 디지털 코리아에서 창출하고 제시되었던 당시의 모델들의 벤치마킹 모델이 적지 않다.

해외에 글로벌 콘텐츠와 비즈니스 모델이 성장하는 시기에 정작 우리는 정책 리더십을 발휘하지 못한 채, 우리 스스로 한류 문화콘텐츠를 지속적으로 확대 발전해 나가지도 못하였다.

이를 지속적으로 담당할 민간 전문가들에게, 사업자들에게 용기와 힘을 실어 주는 것이 아닌, 이 시기에 정책 당국이 해야 할 중요한 시기에서의 제반 과제와 제도들의 개선 및 혁신의 정책 타이밍을 놓친 경우가 적지 않아 이로 인한 산업 생태계의 구조적 악순환을 초래하였다는 점을 지적하지 않을 수 없다.

그 결과로 콘텐츠 산업만이 아닌 나아가 전체 산업구조의 역동성이 크게 저하되는 결과를 낳고 있는 것이며, 그러한 정책 시행착오가 청년실업, 사회 양극화 등의 문제가 심화되고 있는 중대한 요인이 되고 있는 사실에 대해 깊은 성찰이 있어야만 하는 것이다.

그럼에도 지난 10여 년 동안의 디지털 융합과 이로 인한 사회적 변혁과 진화는 서막에 불과하다고 할 수 있다.

문화콘텐츠 창조지식체계는 앞으로 더욱 심화 발전할 것이며 지식 정보 문화의 디지털 융합 창조 가치는 더욱 더 강력한 글로벌 트렌드로 성장 발전할 것이다.

한류 문화콘텐츠의 발신은 한국에서만이 아닌 전 세계에서 유비쿼터스로 이루어 질 것이다. 글로벌 수평적 네트워크 기반에서 문화콘텐츠의 심층지식체계는 더욱 고도화되고 배가될 것이다.

필자는 디지털융합시대 창조적 상상력의 보고인 문화콘텐츠의 심층지식체계의 확립과 진화 발전을 위한 지식인들과 전문가들에 대한 존중과 리더십 기회의 확대, 현재도 중앙과 지역에서 진행되는 모든 문화콘텐츠 프로젝트의 창출과 기획, 프로젝트 관리 등에 이 들의 경험과 통찰, 창조적 상상력이 발휘될 수 있도록 우리 사회가 집단지성으로 밀어야 한다고 생각한다.

2008년 글로벌 경제 위기의 지혜로운 극복 역시 개인과 기업의 글로벌 경쟁력과 창조적 상상력에 있다고 생각한다. 그리고 선진화의 길은 대한민국 국민 개개인이 스스로 창발적으로 문화콘텐츠 심층지식체계의 도달과 확립에 달려 있을 것이다.

IT와 디지털융합 환경에서의 풍부한 경험과 지식으로 체화된 국민 개개인의 창조적 상상력은 글로벌 경제, 창조경제 시대에 가장 가치 있는 상품 및 서비스 모델 개발의 크리에이티브를 발휘하는 힘이 될 것이다. 진정한 선진 강국으로 도약하는 보다 구체적인 비전의 실현도 디지털 융합시대 국민 개개인의 이러한 창조적 상상력에 달려 있다 하겠다.

# Chapter ❹ 문화콘텐츠 비즈니스 모델 기획

 본 장에서는 문화콘텐츠 비즈니스모델 유형, 콘텐츠 산업구조, 콘텐츠 투자 생태계, 문화콘텐츠 비즈니스 모델링에 대해 이야기한다.
 문화콘텐츠 비즈니스 모델 기획은 콘텐츠 서비스, 플랫폼, 네트워크 기반에서의 비즈니스 모델 기획을 의미한다. 이는 기존 산업구조가 웹 2.0 환경으로의 변화에 따라 미디어 2.0, 네트워크 2.0을 촉발시키고, 이는 정책 2.0, 교육 2.0 시대를 이끌며, 콘텐츠 2.0 시대를 열게 한다. 콘텐츠 2.0시대는 콘텐츠, 플랫폼, 네트워크가 통합되는 비즈니스 모델이 글로벌 킬러 서비스 모델로 창출되고 글로벌 협업 체계가 활성화되는 시대를 일컫는다.
 문화콘텐츠 비즈니스 모델 기획은 IT 테크놀로지의 진화, 플랫폼, 네트워크 기반기술의 발전에 따라 새로운 비즈니스 패러다임을 창조해 왔다. 문화콘텐츠 비즈니스 모델은 좋은 이야기이며, 좋은 투자 모델이자 좋은 수익 모델이다. 고객 이용자 등 모든 이해관계자들을 위해 가치를 창출하고 지속적인 성과를 창출할 수 있는 좋은 이야기는 좋은 수익 모델을 가져다 줄 것이다.

1. 문화콘텐츠 비즈니스의 특성 및 유형

문화콘텐츠 전략 기획에서 비즈니스 모델 기획은 기획단계에서부터 문화콘텐츠 특성인 창조적 상상력 기반의 크리에이터의 핵심 가치가 프로젝트 파이프라인 구조에 의해 잘 투영되고, 저작권 비즈니스 모델과 권리 관계로의 통합체계가 핵심이다. 또한 크리에이티브 권리가 발생하는 동시에 이의 창조가치와 공유가치의 균형을 비즈니스 모델 기획과 프로세스 단계에서 구현해내는 일이 중요하다.

제작 단계에서 개발자 중심의 우리 콘텐츠 산업 풍토에서는 비즈니스 환경에 대한 깊은 경험과 통찰을 가지고 사전 기획을 통해 창조적인 프로젝트를 진행하는 경우가 드물었던 것이 사실이다. 그런데 2000년 전후로 디지털 기반의 콘텐츠 서비스 환경이 변화하면서 온라인 디지털 환경에서의 새로운 비즈니스 모델이 하루가 다르게 새롭게 등장하였다. 특히 방송과 통신의 융합 환경에서 새로운 디지털 기술 진화에 맞춰 미디어 디바이스가 출현하였다. 디지털 결제 수단도 진화하여 왔다. 비즈니스 모델을 뒷받침할 수 있는 다양한 환경도 진화, 발전하여 왔다. 그리고 킬러콘텐츠가 문화콘텐츠 분야에서 창출 되었다.

이러한 킬러콘텐츠는 글로벌 한류의 확산을 불러일으키고 있다. 그럼에도 2000년대 중반 이후 우리는 콘텐츠 생태계의 위기, 정책 리스크, 가치사슬 선 순환, 문화콘텐츠 트렌드, 콘텐츠 산업구조, 창조산업 클러스터, 창조경제 등을 이야기하지 않을 수 없게 되었다. 한류의 위기 역시 의외로 빨리 왔다.

필자는 이러한 원인과 대안에 대해서 본 저술에서는 보다 심도있게 다루지 못하고 후일을 기약하면서 우선 문화콘텐츠 비즈니스의 특성과 유형을 설명하고자 한다.

먼저 디지털 환경에서의 문화콘텐츠 비즈니스 모델은 비즈니스 모델의 특성을 잘 이해하고 변화하는 시장의 트렌드 인사이트를 기반으로 해야 한다. 이 과정에서 소비자와 사용자의 니즈를 정확히 분석하고 파악해야 한다. 문화콘텐츠 비즈니스의 특성은 다음과 같은 특성을 띠고 진화, 발전하고 있다.

1) 기술 기반의 융합 비즈니스

문화콘텐츠는 기술 기반의 융합 비즈니스의 특성을 지니고 있다. 기술 기반은 바로 콘텐츠 테크놀로지인데, 이는 바로 엔터테인먼트 테크놀로지(Entertainment Technology), 미디어 테크놀로지(Media Technology), 정보 테크놀로지(Information Technology)의 컨버전스 테크놀로지이다. 이러한 콘텐츠 테크놀로지 기반에서 디지털 경제의 초기 형태라 할 수 있는 가상화폐, 아이템, 아바타 판매 서비스 모델이 등장하였다.

2) 온라인과 오프라인의 융합 비즈니스

문화콘텐츠는 온라인과 오프라인의 융합 형태로 비즈니스 모델이 개발되고 창출되는 특성을 지니고 있다. 이는 문화콘텐츠 프로젝트기획 및 개발, 퍼블리싱, 서비스가 진행되는 과정에서부터 온라인과 융합되어 양방향 서비스되고 이 과정에서 콘텐츠의 고도화가 이루어지는 특성을 지니고 있다. 이때 소비자와 이용자 그룹은 프로슈머로서 참여하게 된다.

3) 엔터테인먼트 융합 비즈니스

문화콘텐츠는 엔터테인먼트 융합 비즈니스적 특성을 지니고 있다. 문화콘텐츠는 교육, 정보, 지식 기반 서비스에 이르기까지 엔터테인먼트, 에듀테인먼트, 인포테인먼트 특성을 상품과 서비스 기획에 반영한다. 또한 엔터테인먼트 기반의 전통문화와 첨단 IT의 융합과 통합을 통해 킬러콘텐츠를 창출한다.

4) 크리에이티브 가치 창출과 관계 네트워크 비즈니스

문화콘텐츠는 크리에이티브의 가치를 창출하고 이의 권리 관계를 판권으로 판매하는 관계 네트워크 비즈니스의 특성을 지니고 있다. 문화콘텐츠의 크리에이티브의 가치 창출은 명품 크리에이티브기획형과 사용자 주도의 집단지성, 협력 협업 모델로 가치가 부가되는 경우로 구분될 수 있다. 이때 캐릭터, 프로퍼티의 크리에이티브 가치의 창출로 문화콘텐츠 OSMU(one source multi use) 전략 기획 서비스를 통해 비즈니스의 융합과 시너지를 창출하게 된다.

OSMU의 성공 사례로 일본의 경우 닌텐도의 〈포켓몬스터〉, 디라이츠의 〈베이블레이드〉를 들 수 있으며, 한국의 경우 그라비티의 〈라그나로크〉, 넥슨의 〈메이플스토리〉를 들 수 있다.

5) 창조산업 클러스터 기반 비즈니스

문화콘텐츠는 창조산업 클러스터 기반에서 성장하는 비즈니스 특성을 지니고 있다. 한편 문화콘텐츠는 창조산업 클러스터가 시장 기반에서 생태적으로 통합되는 위에서 꽃을 피우는 데 콘텐츠 가치사슬과 생태계의 선순환, 미디어 기반에서의 지속가능한 양질의 콘텐츠의 창출을 가능하게 하는 핵심 기반이라 하겠다.

6) 콘텐츠 서비스 플랫폼 네트워크 융합 비즈니스

문화콘텐츠는 콘텐츠의 서비스와 플랫폼, 네트워크가 융합되는 서비스 모델의 특성을 띠기 시작하였다. 이는 웹 2.0 기술의 진화와 더불어 나타나고 있는데 네트워크 2.0, 미디어 2.0과의 융합으로 산업구조와 경제 패러다임을 창조경제 패러다임으로 이동시키고 있다.

7) 개인 미디어 콘텐츠 비즈니스

문화콘텐츠는 개인 미디어로서 블로그 기반에서도 서비스되고 있다. 이는 광고 미디어와의 융합 서비스를 통해 보다 시장이 활성화될 것으로 예상된다. 블로그 기반 지식 콘텐츠 서비스의 경우 개인 미디어 서비스 모델이 글로벌 미디어 시장에서 서비스되는 미디어 빅뱅의 대표적인 현상으로 평가되고 있으며 이는 콘텐츠 2.0 시대를 열고 있는 대표적인 비즈니스 특성이라 하겠다.

8) 롱테일 비즈니스

문화콘텐츠는 롱테일 비즈니스의 특성을 지니고 있다. 이른바 홀드백 시스템의 뉴미디어 환경과의 결합으로 새롭게 창출되는 서비스 형태로서 대표적으로는 방송 콘텐츠의 다시보기 서비스 모델 등이라 하겠다.

9) 글로벌 비즈니스

문화콘텐츠는 글로벌 시장으로 서비스되는 특성을 지닌다. 미디어 환경과의 결합으로 〈대장금〉, 〈겨울연가〉, 〈꽃보다 남자〉 등 엔터테인먼트 드라마의 해외로의 서비스를 통해 한류를 촉진하고 이를 통해 국가 브랜드 이미지를 상승시키는 예가 대표적이라 하겠다. 또한 인터넷 브로드밴드 기반에서 글로벌 서비스가 이루어지는 특성을 지니는데 엔씨소프트의 〈리니지〉, 〈아이온〉 넥슨의 〈메이플스토리〉, 조이맥스의 〈실크로드〉 온라인게임 콘텐츠 서비스 등의 경우가 대표적이라 하겠다.

이렇듯 문화콘텐츠 비즈니스는 크리에이티브의 가치를 창출하고 프로젝트 파이프라인을 통해 상품화되고 글로벌 시장에서 서비스된다. 따라서 크리에이티브의 가치를 창출하는 일이 무엇보다 중요한데, 이는 콘텐츠 크리에이터의 창조적 상상력의 기반에서 이루어지며, 이러한 가치를 창출과 지속 가능한 킬러콘텐츠의 창출에는 문화콘텐츠 지식체계가 중요하다 하겠다.

10) 무한복제

문화콘텐츠는 무한 복제의 특성을 지니고 있다. 이를 통해 가치를 창출하기도 하지만, 막대한 손실을 가져오기도 하며, 신 산업이 창출되지만 기존의 산업이 붕괴되기도 한다. 음악 산업이 대표적인 예이며, 영화산업도 예가 될 수 있다. 무한 복제의 특성을 잘 살려 빠르게 성장한 산업도 있다. 온라인게임산업이 대표적인 예이다. 결국 시장에서의 이용자 친화적인 문화콘텐츠 전략 기획과 이의 창조가치와 공유가치의 조화가 중요하다.
위의 설명한 비즈니스의 특성을 지닌 문화콘텐츠 비즈니스의 유형을 사례 중심으로 살펴보기로 한다.

2. 문화콘텐츠 비즈니스의 사례

문화콘텐츠 비즈니스의 사례를 살펴보면 다음과 같다.

1) 디지털만화

디지털만화, 횡스크롤이라는 디지털 환경에 적응한 웹툰이라는 만화 제작 및 유통 형식이 새롭게 등장하고 새로운 만화콘텐츠의 비즈니스 모델로서 자리를 잡은 지도 10년이 되었다.
또한 이러한 웹툰 형식에 강한 만화 작가 군이 등장하였는데 강풀 등 1세대 작가들은 기획력과 스토리텔링 역량에 만화가로서의 그림 실력을 통해 웹

강풀, 『그대를 사랑합니다』[13]

툰을 하나의 장르로 형성하는데 크게 기여하였다.

이러한 디지털만화는 인터넷의 등장과 더불어 오프라인의 대본소 만화시장이 급격히 축소화고 만화잡지 시장의 위축이라는 시장 환경에 대한 창조적 대응의 흐름으로 평가할 수 있다. 강풀의 『순정만화』, 『아파트』, 『바보』, 『이웃사람』, 강도하 『위대한 캣츠비』 등의 1세대 웹툰 작가들의 노력이 웹툰의 시장을 형성하였으며 웹툰에서의 성과를 기반으로 영화, 드라마 등 문화콘텐츠 비즈니스로 전개되는 프로세스를 띠고 있다. 강풀의 『아파트』는 영화로, 『바보』는 연극으로, 강도하의 『위대한 캣츠비』는 뮤지컬로 만들어지기도 하였다.

물론 현재 포털 중심으로 서비스되는 웹툰의 한계는 무료라는데 있다. 몇몇 소수 유명 작가들의 무대로써 웹툰의 가능성을 확인할 수 있지만 창작 기반의 확충, 보다 안정된 신진 만화 작가들의 등용문으로써 안정된 시장의 형성, 산업구조의 차원에서의 현재 웹툰 형식의 지니는 문화콘텐츠 비즈니스 모델로서의 문제점은 명확해 보인다.

> 웹툰에도 큰 단점이 있었으니, ① 수익을 내기 위해선 포털에 의존할 수 밖에 없다는 점과 ② 웹 페이지이자 포털의 한 페이지라는 특성에 따라 짧은 호흡에서 벗어나지 못한다는 점입니다. ①을 이야기하자면, 한 시장 전부가 회사 서너 곳, 좁히면 세 곳—그나마도 전문업체도 아니고 만화가 주 종목도 아닌 업체에 완전히 기대고 있는 기형적 구조라는 점이 큽니다. 포털이 나쁘다는 게 아니라, 구도 자체가 위태할 수밖에 없다는 것이죠.
>
> —만화칼럼니스트 서찬휘

---

13 포털 다음을 통해 2007년 4~9월까지 총 30회 연재, 우리 주변의 일상적인 노인들의 잔잔한 이야기, 러브스토리를 다루어 선풍적 인기와 함께 독자층을 형성히였다.

한편 최근 애플의 앱스토어가 주도하는 글로벌 시장 환경이 만화콘텐츠의 글로벌 시장 기회에 대한 보다 긍정적인 신호가 될 듯 하다. 이는 오픈마켓의 글로벌 트렌드를 주도하고 있고, 만화콘텐츠의 시장이 그만큼 커질 수 있다는 것을 의미하기 때문이다.

물론 앱스토어의 국내 시장의 형성에는 여러 환경상의 미비함과 정착의 어려움이 지적되고 있기도 하다. 하지만, 디지털만화의 새로운 앱스토어 오픈마켓의 시장의 흐름에 따라 문화콘텐츠 비즈니스 전략 기획의 지혜로운 수립은 향후 디지털 만화가 웹툰을 통해 가능성을 확인하였던 것과 같이 새로운 글로벌 마켓을 형성하는 기회를 잡을 수 있을 것으로 전망된다.

2) 디지털애니메이션

(1) 마시마로(엽기토끼)

온라인에서 플래시 애니메이션으로 만든 7편의 1분 30초짜리 에피소드가 선풍적 인기를 모아 캐릭터 비즈니스로 성공을 한 〈마시마로〉가 대표적이라 하겠다. 엽기 토끼 마시마로는 마시마로 숲의 주인공이다. 작가 김재인의 2000년 작품이며 씨엘코 엔터테인먼트(대표 최승호)에서 2001년 이수 캐릭터 사업을 전개하고 있다.

〈마시마로〉는 3,500여 가지 상품으로 미국, 일본, 중국 등 수출되고 있으

〈마시마로 구구단 이야기〉 씨엘코 엔터테인먼트 제공

며, 이후 〈뿌까〉, 〈뽀로로〉 등 국산 캐릭터의 등장으로 당시 일본의 〈포켓몬스터〉, 미국의 미키마우스 등 외국 캐릭터들의 독무대였던 국내 캐릭터 산업과 함께 양분하였으며, 캐릭터 원조 국가라고 하는 일본을 포함하여 해외 수출을 하게 되고 국산 단일 캐릭터로 당시 1,500억 이상의 시장을 창출하였다.

최근 믹스 마스터 온라인 롤플레잉 게임에 등장하여 다시 인기를 얻고 있다.

〈마시마로〉의 문화콘텐츠 비즈니스 모델로서의 가치는 플래시 콘텐츠 기반의 7편의 에피소드로 만든 디지털 애니메이션과 온라인 마케팅이라는 매우 비용 효율적인 문화콘텐츠 비즈니스로서 성공한 사례라는 점에 있을 것이다.

한편 불법복제 확산에 대한 캐릭터 라이선스 관리 측면과, 해외 수출 과정에서의 다양한 경험은 또한 귀중한 사례가 되고 있다.

(2) 〈포켓몬스터〉

〈포켓몬스터〉는 일본의 닌텐도사에서 롤플레잉 게임과 함께 애니메이션으로 제작하여 글로벌 시장에서 성공한 대표적인 킬러콘텐츠이다.

애니메이션 관련 상품산업까지 포함해 총 270억 달러의 수익을 거둬들인 일본 애니메이션 〈포켓몬스터〉

게임과 애니메이션의 미디어 믹스 대표적인 성공 사례라 할 수 있는 〈포켓몬스터〉는 게임, 만화책, TV만화, 인형, 여행 상품까지 다양한 상품들을 쏟아내며 전 세계시장에서 약 3억 1,603달러의 수입을 거둬들였으며 애니메이션 관련 상품산업까지 포함하면

〈포켓몬스터〉로 거둬들인 수익은 총 270억 달러에 달한다.

〈포켓몬스터〉가 문화콘텐츠 비즈니스의 대표적인 전형의 하나로 평가 받는 이유는 게임과 애니메이션의 미디어 믹스 전략의 성공 외에도 〈포켓 몬스터〉의 글로벌 시장에서의 문화적 장벽의 극복과 상업적인 성공이다. 〈포켓몬스터〉의 미국 시장에서의 성공은 『TIME』의 표지 모델로 피카츄가 등장하기까지 하였다.

(3) 뽀롱뽀롱 뽀로로

디지털 애니메이션 〈뽀롱뽀롱 뽀로로〉는 아이코닉스가 기획하고 오콘이 공동제작, EBS, SK브로드밴드 등이 함께 참여한 꼬마 펭귄 캐릭터를 주인 공으로 하는 3D 애니메이션 작품이다.

문화콘텐츠 비즈니스에서 탄탄한 기획이 중요하다는 것을 일깨우는 대 표적인 작품으로 프랑스에서 호평을 먼저 받은 글로벌 콘텐츠라 하겠다. 아이코닉스에 따르면 〈뽀롱뽀롱 뽀로로〉의 국내외 라이선싱 매출액은 약 120억 원이다. 2004년 첫 출시 이후 매년 약 30~40%씩 계속적인 상승세 를 보이고 있다. 무엇보다 함께 투자에 참여한 공동 사업자들이 투자 회수 를 실현한 대표적인 애니메이션 작품으로 평가받고 있으며 지속적인 탄탄한 성장세 를 구가하고 있다. 국내에서는 가장 많은 규모인 100여 개 라이선시 업체와 함께 약 400개 상품 아이템을 출시 중이다.

2003년 TV시리즈로 시작된 〈뽀로로〉의 관련 상품은 이듬해부터 지금까지 꾸준한 인기를 모으고 있다. 짧지만 눈부신 성장에

〈뽀롱뽀롱 뽀로로〉 아이코닉스 제공

대해 아이코닉스 정미경 상무는 "뽀로로를 통해 번 돈을 그대로 뽀로로에 투자한 결과"라고 말한다. 지속적인 시리즈 개발과 업그레이드가 구매욕으로 이어지고 있다는 분석이다.

그는 "국내 많은 캐릭터들이 강한 캐릭터 상품성을 갖고 있지만 애니메이션 등 콘텐츠가 지속적으로 생산되지 않는 경우 소비자들의 욕구를 장기적으로 충족시키기가 어렵다"며 "뽀로로의 경우 끊임없는 투자로 새로운 시리즈를 개발하고 노출함에 따라 시청자와 구매자들의 욕구를 계속 충족시키고 있다"고 설명했다. 실제로 〈뽀로로〉는 지금까지 104편의 애니메이션 시리즈와 70분 분량의 크리스마스 특집극, 26편의 뮤직비디오 시리즈 등을 만들어냈다.

아이코닉스는 초기에 핵심 아이템인 봉제인형, 출판, 비디오 등 소위 '킬러 아이템' 위주 사업 전개하고, 이후 생활용품, 스포츠용품, 의류 등으로 상품영역을 넓혔고, 또 최근 들어서는 뮤지컬, 전시행사, 게임 및 식음료, 침장구류 등으로 사업 영역을 차분히 확대해나가고 있다.

〈뽀로로〉는 특히 좁은 국내시장을 벗어나 해외 시장에 더욱 강하게 어필하고 있어 앞으로가 더욱 기대되고 있다. TF1의 방송 관계자는 "대체로 단순한 이야기에 놀이 겸 교육프로그램인 〈뽀로로〉는 부드러움과 어린이들이 스스로의 모습을 찾아내 동화하는 프로그램이다"라고 평가한다. 〈뽀로로〉가 이제까지 벌어들인 해외수익은 20억 원. 아이코닉스 측은 "현재까지는 방영권료가 메인을 차지하고 있으나 올해부터는 상품화 사업의 매출이 늘 것으로 예상"된다는 분석을 내놓고 있다.

물론 콘텐츠 자체의 재미야말로 계속적인 구매를 일으키는 가장 큰 원동력이다. 여기에 아이코닉스는 '다양한 대상의 캐릭터 상품과 실제 주인공과의 만남'을 도입했다. 지난 2년여 동안 지속된 뽀로로 뮤지컬과 체험전 등

2차 저작물의 성공이 어린이들에게 강한 인지를 심어준 것이다. 즉 TV 속에만 존재하던 상상의 캐릭터들이 현실화된 것.

"콘텐츠가 강력하다면 일부러 OSMU를 하지 않더라도 자연스럽게 된다"는 사실을 실천해 온 "차별화한 투자와 철저한 관리가 곧 원작자 및 제조, 판매자가 주도하는 OSMU가 아닌 소비자 주도의 OSMU를 만드는 힘"이라며 "앞으로도 소비자 주도의 OSMU를 전개 해나갈 계획"이라는 아이코닉스의 〈뽀로로〉는 "가장 중요한 것은 콘텐츠의 강력함"이라는 사실을 입증할 가능성이 매우 높은 작품이라 하겠다.

뮤지컬 〈뽀로로와 별나라 요정〉

3) 디지털 게임

(1) 바람의 나라

온라인게임이라는 디지털게임 형식의 창조는 인터넷의 등장과 더불어 당시 콘솔게임, 아케이드 게임 중심의 불법복제의 온상이었던 게임 시장의 돌파구를 열게 된 계기가 되었다.

온라인게임 〈바람의 나라〉 넥슨 제공

〈바람의 나라〉는 김진의 원작인 만화『바람의 나라』를 소재로 하여 넥슨이 제작한 2D 그래픽 온라인게임이다. 1992년에 기획되었으며 1996년 4월에 세계 최초로 인터넷 그래픽 게임 서비스를 시작하였다. 〈바람의 나라〉는 대한민국 내 온라인게임 중 처음으로 해외 서비스를 시작했으며, 여전히 매일 2만 5천개의 신규캐릭터가 생성될 정도로 인기가 높다. 또한 〈바람의 나라〉는 지난 2005년 8월 기존 정액 요금제를 전격 폐지하고 본격적으로 무료화하여 무료 서비스를 시작하면서 당시 동시 접속자수 13만 명이라는 기록을 세운 바 있다.

〈바람의 나라〉는 고구려 2대 왕인 유리왕의 아들 대무신왕 무휼의 정벌담에, 차비 연, 아들 호동 왕자과 낙랑 공주의 사랑 이야기가 중첩되는 만화가 김진의 역사 서사극『바람의 나라』를 원작으로 하는 전쟁 이야기를 그렸다. 〈바람의 나라〉는 만화를 원작으로 하여 온라인게임, 뮤지컬, 드라마로도 제작되어 호평을 받은 바 있다.

(2) 스타크래프트

블리자드 개발, 한빛소프트 배급의 전략시뮬레이션게임 〈스타크래프트〉의 문화콘텐츠 비즈니스로서의 커다란 의의는 지난 1998년 한국 시장에 수입된 이후 이른바 스타크 경제효과라는, 전국 2만여 개 PC방의 설립 붐 조성과 자영업을 통한 15만명 이상의 고용창출효과, 2조 원 이상의 경제 효과 창출하였다는 점일 것이다.

인간의 후예인 '테란', 정체불명의 괴물 '저그', 고차원 지능을 가진 우주

종족인 '프로토스' 3개 종족이 우주공간에서 벌이는 전투가 게임의 기본 뼈대다. 배틀넷에 접속해 최대 8명까지 같이 게임을 할 수 있는 것이 스타가 가진 매력이었다.

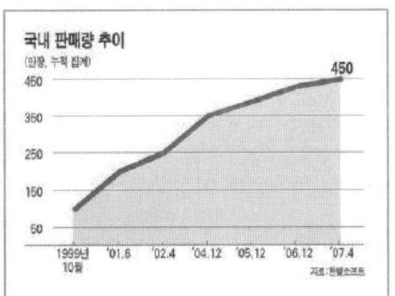

한국 게임 시장의 변화를 몰고 온 〈스타크래프트〉

e-스포츠라는 새로운 직업과 스포츠 종목을 탄생시키는 데에도 크게 기여하였으며, 청소년들의 놀이문화를 바꾸고, 전국 대학에 100여 개의 게임학과가 생기는 등 경제, 사회 문화에 많은 영향을 끼치고 있다.

4) 디지털음악

음악산업은 디지털환경에서 가장 영향을 크게 받은 장르 분야이다. 5,000억 이상의 음악 시장이 오프라인 음반숍의 급속한 쇠퇴, PTOP, MP3의 시장 확대 등으로 인한 불법 다운로드 시장의 확대 등으로 음악 산업의 시장 규모는 2000년대 초반 이후 1,000억 미만으로 급락하게 되었다.
이는 음악 창작인들에게 창작 의욕마저 잃게 되는 산업의 악 순환 구조에 빠지게 되었으며 이에 업계에서는 자구책으로 국내 음악 시장의 어려움을 타개하기 위해 해외 진출을 모색하게 되었다.

한편 디지털음악, 음원 시장이 확대되었는데 이는 이동통신사와의 공정한 수익배분비율이 핵심 과제로 등장하게 되었다. 이 역시 음악 산업의 보다 지혜로운 문화콘텐츠 비즈니스 전략 기획을 통해 국내 시장만이 아닌 글로벌 시장에서의 디지털음악 산업의 새로운 기회를 창출할 수 있을 것으로 전망된다.

"세계 온라인 음악 시장은 올해 62% 성장해 27억 달러에 이르고, 2011년에는 66억 달러 이상까지 오를 것이다."

시장조사기관인 스트레티지 애널리틱스(Strategy Analytics)는 최근 디지털미디어 전략 서비스 연구보고서 '온라인 음악 : 세계 시장 전망'에서 세계 온라인 음악시장을 이렇게 전망했다. 그러면서 현재 세계 시장의 약 3/4를 차지하고 있는 미국의 온라인 음악 시장의 점유율이 2011년까지 절반 이하로 계속해서 줄어들 것이라 덧붙였다.

	2006	2007	2008	2009	2010	2011
세계 온라인 음악 수입($ Bn)	1.7	2.7	4.0	5.2	6.1	6.6
증가(%)	63	62	46	29	19	9

자료 : Strategy Analytics, 2007

스트레티즈 애널리틱스는 드디어 오프라인의 음악 레이블 회사들이 디지털 판매를 긍정적 시각으로 바라보기 시작했다면서, 올해는 전체 음악 수입이 디지털 판매로 인해 증가로 돌아서는 음악 산업의 전환기를 맞게 될 것이라고 내다봤다.

현재 전 세계적으로 콘텐츠 온라인 유통은 소비자들에게 실용적이고 중요한 배급 채널로서 빠르게 성장하고 있다. 지난해 세계 온라인 음악시장의 총수입은 약 17억 달러에 달한다. 이는 지난해 8억에 가까운 싱글 트랙들과 4천 3백만 디지털 앨범들이 애플의 아이튠즈 및 기타 온라인 스토어로부터 다운로드, 판매·유통되어 12억 3,000만 달러의 판매고를 기록했으며, 350만 명이 이뮤직(eMusic), 리얼 랩소디(Real Rhapsody), 냅스터(Napster), 야후 뮤직(Yahoo! Music)과 같은 온라인 음악 서비스에 가입해 4억 7,000만 달러의 추가 수입을 창출했다.

이런 온라인 음악 시장의 성장에 독립 음악 레이블뿐만 아니라 4대 음반 메이저사인 유니버설 뮤직, 소니 BMG, EMI 뮤직, 워너 뮤직도 디지털 판매를 긍정적인 시각으로 검토하고 있다.

5) 출판 영화 문화콘텐츠 OSMU 미디어믹스

(1) 해리 포터

해리 포터 작가 조앤 K. 롤링

『해리 포터』의 경우 글로벌 문화콘텐츠 비즈니스 생태계 형성의 대표적인 사례로써 크리에이티브 벨류 체인의 전형적인 모델이다. 해리 포터의 크리에이티브 라이선싱 벨류 체인은 출판, 영화, 게임, 만화, 패션, 의류, 레고, DVD 등 전 세계 유통 벨류 체인을 구축하고 있으며 해리 포터의 크리에이티브 스토리텔링에 등장하는 학교 등 영국 지역 문화 관광 산업 클러스터 수입에 이르기까지 글로벌 시장에서 통산

영화 〈해리 포터와 아즈카반의 죄수〉

300조의 매출을 창출하고 있다.

해리 포터 벨류 체인의 생성의 비밀은 탁월한 크리에이티브와 스토리텔링, 이의 멀티 프랜차이즈 글로벌 비즈니스 전략의 전개 이의 시장에서의 흥행과 성공을 위한 글로벌 네트워크 기반의 콘텐츠 마켓 채널 구축, ON & OFF 통합, M & A 및 Collaboration 시스템의 구축, 그리고 고객 감동과 행복, 재미와 교훈, 흥미 등 욕구에 대한 해갈을 제공한 대표적인 문화콘텐츠 비즈니스 모델이다. 그리고 무엇보다 여류 작가 조앤 K. 롤링의 성공 신화의 창조이다.

미국의 할리우드닷컴은 영국의 작가 조앤 K. 롤링이 당초 마지막 편으로 알려진 『해리 포터와 죽음의 성도들(Harry Porter and the Deathly Hallows)』 외에 한편을 더 쓸 가능성이 있다고 보도했다.

7편 『해리 포터와 죽음의 성도들』은 2007년 7월 21일 발간되었으며 롤링은 당초 7편을 전 세계적으로 성공을 거둔 『해리 포터』 시리즈의 마지막 편이라고 공언하였다. 그녀는 "8편 시리즈를 자선활동에 쓰기 위해 집필할 생각이다"며 "세계 백과사전과 같이 이번 책에는 지금까지 책에서 나오지 않은 온갖 재료와 물질을 다 퍼부을 것"이라고 말했다.

6) UCC

웹 2.0 시대의 도래로 사용자 기반 플랫폼 서비스가 보편화되었다. 또한 방통융합시대가 도래하면서 디지털 방송 콘텐츠 및 UCC(사용자제작콘텐츠)

가 새로운 킬러콘텐츠 서비스 모델로 부각됐다. 미디어와 서비스에 '개인'이라는 화두가 떠오르면서 디지털산업에는 웹 2.0이 주도하고 있다. 사용자 중심의 웹 플랫폼을 제공하는 차세대 웹 환경으로 함축할 수 있는 웹 2.0은 단순한 콘텐츠 제공을 의미하는 웹 1.0에서 한 발짝 나가 사용자 기반의 플랫폼을 우선시하고 있다.

때문에 웹에서도 사용자가 서비스와 콘텐츠를 제어하고 고를 수 있는 사용자 중심의 플랫폼이 점차 일반화 될 전망이다. 참여·공유·개방으로 대변되는 웹 2.0 환경에서 사용자가 직접 제작하고, 공유, 개방하는 UCC는 그야말로 열풍을 이어가고 있다. 또, 공급자와 소비자 간에 이뤄지는 상거래도 소비자끼리 자유롭게 물품을 거래할 수 있게 하고 있다.

공급과 소비라는 이분법적인 생각이 더 이상 웹에는 없어진 것이다. 새롭게 '개인'이 떠오르고 있다. 앞으로 이런 사용자 중심의 웹 플랫폼들은 계속해서 다양하게 변화할 것이다. 아울러 저작권자, 이용자, 광고주가 함께 만족하는 모델, 나아가 보다 창조적인 문화콘텐츠 비즈니스 모델 창출과 기획을 통해 UCC 모델은 보다 안정된 비즈니스 트렌드로 정착될 전망이다.

지금 UCC는 저작권자, 이용자, 광고주 모두 만족하는 모델로 발전하고 있다(사진 : 에픽스H).

7) 애플 앱스토어

2008년 애플은 자사의 아이폰과 아이팟용 응용 소프트웨어 및 콘텐츠를 판매하는 코너를 개설하는데 이를 애플리케이션 스토어 '앱스토어'라 부르며 아이튠즈 업데이트 형태로 다운로드 서비스를 시작하였다.

이는 기존 모바일 산업 구조의 새로운 전기를 제공하는 것으로 소프트웨어 시장 경쟁 환경이 하드웨어의 가치를 높여 나갈 수 있다는 새로운 비즈니스 모델을 제시함을 뜻한다.

구글, 노키아 등 모바일 플랫폼 경쟁이 앱스토어와 안드로이드 마켓이라는 소프트웨어 경쟁으로 확대되어 있어 향후 PC와 홈네트워크 가전기기 등과 연관되어 있어 업체들의 경쟁이 치열하게 전개되고 있다.

2008년 7월 아이튠즈 업데이트 형태로 서비스를 시작하였다. 아이폰 및 아이팟용 응용 소프트웨어 다운로드 서비스가 개시된 것이다.

응용 프로그램에는 스케줄 관리, 재무 관리 등 OA 관련, 여행, 쇼핑, 스포츠 여가 활동, 게임, 만화에 이르기까지 다양한 카테고리의 응용 소프트웨어들이 공개용(무료)부터 저렴하게는 99센트에서 9.99달러까지 다양한 가격대를 형성하고 있다.

애플 앱스토어 숍

앱스토어에 등록되는 소프트웨어를 개발하기 위해서는 연간 99달러(스탠다드 프로그램) 혹은 299달러(엔터프라이즈 프로그램)를 애플에 지불하여 개발자 등록을 하여야 하며, 이를 통해 개발 툴 킷(SDK)을 제공받게 된다. 또한 개발된 애플리케이션은 애플의 일정 품질 검수(QA)를 거친 뒤 스토어에 등록되어 사용자들에게 판매된다. 이때 발생하는 수익은 개발자와 애플이 7 대 3으로 나누게 되며, 앱스토어 지역별로 최저 250달러 이상의 매출이 발생하였을 시에 배분되며 그 이하는 개발자의 순수 몫이다.

이는 웹에서는 대부분의 콘텐츠가 무상으로 서비스되어 소규모의 회사나 개인이 수익 창출을 바라기는 힘든 상황이고 기존 모바일 서비스는 이통사의 일방적인 조건으로 투자에 대비하여 수익 창출이 쉽지 않은 상태에서 애플의 앱스토어는 국내의 많은 콘텐츠 개발자들에게 기대를 주고 있다.

애플 앱스토어는 9개월 동안 10억 다운로드 돌파, 매일 1억 불의 매출이 발생하고 2014년까지 일일 250억 불(3천억 원) 규모로 성장이 예측된다.

이러한 애플 앱스토어의 시장 환경의 변화는 국내 모바일 콘텐츠 유통 시장의 변화를 몰고 오게 될 전망이다. 삼성전자, SK텔레콤, KT 등 이통사들에 의해 한국형 앱스토어의 오픈을 준비하고 있고 구글 안드로이드마켓, 마이크로소프트 윈도모바일 마켓플레이스 등 세계 유수의 모바일 인터넷 기업들도 자신만의 앱스토어 런칭을 준비하고 있다.

이러한 글로벌 시장의 변화는 만화, 게임, 영화, 애니메이션, 캐릭터, 드라마 영상 등 문화콘텐츠 비즈니스의 기회를 확장할 수 있는 기회가 될 것으로 전망된다.

8) 가상현실

〈세컨드 라이프〉(Second Life, SL 세라)는 린든 랩이 개발한 인터넷 기반의 가상 현실 서비스 모델이다. 2003년부터 서비스가 시작되었으며 그 이전에 유사한 가상현실 서비스 모델로는 한국의 다다월드(대표 신유진)가 있었다.

세컨드라이프 가상현실 서비스

세라는 세컨드 라이프 뷰어라는 클라이언트 프로그램을 통해 아바타와 상호 작용할 수 있고, 보편적인 메타버스의 모습과 결합한 소셜 네트워크 커뮤니티 서비스를 제공받는다. 개인이나 그룹 활동에 참가하며, 가상 자산과 서비스를 창조하고 다른 이와 거래도 할 수 있다. 등록하는 것은 무료이지만, 집을 짓기 위해서 등의 이유로 토지를 구하기 위해서는 돈이 필요하다. 세컨드 라이프에서는 전용 화폐인 린든 달러(Linden Dollar, L$)를 사용하고 있으며, 세컨드 라이프 공식 사이트 등에서 현실의 미국 달러와 환전이 가능하다.

이러한 가상세계에서의 비즈니스는 이미 몇몇 오타쿠(열성 유저)의 오락을 넘어서고 있다. 세컨드 라이프에서는 매월 전 세계 400만 명이 넘는 유저 간에 300만 달러에 달하는 거래가 이루어지고 있다. 심지어 재정 적자에 고심하는 미국 의회는 이 수익에 대한 과세를 검토하고 있다. 작년 11월 미국 상·하 양원 합동경제위원회는 가상세계 경제활동이 향후 20년간 폭발적으로 확대될 것으로 예측하고 국세청 등과 협력해 구체적인 과세방법 검토에 들어갈 것임을 발표했다. 가상세계에는 현실 경제를 그대로 모방한 경제 시스템이 존재한다. 사이버 상품의 제조와 판매가 있고, 유저 간 거래가 있다. 이런 경제활동을 매개하는 것이 사이버 머니로, 이는 우리가 일상생활에서 사용하는 화폐와 똑같은 기능을 가지고 있다. 세컨드 라이프에서 사용되는 화폐인 린든 달러는 실제 미국 달러와 269 대 1의 비율로 교환이 이루어지고 있다.

유저들은 달러화로 린든 달러를 사서 세컨드 라이프 내에서 재화와 용역을 구입한다. 반대로 제조한 상품을 팔아 번 린든 달러를 다시 미국 달러로 환전하기도 한다. 그런데 이 같은 사이버 머니가 세컨드 라이프에만 존재하는 것은 아니다. 다양한 형태의 사이버 머니가 이미 온라인게임과 커뮤니티에 존재하고 있다. 예를 들어 미국 블리자드가 개발한 온라인게임 〈WOW(World of Warcraft)〉는 현재 전 세계적으로 800만명이 넘는 유료 유저가 활동하고 있는 하나의 가상국가가 되었다. 이 〈WOW〉 화폐는 골드, 실버, 쿠페다. 〈WOW〉에서 물건을 판매하거나 구입할 때는 이런 화폐만 통용된다. 한국 역시 다양한 사이버 머니가 등장해 있다. 한국 온라인게임인 〈리니지〉의 아덴, 〈메이플스토리〉의 메소, 커뮤니티 사이트인 〈싸이월드〉의 도토리는 화폐로서 그 기능은 별반 다르지 않다. 이 점에서 〈리니지〉의 엔씨소프트와 같은 게임 개발사는 독자적인 통화를 발행하고 있는 사이버 한국은행과 같은 존재다. 실물 화폐는 한국은행 외에는 발행이 금지되어 있지만 사이버 머니는 온라인 속 가상현실 세계를 가지고 있는 각 기업이 전부 발행하고 있는 것이다. 더구나 이제는 이런 게임 속 사이버 머니가 서로 교환되고, 사이버 머니 간 교환비율(환율)도 실시간으로 변동한다. 또 사이버 머니로 실제 물건(가상이 아닌!)을 살 수도 있다. 한국 어린이들은 설날 진짜 세뱃돈을 받는 것보다 자기가 좋아하는 게임의 사이버 머니를 받는 것을 더 기뻐한다.

이들이 크면 회사에서 사이버 머니로 월급을 받고, 이 사이버 월급으로 쌀을 사고, 은행 계좌에 있는 사이버 머니로 주식에 투자하는 시대가 될 것이다.

지난 노무현 전대통령 서거 기일에 세라코리아가 설치한 가상 공간의 분향소에서 분향하는 네티즌(노컷뉴스 제공)

3. 콘텐츠 산업구조의 이해

1) 콘텐츠 산업구조의 이해

콘텐츠 산업구조에 대한 인식은 디지털 신경제, 지식 문화 창조 시대의 산업구조를 크리에이티브 파이프라인, 제작 시스템의 파이프라인, 프로젝트 프로듀싱 및 아웃소싱 파이프라인, 자본의 순환 파이프라인, 생산과 소비의 파이프라인, 창조와 지식과 정보의 공유와 통합과 융합, 라이선싱과 상품화와 온라인과 오프라인의 연계 구조 등을 생태학적으로 보는 관점에서 출발한다.

콘텐츠 산업구조의 크리에이티브 지식체계

전체 산업구조의 생태계를 기업의 프로젝트 기획, 제작, 상품화, 마케팅, 관리, 투자, 배급, 유통, 소비의 전체 흐름을 글로벌 경제, 문화, 사회의 전체 시각에서 보게 된다. 그 안에는 다양한 가치와 창조, 문화, 전략, 경영, 자본, 이익, 계약, 협상, 힘의 역학 관계, 라이선싱, 지식과 정보의 공유 커뮤니티, 연관 산업 등이 존재하며 시장에서의 역동적인 움직임, 그 안에 핵심 가치로서 콘텐츠를 구성하는 핵심 요소와 그 상호 작용 관계 등을 통찰하게 된다.

콘텐츠 산업구조의 생태적 선 순환 체계는 창작, 기획, 제작, 배급, 소비 등의 선 순환을 의미하며 이는 곧 디지털생태계와 연관되게 된다. 따라서 콘텐츠 산업구조의 전체를 이해한다는 것은 디지털생태계의 전반을 이해하는 것이며 국가 및 도시 문화 정책 수립 및 기업의 비즈니스 모델, 포지셔닝 전략, 세분화 전략 수립 등에 있어 매우 중요한 인사이트를 제공하게 된다 하겠다.

콘텐츠 산업구조와 콘텐츠창출시스템

2) 콘텐츠 산업구조의 특징

콘텐츠 산업구조의 가장 큰 특징으로는 글로벌 네트워크상의 경쟁 환경과 프로젝트 파이프라인상의 관계구조 그리고 크리에이티브 콘텐츠 중심의 벨류 체인 시스템이다.

글로벌 네트워크상에 지식, 인력, 기술, 자본, 제품, 서비스의 국제 간 이동과 거래, 킬러콘텐츠의 시장 변화와 확대를 급격하게 초래하는 경쟁 시장이라는 특성을 지니고 있다. 콘텐츠는 글로벌 네트워크 기반에서 지역 문화와 글로벌 시장을 통합하는 비즈니스 환경이라는 산업구조를 지니고 있다. 이러한 산업구조의 특성으로 인하여 문화콘텐츠 한류 열풍이 전 세계적으로 빠르게 확산되고 있다.

콘텐츠 산업구조는 시장에서의 산업적 성공을 목표로 하는 프로젝트의 기획, 투자, 제작, 유통 배급 서비스라는 파이프라인 구조를 띠고 있다. 이러한 콘텐츠 산업구조를 정확히 이해하고 그 내부적인 구조 환경에서 일어나는 제반 상황과 변화를 직관하는 일은 디지털 신경제, 지식 문화 창조 시대의 새로운 경제 발전 성장 모형을 창출하는 데에도 매우 중요한 전제이다. 그리고 콘텐츠 산업구조는 콘텐츠 창조위원회와 같은 콘텐츠 매니지먼트 시스템이 핵심 포지셔닝이 되어 시장에서의 프로젝트 완성 리스크, 투자 리스크, 흥행 리스크를 관리하는 것이 매우 중요함을 인식하게 된다.

아울러 콘텐츠 산업구조는 디지털 신경제, 기업의 모델, 국가의 경제발전 모델에도 깊은 영향을 미쳐왔다. 특히 정책 파트에서는 콘텐츠 산업구조의 통합과 융합의 본질적 구조에 대해 진지한 성찰 없이 장르별 구분에 여전히 집착하고, 나아가 콘텐츠 산업구조의 일부인 제작 파이프라인에 초점을 둔 정책 지원을 포커싱하는 경향이 있어 왔던게 사실이다.

콘텐츠 정책의 명확한 역할과 포지셔닝, 정체성의 정립에 따른 조직체계의 운영과 정책 리더십 역량, 정책 크리에이티브 인사이트가 매우 절실히 요구된다.

이 부분이 미약하거나 부재하면 이로 인한 정책우선 순위가 뒤엉키고, 정책의 시너지 효과가 산업과 시장에 이어지지 못하는 경우가 발생하게 된다. 오히려 시장에서의 산업의 발전을 위한 지원 정책이 규제로, 발목을 잡는 형국이 된다. 나아가 디지털 신경제의 생태계의 선 순환을 만들어 내지 못함으로서 정상적인 사업을 추구하는 사업가와 투자자가 투자를 하지 못하는 구조적인 문제를 야기하게 된다.

그러면 우리가 인식해야 하는 콘텐츠 산업구조의 주요한 특징은 무엇일까?

(1) 콘텐츠 시장환경의 트렌드 변화 인식

우선 콘텐츠 시장 환경의 트렌드 변화를 가장 뚜렷한 특징으로 들 수 있다. 콘텐츠 창조지식에 대한 가치 창출 환경은 디지털융합 환경으로 고도화되고 커뮤니티화가 진행되어 왔다. 이는 나아가 지식과 정보, 문화콘텐츠를 중심으로 집단 지능화, 소셜 네트워크화가 급진전 되어 왔으며 디지털콘텐츠 플랫폼으로서 글로벌 네트워크화도 진행되고 있다. 그리고 그 트렌드 속성을 제대로 읽고 파악하여 선제적이고도 창조적으로 대응하는 개인, 기업이 결국 시장을 지배하고 미래를 주도하게 된다.

또한 시장에서의 중요한 트렌드 중의 하나는 지식 창출 체계와 학문 체계가 산·학·연 학제적 네트워크 기반으로의 디지털 동시 이동이라 하겠다. 이는 바로 콘텐츠 산업구조의 중요한 특징이 산업 현장에서 창조지식이 창출되고 체계화되는 특징을 지니고 있다. 따라서 민간 시장의 트렌드를 파악하고 지식체계를 확립하는 일은 산학연, 학제적 네트워크 기반에서 가능하게 되며 그러한 흐름과 현상을 촉발시키고 있다.

디지털 신경제의 속성은 이러한 개념들이 종래의 기업, 연구소, 대학의 역할이 산업기반을 중심으로 체계화되어야 하는 환경에 직면한 것을 의미하여 따라서 산학연 네트워크 기반이 매우 중요하게 부각되고 특히 융합환경에서의 학제적 연구 역량의 조성은 매우 중요한 기반이 되고 있다.

(2) 콘텐츠 산업구조상 리스크 확대

그리고 콘텐츠 산업구조의 특징상 이러한 급속한 변화로 인하여 나타나는 사회, 문화 전반의 역기능으로서 리스크가 확대된다. 그러한 리스크는 미디어, 네트워크, 커뮤니케이션, 경제 활동, 투자, 생활 문화, 소비 문화 등 전반에 영향을 미치고 있다. 나아가 디지털 신경제에서 우리 모두가 직면할 리스크는 과거 산업화 시대 생각하는 리스크의 개념과 차원이 다르게 나타난다.

예컨대, 많은 시간과 비용을 들여 투자를 한 콘텐츠의 핵심 자원과 소스가 원하지 않게 디지털로 유출될 경우 순식간에 전 세계에 퍼질 것이고, 해당 회사는 막대한 타격을 입게 될 것이다. 이러한 현상은 음반산업, 영화산업, 비디오산업 등 콘텐츠 산업구조 전반에 커다란 영향을 미치고 있다.

사회 역기능적인 파급 효과의 리스크로서 오프라인에서의 도박 게임의 경우, 그 파급효과가 한정된 지역과 공간 범위에 그친다. 그러므로 그로 인한 역기능과 악영향도 그 한정된 범위에서 규정된다. 하지만 온라인에서의 도박게임은 설사 그 도박의 내용과 수준이 가벼운 내용일지라도 그 파급효과는 일시에 전국적으로, 전 지구적으로 미친다.

이렇듯 다양한 리스크가 상존하는게 디지털 신경제 콘텐츠 산업구조의 특징이며, 콘텐츠의 창조가치를 존중해야 콘텐츠 산업이 유지 발전할 수 있다는 명제를 요구하고 있다.

(3) 콘텐츠 지식 공유가치의 힘

한편으로는 콘텐츠 지식 공유가치의 힘이 콘텐츠 산업구조에서는 커다란 특징으로 나타나고 있다. 즉, 집단지성, 소셜 네트워크 기반의 다양한 비즈니스 모델이 특히 웹 2.0 환경에서 부상하고 있다.

이렇듯 콘텐츠 산업구조는 콘텐츠 창조가치와 공유가치의 지혜로운 조화를 산업구조에서 정착시키도록 요구하며 나아가 콘텐츠의 트렌드 환경을 디지털문화화, 융합화, 글로벌화 현상을 가속화시키고 있다.

(4) 콘텐츠 크리에이티브 가치사슬과 글로벌 파이프라인

또 한편 콘텐츠 산업구조의 주요 특징으로 콘텐츠 크리에이티브 가치사슬과 글로벌 파이프라인 개념의 확장을 들 수 있다. 콘텐츠 프로젝트의 투자, 완성, 흥행의 전반적인 사업 환경이 콘텐츠 크리에이터를 중심으로 하는, 그리고 글로벌 네트워크와 파이프라인으로 확대되는 특징을 뚜렷하게 보여주고 있으며 이에 지혜롭게 대응하는 의사결정 구조가 매우 중요해졌다.

그리고 이러한 특징은 콘텐츠 산업구조의 보다 면밀한 분석체계를 요구하고 있다. 특히 콘텐츠와 플랫폼, 네트워크 서비스 경쟁 환경에서의 가치사슬체계의 확립과 질서체계의 수립은 새로운 킬러콘텐츠로 비즈니스 모델로 등장하고 있으며, 나아가 디지털 신경제 환경의 경제 질서 체계, 법 체계, 정책 체계, 산업 내부의 기업 간 협력 모델 및 거래 질서 체계 등에 대한 새로운 인식과 대응을 요구하고 있다.

3) 콘텐츠 산업구조에 따른 기업 환경 변화와 발전 모델

(1) 기업환경의 변화

디지털생태계를 구성하고 있는 신경제는 우리에게 창조경제 패러다임으로의 대 전환을 요구하고 있다. 이제 시장은 프로슈머 환경으로 변화하고 있으며, 경제와 산업 발전 모델은 모방에서 창조로 나아갈 것을 강력히 요구하고 있다. 기업의 생존 및 경쟁 전략 모델은 제조업에서 지식 창조산업으로 나아갈 것을 요구받고 있다. 개인의 재테크 모델 역시 부동산 투기에서 창조적인 문화콘텐츠 투자, 콘텐츠 펀드 투자 등으로 변화할 것을 요구받고 있다.

디지털 시대 신경제 환경의 변화와 본질적 속성은 융합경제, 개방경제, 참여경제, 지식 기반경제, 감성경제, 경험경제, 창조경제의 속성을 지니고 있다. 그리고 이러한 속성들은 사실상 이미 정책 환경, 산업 환경, 투자 환경 등 문화 경제 소비 환경 전반에 걸쳐 이미 커다란 영향을 미치고 있다.

그리고 디지털 신경제의 핵심적인 속성은 디지털 융합 현상이다. 디지털 융합 현상은 네트워크의 융합, 미디어의 융합, 커뮤니케이션 융합, 사고체계의 융합, 온라인, 오프라인의 융합, 동서양 문화의 융합 현상이 거의 모든 분야에서 나타나고 있다.

바로 이러한 융합은 사실상 지식, 정보, 문화의 창조가치와 공유가치를 지니는 콘텐츠를 중심으로 진행되고 있으며, 지식 창조시대를 웅변하는 3차원 시간과 공간 속에서 지속적인 심층 지식의 전문성과 역량을 축적해 가고 있으며, 이러한 과정에서 창출되는 창조지식은 개인과 기업, 국가의 진정한 글로벌 시장에서의 핵심 경쟁력이자 역량으로 평가받고 있다.

이러한 융합의 패러다임은 기존의 모든 정부조직체계, 정책체계, 산업분류체계, 학문체계, 인재 개발 및 선발체계, 조직 및 평가체계 등을 융합 패러다임에 맞게 서둘러 마련하도록 요구하고 있다.

디지털 융합은 사회현상의 변화, 산업구조의 변화를 또한 촉발시키고 있다. 방송통신융합의 경우 가장 첨예하게 나타나고 있는 이러한 변화 현상의 하나이다. 그 과정에서 시청각 커뮤니케이션에 대한 사회, 문화적, 철학적 가치와 방송의 공공성 및 소비자 편익과 공익가치가 훼손되지 않아야 한다는 대명제와 산업 발전과 경쟁 시장의 논리의 해법 한가운데에 역시 콘텐츠가 자리잡고 있다.

디지털 신경제를 구체적으로 획정하는 산업구조를 말한다면 지식과 정보, 문화 융합, 창조를 핵심 키워드로 하는 콘텐츠 산업구조라 하겠다. 사실 디지털 신경제의 콘텐츠 산업구조는 그동안 우리가 의식하든, 하지 않든 커다란 비전을 제시하여 왔다. 하지만 디지털 신경제의 본질적 속성은 커다란 기회와 함께 위협이 상존하고 있다는 사실을 인지하게 되었다.

즉, 디지털 신경제의 기본 속성으로 인해 초래되는 제반 문제, 현상, 리스크 등을 함께 고려해야 한다는 사실을 깨닫게 되었으며, 그러한 맥락에서 산업화시대의 산업구조와 다른 지식 창조시대의 산업구조로서 콘텐츠 산업구조에 대해 진지한 고찰이 이루어 져야 한다.

콘텐츠 산업구조의 본질을 제대로 파악하지 못한 채 진행되는 정책 메커니즘, 투자 메커니즘, 학문적 노력은 결국 시장 실패와 오류 함정에 빠질 가능성이 크다. 그리고 그러한 결과는 어쩌면 우리 사회에 눈에 보이지 않는 커다란 장애로, 우리 경제와 산업의 성장과 발전을 가로 막는 인적, 물적 장애로 자리잡게 된다.

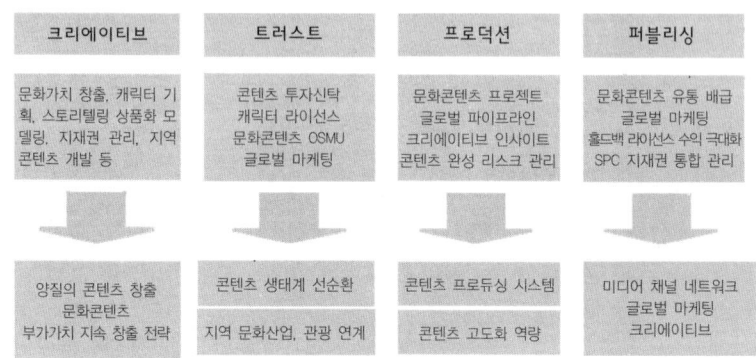

콘텐츠 크리에이티브 파이프라인

    1960, 70년대에 박정희 정권시절 경제 발전 5개년 계획이라는, 중화학 공업 등 국가 보호 정책 기반의 경제 발전 모델이 있었으며, 오늘날 우리는 신흥 경제 발전 국가로 평가받고 있다.

    그런데 그러한 종전의 발전 모델의 패러다임이 21세기 지식 창조 시대에 적용이 가능한가 하는데 고민이 있다. 우리의 정책 환경과 기업환경의 제반 문제점은 이러한 과거 적용하여 성공하였던 모델을 그대로 적용하여 잘 될 수 있다는 인식의 오류와 그로인한 시행착오의 반복에 비롯된 것이다.

산업화 시대와 지식 창조시대의 특징

경제와 산업 발전 모델	모방 VS 창조, 융합
기업의 경쟁 전략 모델	제조업 VS 지식 창조산업
개인의 재테크 모델	부동산 VS 창조적 문화펀드
생산 요소	토지노동자본 VS 꿈 상상력 창의력 기술력 자본력
생산 방식	대량생산 VS 맞춤 생산
인재 양성	암기 교육 VS 창조 교육
경영 형태	관리 경영 VS 창조경영 감성경영 문화경영
경쟁 요소	하드웨어 VS 콘텐츠, 브랜드, 네트워크
소비 패턴	가격 VS 감성
생활 패턴	동창회 VS 커뮤니티 동호회

(2) 기업발전 모델

이러한 시장의 변화, 산업구조의 변화는 21세기 지식 창조경제시대의 한국 경제 발전 전략과 기업 성장 모델이 디지털 문화콘텐츠 선도기업이 되어야 하는 이유를 이야기하고 있다.

왜 우리에게는 글로벌 마켓 채널을 구축한 글로벌 미디어 콘텐츠 기업이 존재하지 않는지, 왜 우리에게는 글로벌 시장에서 성장하고 있는 R & D 연구 리서치 컨설팅 회사가 없는지, 왜 우리는 산학협력이 잘 안되는지, 왜 벤처기업들은 성장의 한계에 부딪치고 있는지 등에 대해서도, 새로운 창조 경제 시대 패러다임의 콘텐츠 산업구조를 통해 모색할 수 있다.

문화콘텐츠는 기존의 우리 제조 산업의 경쟁력을 동반 성장시켜가면서 브랜드의 글로벌화, 상품 경쟁력의 고도화를 이끌 엔진의 역할을 하도록 해야 한다. 디지털 신경제, 지식 문화 창조 시대 주도할 디지털 문화 선도 기업 모델의 대안을 창출해야 한다.

선도기업의 미션은 리더십 핵심 역량, 글로벌 시장 마켓채널 네트워크 구축, 보다 효과적인 통합 마케팅, 성장 전략, 제휴 전략, 지적재산권 저작권 통합관리, 전략 기획 프로세스 통합관리, 플랫폼 표준화, 솔루션 표준화, 서비스 표준화, 기술 표준화를 담당하게 된다. 기존 제작 파이프라인에서는 담당할 수 없는 매우 중요한 글로벌 경쟁 환경에서의 경쟁 전략 비즈니스 모델이다.

선도기업은 현재 콘텐츠 산업구조에서 우리가 안고 있는 제반 문제점을 극복할 수 있는 대안이 될 수 있다. 선도기업은 리더십과 핵심 역량을 가진 전문가 그룹과 CC, CP[14]들의 네트워크 통합을 실현함으로써 플랫폼 표준

---

14 CC : Contents creator, CP : Contents Provider

화, 솔루션 표준화, 서비스 표준화, 개발 매뉴얼 표준화와 마케팅, 지적재산권 관리가 이루어짐으로서 기업 환경의 비용 요인의 효율적 절감과 제반 리스크를 해지해 나갈 수 있다.

또한 어느 시대이든 기본에 충실해야 한다. 그러한 차원에서 볼 때 아무리 디지털 신경제 체계, 콘텐츠 산업구조 환경에 대한 새로운 인식과 기회에 대해 이야기를 하더라도 오프라인에서 진행되는 산업구조 및 가치체계를 동시에 무너뜨리면서 갈 수는 없다. 그리고 심층기반의 창조지식은 역사적으로 오프라인에서 전통문화의 가치, 문화정체성으로 존재하여 왔다.

이어령 선생님이 갈파하신 '디지로그' 체계는 향후 디지털 신경제의 혼란과 콘텐츠 산업구조의 생태계의 선 순환 체계를 확립하는 데 중요한 통찰을 제공하고 있다. 사실 필자는 디지로그의 개념과 철학적 정신을 문화콘텐츠 창안 시부터 그 개념에 내포시킨 바 있다.

우리가 디지털 신경제 콘텐츠 산업구조를 논의할 때, 장르 간 분절과 파편화는 가장 경계해야 할 요인이다. 그리고 킬러콘텐츠를 창출하기 위한 크리에이티브 전략 기획과 스토리텔링, 제작, 마케팅, 유통 배급 서비스 파이프라인의 글로벌화 및 전문화, 협업시스템, 및 동반 성장을 위한 상호 합리적이고도 공정한 경쟁 환경은 매우 중요한 고려 요소이다.

공정한 콘텐츠 경쟁시장 환경을 조성하는 일은 콘텐츠 크리에이티브 가치사슬과 생태계의 선 순환 창출을 핵심가치와 원칙으로 진행해야 하며 결국 민간 기업이 기관, 연구소, 대학의 협조를 얻어 먼저 스스로, 자율적으로 해내야 하는 과제이다.

4. 문화콘텐츠 비즈니스 모델링

1) 문화콘텐츠 비즈니스 모델링의 이해

(1) 문화콘텐츠 비즈니스 모델링 환경

문화콘텐츠의 비즈니스 모델 기획을 제대로 하기 위해서는 창조경제 패러다임 변화로 인한 시장특성과 콘텐츠 산업의 구조를 이해해야 한다. 문화콘텐츠 산업구조의 가장 큰 특성으로 고려해야 하는 요소는 글로벌 네트워크상의 경쟁 환경과 프로젝트의 파이프라인상의 관계구조이다. 그리고 크리에이티브 콘텐츠 중심의 벨류 체인 시스템이다.

문화콘텐츠는 글로벌 네트워크 기반에서 지역 문화와 글로벌 시장을 통합하는 비즈니스 환경이라는 산업구조를 지니고 있다.

창조경제 신패러다임으로 정책과 시장, 산업구조의 이동

- 프로슈머 경제-생비자, 개인화, 개인 미디어, 사용자 주도, 양방향 커뮤니케이션
- 감성 경제-상상력이 현실로, 드림 소사이어티, 캐릭터, 문화콘테츠가 소비에 지대한 영향
- 글로벌 경제-글로벌과 로컬의 조화 융합 비즈니스 창출, 시장 환경의 변화, 트렌드 변화
- 디지털 경제-크리에이티브가 경쟁력의 원천, 수평적 네트워크, 협업, 융합 지식 네트워크
- 클러스터 경제-콘텐츠 생태계, 가치사슬, 롱테일, 생산 및 소비 방식의 변화, 창조섹터

창조경제 신패러다임과 산업구조의 이동

프로젝트의 크리에이티브 파이프라인이라는 문화콘텐츠 산업구조는 시장에서의 산업적 성공을 목표로 하며, 프로젝트의 기획, 투자, 제작, 유통

배급 서비스라는 파이프라인 관계 구조를 띠고 있다는 것을 의미한다. 이 각각의 파이프라인 구조는 그에 맞는 특성과 환경을 지니고 있으면서도 상호 의존적, 상보적 관계 구조를 지니고 있다.

(2) 문화콘텐츠 비즈니스 모델링의 주체

현장에서의 프로젝트 수행 경험을 축적한 창의적인 인적자원의 가치를 가장 높게 평가하고 중시하게 된다. 그래서 문화콘텐츠 기획자, 콘텐츠 코디네이터의 역할이 매우 중요하며 콘텐츠 기업의 최고 경영자 CEO의 핵심 역량도 이러한 경험과 지식을 요구한다.

또한 기업의 성장 단계에서 최고 창조성 책임자(CCO, Chief Creative Officer), 최고 지식 책임자(CKO, Chief Knowledge officer)의 역할이 또한 매우 중요해진다.

문화콘텐츠 기획자, 콘텐츠 코디네이터는 시장의 트렌드 변화와 흐름에 대해 넓은 시야를 가지고 시장에서의 고객 및 유저의 반응과 긴밀한 소통을 함으로써 서비스 및 상품에 대한 남다른 감각을 축적하게 된다.

창조경제 패러다임 변화에서 가장 두드러진 특징은 디지털융합 환경에서 미디어 환경의 변화가 급속하게 전개되고 있다는 점일 것이다. 이러한 뉴미디어 산업 환경 변화 속에서 우리가 인식해야 할 것은 지상파, 케이블 등 플랫폼 사업자와, 콘텐츠 제작자로서의 외주제작사, 독립제작사, 콘텐츠 크리에이터의 관계는 이러한 새로운 산업 환경의 변화를 인식하면서 콘텐츠 생산 방식과 협업, 협력의 방식, 경쟁의 원칙 등을 새롭게 정립해나가야 한다는 사실이다.

문화콘텐츠 비즈니스 모델링의 원칙은 전체 산업 생태계의 선 순환 구조를 함께 창출하고 공동의 이익을 고려하면서 경쟁의 원칙을 확립하고, 고객과 소비자의 편익을 고려하며 글로벌 시장으로의 성장기반을 확대해 나갈 수 있도록 하는 것이다.

나아가 글로벌 콘텐츠 제작 파이프라인, 콘텐츠의 유통 및 배급 채널의 확대, 미디어 환경 변화에 따른 리스크 관리, 보다 다양한 서비스 전략, 지적재산권 관리 및 수익 모델의 다각화, 안정적 투자 네트워크 등을 종합적으로 고려해야 한다.

〈겨울연가〉의 경우 영상 콘텐츠 한 편이 일으킨 경제 파급효과는 수조 원에 이르며, 이 영향은 관련 전 산업 분야에 미치고 있다. 〈겨울연가〉는 제작비 19억 원이 투입되었으며 2004년 일본 NHK에 방송되고, DVD, 출판, OST, 광고 등 매출이 2,000억을 거두었다. 이밖에도 관광, 여행 산업 분양에서의 경제효과는 3조 원 이상이고, 국가 브랜드이미지 재고 및 연관 산업 파급효과는 10조 원 이상이다.

2) 문화콘텐츠 비즈니스 모델링 추진 체계

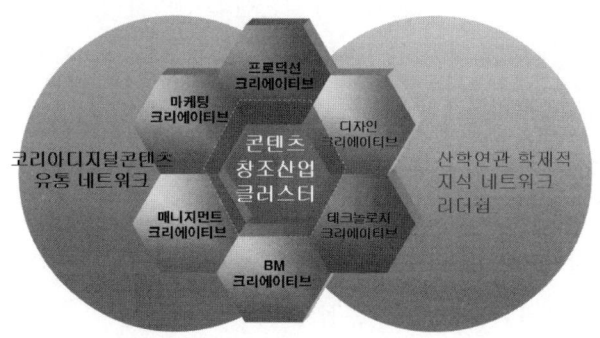

문화콘텐츠 비즈니스 모델링 크리에이티브 체계

문화콘텐츠 비즈니스 모델링 추진체계는 문화콘텐츠 전략 포지셔닝 체계,

비전과 전략 체계, 크리에이티브 프로젝트 파이프라인 체계로 구분한다.

(1) 문화콘텐츠 전략 포지셔닝 체계

콘텐츠의 포지셔닝은 빠르게 진화 발전하는 디지털환경에서 변화의 흐름을 따라가고 적응하는데 필요하고 중요한 전략이다. 포지셔닝 전략은 바로 개인과 기업, 경제주체 모두가 각자의 콘텐츠 중심 포지셔닝에서 생각하여야 한다는 것인데, 이는 지식 창조산업의 시장 경쟁환경을 더욱 고도화 하여 나가는데 매우 중요한 원칙이다.

문화콘텐츠 전략 포지셔닝은 크리에이티브 전략이 핵심이다.

문화콘텐츠 비즈니스는 인간의 근원적 욕구 니즈에 대한 해갈을 주는 핵심 전략 가치를 전통과 첨단 IT의 결합, 온라인과 오프라인의 융합, 유선과 무선의 멀티미디어 데이터로 통합되어 지적재산권의 형태로 소비자에게 전달하는 것이라고 개념을 규정 할 수 있다.

문화콘텐츠 비즈니스의 수익모델의 구조는 온라인 & 온라인, 온라인 & 오프라인 결합구조에서 창출되며 문화콘텐츠 산업의 연관산업에서 창출될 가능성이 매우 높고 전략적인 수익모델 구조가 되는 게 일반적이다.

문화콘텐츠는 지적재산권을 수반하고 이는 무형가치를 기반으로 하여 무한한 부가가치를 창출하는 토대가 되므로 불법복제 및 모방을 통해 시간과 비용을 절감할 수 있다는 사고에서 창조적인 콘텐츠의 개발을 통해 시장전략을 펼쳐가는 것이 훨씬 유리하다는 인식의 확대가 문화콘텐츠 전략 포지셔닝 체계의 핵심이라 하겠다.

(2) 문화콘텐츠 비즈니스의 비전과 전략 체계

문화콘텐츠 비즈니스 모델링과 사업전략의 추진 체계에서 고려해야 하는 점은 거시적 관점에서의 글로벌 경쟁 시장에서의 트렌드를 중시해야 하고 정책적 측면의 변화도 간파해야 하며 빠른 디지털경영과 기술환경의 변화에 대한 외부환경, 내부환경을 포함한 생태계의 변화와 추이를 함께 봐야 한다.

아울러 시대의 패러다임이 지식문화창조시대로 진입, 문화산업의 경쟁력이 개인과 국가 기업, 지식의 경쟁력의 핵심이 되었으며 이러한 관점에서 보다 효과적인 기업의 브랜드 전략, 광고홍보 마케팅 전략, 수익모델 확대 전략, 글로벌 시장 창출 전략을 만들기 위해서는 문화콘텐츠 비즈니스의 도입이 필수적이다. 또한 지역경제의 활성화 및 지역경제의 관광자원화를 위한 가장 효과적인 비즈니스 전략으로 문화콘텐츠를 전략적으로 활용하여야 한다.

문화콘텐츠 비즈니스의 버전과 전략체계에서 꼭 함께 인식해야 하는 것은 디지털 융합이 다양한 콘텐츠 플랫폼, 다채널, 이에 기반한 새로운 뉴미디어 산업 모델의 창출 등 미디어 환경의 급속한 진화 발전을 촉진해 왔다는 점이다. 필자가 생각하건대, 이러한 구조적 모순에 처하게 된 요인으로는 디지털융합 환경에 대한 보다 정확한 인식의 부재, 혼돈과 이에 따른 뉴미디어 산업구조의 변화에 대한 지혜로운 대응 전략과 정책 비전의 확립의 미흡에 적지 않은 원인이 있었다.

디지털 융합은 뉴미디어 산업 환경의 변화로 인하여 최근 2, 3년 사이 보다 활발하게 논의되고 있는 이슈이나, 산업 현장에서는 그보다 더 많은 세월 동안, 특히 지난 90년대 후반 이후 인터넷 브로드밴드의 폭발적 성장과 더불어 10년 이상 진행된 전 세계 뉴미디어 산업의 변화와 디지털 경제의 글로벌 메가트렌드를 사실상 추동해 온 성장 동력의 핵심 개념이다.

또한 이러한 디지털 융합이 이끌어 온 뉴미디어 산업의 변화는 글로벌 환경에서 문화콘텐츠 비즈니스의 비전과 전략을 확립하는 창조적 시장기회를 제공하고 있으며, 이에 따라 보다 종합적이고도 총체적인 인식과 문제 해결을 위한 안목과 통찰을 요구하고 있다.

문화콘텐츠 비즈니스의 핵심 전략으로서는 디지털 크리에이티브 스토리텔링전략, 기존 경쟁환경의 틈새 시장 전략과 고객 확보 전략, 라이선싱 전략, OSMU 전략, 머천다이징, 감성 스토리텔링과 IT 융합 기획의 프로세스를 함께 고려하면서 반영해야 한다. 상호 이질적이고 상대적이며 다른 영역의 창조적 융합이 문화콘텐츠 비즈니스 모델링의 핵심이기 때문이다.

유통 배급 서비스 파이프라인 구조 역시 이러한 전략적 원칙을 견지해야 한다. 선진국의 경우 글로벌 마켓에 대한 기반을 이미 구축하여 시장 전략을 펼쳐왔다. 문화콘텐츠 비즈니스 전략 모델링은 바로 이러한 선진국이 지난 수백 년 동안 글로벌 마켓에서 구축한 시장에서 새로운 창조적인 니치마켓을 창출하여 줄 수 있어야 한다.

(3) 문화콘텐츠 크리에이티브 프로젝트 파이프라인 체계

크리에이티브 프로젝트 파이프라인 시스템은 콘텐츠 프로젝트를 기획단계에서 OSMU 전략까지를 고려하는 시스템이다. 콘텐츠 개발과정에서도 투자환경과 퍼블리싱 환경을 먼저 고려하여 진행하여야 하는 게 중요하고도 현실적인 원칙이다. 퍼블리싱 파이프라인도 글로벌 디지털콘텐츠 퍼블리싱 파이프라인이 미디어 네트워크로 구축된다.

크리에이티브 파이프라인은 퍼블리싱 파이프라인-파이낸싱 파이프라인-프로젝트 파이프라인-프로덕션 파이프라인의 유기적 연계 시스템으로 인적자원 및 물적자원, 금융자원의 원활한 흐름이 그 핵심 원칙이다. 크리에이티브 파이프라인의 매우 중요한 핵심 전략은 문화콘텐츠 크리에이티브 스토리텔링이 어디에서 창출되던 퍼블리싱 파이프라인에서 검증되어 프로젝트파이프라인으로 출발하게 된다는 점이다. 이는 영상, 게임, 모바일, 유비쿼터스 등 다양한 부가가치를 창출할 수 있는 장르로 확대와 OSMU를 전략적으로 진행하는 것을 고려한다.

마켓 접점에서의 퍼블리싱 파이프라인에 투자 파이프라인 역시 전문가 그룹의 시장 판단과 크리에이티브 콘텐츠 벨류 체인을 중심으로 하는 투자 수익성 위주의 투자의사결정을 존중할 필요가 있다. 또한 문화콘텐츠 프로젝트 파이프라인 상의 각각의 구조적 특징 역시 디지털 크리에이티브 스토리텔링으로 창조적 융합 체계를 구축해야 한다.

예컨대, 투자 파이프라인은 전체 콘텐츠 산업구조의 파이프라인에 대한 깊은 통찰력과 시장 트렌드를 분석하는 거시적인 안목을 요구한다.

개별 프로젝트에 대한 투자 안목과 핵심 역량이 축적된 투자자 및 전문가, 투자 기관들의 협력 네트워크는 투자 리스크를 분산하는 효과를 가지게 된다. 이 투자 파이프라인은 이미 시장에서 다수의 경험과 경륜을 지니고 있으며 유통 배급 서비스 파이프라인에서의 시장 전략과 맥을 함께 한다. 투자자의 입장에서는 이러한 포지셔닝이 투자 수익율을 관리하기가 보다 수월하게 된다.

제작 파이프라인은 전문 분야에 집중함으로서 핵심 역량을 축적해 나가는 분야이다. 즉 장인, 마니아, 제작자라는 칭호를 부여 받을 수 있는 영역이다. 현장에서의 스튜디오나 프로덕션 개념의 전문적인 일에 집중하여야 하는 구조적 특징을 가지고 있다.

전체 콘텐츠 산업구조의 성장과 발전을 고려할 때 이들 제작 파이프라인은 글로벌 네트워크상의 원가 경쟁 구조에 의존한다.

문화콘텐츠 OSMU 즉, 영상, 만화, 출판, 게임, 영화, 애니메이션, 모바일 등 인접 장르의 경우 프로덕트 파이프라인에서의 제작 시스템 구축이 수년간 시리즈로 진행될 경우에도, 시장의 흥행 리스크와 완성 리스크, 투자 리스크 매니지먼트를 함께 고려해야 한다.

3) 문화콘텐츠 비즈니스 창업 모델

(1) 문화콘텐츠 비즈니스 창업과 창업 모델 이해

문화콘텐츠 비즈니스 창업 전략은 일반적인 창업모델인 소점포 창업, 제조업 창업, 쇼핑몰 창업, 물적 자산 및 토지를 중시하는 형태와는 다른 보다 감성적인 스토리텔링과 IT의 융합을 중시하는 전략적 특징을 강하게 지니고 있으며 상품화 전략과 OSMU전략이 모두 프리프로덕션 기획 단계에서 기획되고 나아가 글로벌 시장 관점에서의 성장 전략까지 아울러 고려해야 하는 프로젝트 중심의 비즈니스 형태를 띠게 된다.

일반인들도 참여하여 문화콘텐츠의 전체 비즈니스 모델과 구조상에서 어떤 특정 영역에서는 비교적 쉽게 창업이 가능하도록 하고 수익을 창출할 수 있도록 구조화될 수 있다.

문화콘텐츠 비즈니스 역시 모든 비즈니스가 그렇듯이 시장 리스크를 지니고 있다. 이러한 시장 리스크는 프로젝트 완성 리스크, 투자 리스크, 흥행 리스크라는 형태를 띠고 있다.

문화콘텐츠 비즈니스의 핵심은 저작권 관리, 라이선싱이며 따라서 크리에이티브 전략과 머천다이징 전략이 매우 중시되어야 한다. 〈아기공룡 둘리〉의 경우 만화 콘텐츠의 방송에서의 흥행을 기반으로 캐릭터 라이선싱 사업을 통해 지속적으로 수익을 창출하고 있다.

문화콘텐츠 비즈니스 창업 전략은 비즈니스 벨류 체인인 크리에이티브 파이프라인에서 투자, 파이프라인 기획, 제작, 디자인, 마케팅, 글로벌 유통 배급 서비스 파이프라인을 고려하고, 이의 매니지먼트 비즈니스 모델 등을 고려하여야 한다.

문화콘텐츠 비즈니스의 핵심 전략은 대표 브랜드를 창출하고 양질의 콘텐츠 프로젝트의 흥행을 지속적으로 성공시켜 가는 일이다. 이는 국가 경제 활성화, 도시 및 지역의 경제 발전, 중소기업 성장, 지역마다의 콘텐츠 기업 창조 등을 통한 양질의 일자리 창출 등의 연관 구조를 통찰하여 이를 총체적으로 고려해야 한다.

(2) 참여형 콘텐츠 프로젝트 제작 및 수급 방식

이러한 차원에서 선도기업과 대표 브랜드의 역할과 포지셔닝이 중요하며 각자의 핵심 역량에 따라 누구나 참여할 수 있고 프로젝트의 경험을 축적해 갈 수 있도록 하는 콘텐츠의 창조와 기획, 제작 환경에서의 '콘텐츠 창조위원회'라고 하는 콘텐츠 수급 및 생산 방식을 적극 도입하고 실험하고 실천하면서 그 시행착오와 다양한 케이스를 성공사례와 함께 연구 분석 해나간다면 우리의 콘텐츠 미디어 산업 환경에 부합하는 콘텐츠 제작 방식이 창조될 수 있을 것이다.

물론 콘텐츠 창조위원회 제작 방식의 도입 과정에는 여러 가지 고려해야 할 요소들이 적지 않다. 무엇보다 디테일 프로세스에서 전문 역량과 지식 역량, 콘텐츠 창조 역량, 리더십 등이 구축되어야 한다. 또한 구성원들이 충분히 이해하고 다양하게 실험하고 지속적으로 글로벌 미디어 시장 전략의 체계와 지식과 경험을 프로젝트 중심으로 실행해나가야 한다.

또 한편으로는 콘텐츠 크리에이티브 가치사슬 선 순환 체계와 크리에이티브 기획 역량 관리, 지재권 관리, 리스크 관리, 글로벌 시장 트렌드 변화 관리, SPC 관리, 중앙정부 및 산하 지원기관, 지자체의 지원 체제, 투자 관리 등의 디테일 프로세스를 함께 고려해야 한다. 이러한 콘텐츠 창조위원회 방식의 도입은 현재의 미디어 산업의 개별 주체의 입장에서 생각할 때도 그 기대효과와 유효성이 적지 않다.

현재 지상파 방송사의 입장에서 볼 때, 현재 광고 수입 등 적자 구조에 직면하고 있는 방송영상 콘텐츠, 드라마 제작 등 자금 관리의 부담을 줄이면서도 보다 유연한 투자 관리를 통해 글로벌 시장에 대한 핵심 역량의 선택과 집중을 통해 시장과 파이를 키워 나갈 수 있다. 방송영상 콘텐츠 미디어 산업 전체의 입장에서도 콘텐츠 미디어 전략, 콘텐츠 상품화 전략, 콘텐츠 포맷 비즈니스 전략, 콘텐츠 국제 제작 환경 변화에 적극 대응해 나감으로서 현재의 산업구조의 문제점과 모순을 창조적으로 해소해 나가고 부가가치를 확대해 나갈 수 있다.

물론 이러한 콘텐츠 창조위원회 방식이 성공하기 위한 중요한 전제로는 디지털 융합 시대 콘텐츠의 수급 생산 방식으로서 자리를 잡기 위해서는 무엇보다 콘텐츠 크리에이터, 콘텐츠 제작사들의 콘텐츠 창조환경과 각 분야의 전문 역량이 창발적으로 참여할 수 있는 여건을 보다 충분히 조성해 주어야 한다. 나아가 창조적 상상력과 통찰력을 발휘할 수 있는, 기존 미디어와 뉴미디어, 디지털콘텐츠 전반의 풍부한 지식과 경험을 축적한 콘텐츠 크리에이터, 코디네이터, 프로듀서, 융합창조형 인재들을 적극 발굴하고 이들에게 이러한 콘텐츠창조위원회 형태의 콘텐츠 수급과 생산방식을 통한 킬러콘텐츠 창출과 마케팅, 글로벌 유통, 배급에 걸친, 프로젝트의 주도적 수행의 기회를 제공해야 한다.

그리고 전체 생태계를 고려할 때, 프로젝트의 질적 고도화에 집중하도록 배려하고 그 기회를 확대하도록 하는 정책적 고려가 매우 긴요하다. 기획 파이프라인은 창의적인 콘텐츠 프로젝트에 대한 유통 배급 서비스, 투자, 제작 파이프라인 등 콘텐츠 산업구조를 이른바 프리프로덕션 단계에서 분석한다. 프로젝트의 완성과 흥행을 위한 개발 전략, 비즈니스 전략, 머천다이징 상품화 전략, 감성 스토리텔링 전략, OSMU 전략, 브랜드 커뮤니케이션 전략, 라이선싱 전략, 표준화 전략, 마케팅 전략 등을 고려하게 된다. 기획 파이프라인은 콘텐츠 프로젝트의 완성 리스크와 흥행 리스크를 좌우하게 되는 핵심 역량의 결집이 요구되는 핵심 파이프라인이다.

즉 이렇게 기획 파이프라인을 보다 경쟁력있는 핵심 역량을 지닌 전문가 그룹으로 구성하는 전략은 보다 전략적인 투자라는 호흡을 요구하나 시장에서의 킬러콘텐츠를 창출하고 투자의 선 순환과 활성화를 실현하는 핵심 전략이자 요건이 된다.

(3) 문화콘텐츠 비즈니스와 크리에이티브 밸류 체인

크리에이티브 콘텐츠 밸류 체인은 전체 밸류 체인이 크리에이티브를 존중하고 중시하고자 하는 정책이다. 콘텐츠 산업구조의 특성상 매우 중요한 정책이며 전체 프로젝트 파이프라인과 연관 산업이 성장하기 위한 핵심 전략이다. 크리에이티브 밸류 체인은 시장에서 킬러콘텐츠를 지속적으로 창출하기 위한 프로젝트 파이프라인을 구축하고 이를 통해 부가가치를 창출하고자 하는 관계와 구조를 고려하는 전략적 노력을 요구하게 된다.

그리고 그 기대효과와 실효성은 투자의 선 순환과 활성화를 촉진함으로써 다수의 프로젝트와 고용을 창출하게 되고 마니아 또는 창조적 지식인으로 지칭되는 전문가, 개발자, 중소 벤처기업, 대기업, 학계, 정부 지자체의 정책라인 등이 프로젝트 중심의 동반 성장의 환경을 공유하게 된다 하겠다.

콘텐츠 산업구조에는 프로젝트 파이프라인상의 수많은 경험과 지식이 통합 축적된다. 때로는 소비자 주도의 현장 중심 쌍방향 커뮤니케이션을 통해 콘텐츠의 질적 고도화와 진화를 실현해 나가며 시장에서의 완성 리스크와 흥행 리스크에 대한 도전을 통해 그 성과를 합리적으로 배분하는 구조가 만들어 진다.

크리에이티브 벨류 체인상의 콘텐츠 프로젝트의 지속적인 창출 시스템은 한류를 안정적으로 이끌며 전체 연관 산업의 시너지를 창출하는 핵심 정책이자 전략이 된다. 통합과 융합의 테크놀로지, 거버넌스 크리에이티브 콘텐츠 테크놀로지이다. 디지털환경에서 융합 테크놀로지를 통해 창출되는 핵심 전략 가치이다

문화콘텐츠는 크리에이티브와 동렬이며, 게임, 영화, 애니메이션, 영상, 모바일은 문화콘텐츠 OSMU 유통 채널상의 또 하나의 미디어로 해석해야 한다. 문화콘텐츠는 한국의 최고의 온라인 디지털환경에서 콘텐츠 커뮤니티와 커뮤니케이션이 독특하게 강조되어 창출되는 핵심 전략가치로써 지식, 정보, 상품, 서비스, 현상을 의미하며, 한국의 유니크한 브랜드이다.

문화콘텐츠는 바로 지식 창조시대의 핵심 가치인 무형가치의 거래의 수단이며 하나의 크리에이티브 미디어이고, 지적재산권과 상품화권을 내포한다. 멀티미디어, 정보통신기술과 인문사회과학, 교육문화예술의 통합과 ON-OFF의 융합을 통해 아날로그와 디지털 방식의 지식과 서비스, 상품이 창조된다.

문화콘텐츠는 지식 창조산업의 성장동력으로써 모든 산업과 사물을 문화산업으로 수렴시켜감으로써 산업사회를 지식문화경제사회로 추동하여 이끌어가야 한다.

4) 문화콘텐츠와 투자 모델

(1) 문화콘텐츠 투자 모델 개발의 배경

우리 사회는 지난 20여 년 동안 정보화라는 메가트렌드의 물결 속에서 커다란 변혁을 경험하여 왔다. 지난 20여 년 전, 우리 사회의 뜻 있는 소수의 엘리트 지도자들은 창조적 열정과 리더십, 명확한 비전과 목표를 가지고 있었다. 그 결실은 1990년대 후반 CDMA, IT 인프라 강국의 업적을 달성하며 국가 경제와 산업 경제의 성장 동력이 되었다.

나아가 인터넷 브로드밴드의 확산은 많은 사람들에게 신드롬을 불러 일으켰으며 당시 IMF 외환위기 상황을 뒤로하고 인터넷 벤처 투자 열풍이 일어났다. 당시 수익모델 부재의 한계가 있었음에도 불구하고 인터넷이 제공하는 새로운 패러다임은 거의 모든 국민들로 하여금 투자 대열에 참여하도록 이끌었다.

하지만 이러한 현상은 향후 우리 모두에게 발생할 리스크에 대해 간과한 측면이 적지 않았다. 인터넷 벤처 투자 버블 현상으로 인해 급속한 붕괴 현상이 바로 이어졌고, 필자는 당시 테헤란벨리의 한 복판에서 이 상황이 향후 직면할 더욱 심각한 신뢰의 위기라고 하는 리스크를 생각하지 않을 수 없었다.

그런데 이러한 위기 상황에도 불구하고 주변 어느 누구도 나서거나 위기 국면을 진정시키고자 하는 어떠한 액션도 정책적 노력도 보이지 않았다. 그래서 필자는 당시 수개월 동안의 고민과 결심을 하여 콘텐츠랠리를 통해 국면 돌파를 하는 대안을 제시하게 되었다.

필자가 당시 콘텐츠랠리에 집중하였던 가장 큰 배경은 인터넷 벤처 투자 버블 붕괴로 인한 국가 경제 위기 상황의 국면 돌파였다. 그럼에도 불구하고 현재까지 당시 무너진 벤처 생태계, 투자 생태계는 여전히 문제점을 그대로 안은 채 문제 해결에 대한 정책 의지와 역량, 연구 노력 등에 대한 본질적인 변화와 혁신의 모습이 나타내지 않고 있는데 대해 안타까움을 금하지 않을 수 없다.

물론 그동안 정부 차원의 적지 않은 지원과 노력이 있었으며, 일정 부분 성과가 가시화되기도 하였다. 투자 활성화 정책 부문에서도 문화콘텐츠 투자 조합을 결성하는 등의 조치가 이어졌다. 일부 대기업에서도 문화산업에 대한 애정과 관심이 이어졌으며 투자도 진행되었다.

그럼에도 영화, 애니메이션, 게임 등 전반적인 문화콘텐츠 투자 조합 운영의 성적표는 최근까지 마이너스 30% 이상을 기록하면서 벤처 캐피털 업계에서는 더 이상 투자할 만한 메리트를 느끼지 못하고 있으며 사업 아이템 또는 기업이 보이지 않는다는 이야기가 공공연한 사실이 되고 사실상 보수적 투자 패턴으로 돌아섰다. 이로 인해 창업 단계 및 프로젝트 기획 단계에서 절실한 시드 머니 투자 메커니즘이나 엔젤 펀드 등 투자 생태계가 심각하게 정체되고 있다.

필자는 지식 창조 사회를 열기 위해서는 엔젤투자 활성화 등 단계적, 전략적 투자 시스템, 투자 생태계의 활성화를 위한 정책 리더십과 역량의 구축이야말로 정책의 핵심이라고 생각한다.

시장의 변화 트렌드가 글로벌하고도 매우 급격하게 일어나는 콘텐츠 시장 환경에서 산업과 시장에서 풍부한 경험을 바탕으로 시장의 트렌드를 통찰하면서 또는 새로운 시장을 창출하기 위한 창조적이고도 선제적인 투자가 콘텐츠 생태계의 선 순환 관점에서 이루어져야 하는 필요성이 절실하다 하겠다. 한편 콘텐츠 산업구조에 입각하여 지속 가능한 양질의 콘텐츠를 창출하고, 이의 제작과 유통 배급 환경을 글로벌 시장을 기반으로 하여 안정된 투자 환경, 매니지먼트 환경으로 조성하는 일도 매우 중요하다.

(2) 창조경제시대를 열어갈 투자 모델

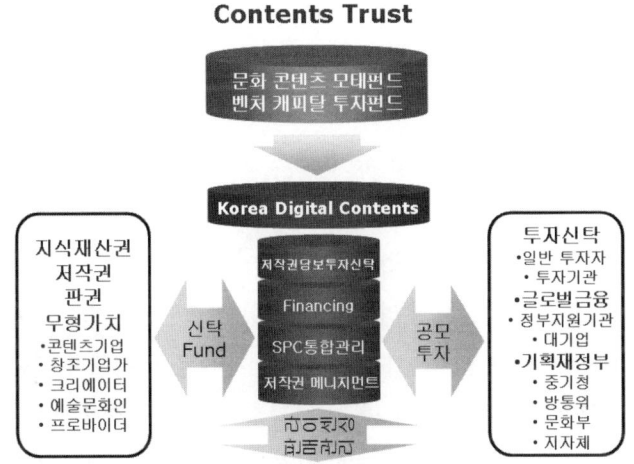

문화콘텐츠와 투자 모델[15]

문화콘텐츠의 투자 모델 구조도는 일본 저팬디지털콘텐츠트러스트 의 콘텐츠 저작권 담보 투자신탁 모델을 참고하였다.

필자가 창조경제시대의 투자모델의 필요성을 주장하는 배경에는 그동안 산업화 시대의 경제 성장 패러다임에서 투자자들이 부동산 투기 등에 주로 매몰되어온, 그래서 전체 산업 경쟁력, 원가경쟁력이 현저히 저하됨으로써 이웃나라 중국 등과의 경쟁 환경이 매우 취약한 상황으로 내몰리고 있는

---

15 창조경제 시대를 열기 위해서는 그에 부합하는 투자 모델이 창출되어야 한다. 문화콘텐츠 모태펀드의 경우 바로 이러한 투자 시스템에 공헌하도록 하는 목적 펀드로써의 기능을 다해야 할 것이다. 문화콘텐츠와 투자 모델에 대해 필자는 재팬 디지털콘텐츠 트러스트의 모델이 많은 참고와 인사이트를 제공받았다.

우리 사회의 근본적인 구조적 문제점을 인식하였다.

또한 벤처 투자 생태계와 창업 환경의 애로로 인한 청년실업의 양산, 프로젝트 투자 유치 과정상의 애로 요인의 디테일 분석, 프로젝트 투자 리스크에 대한 심층분석과 문제점 인식, 다각적인 수익모델 개발 및 사례 연구 활성화 체제 및 환경 조성을 매우 시급하고도 중요한 과제로 인식하였다.

또한 필자는 산학 협력 모델 창출 R & D 기반과 사업화의 프로세스 혁신, 글로벌 경쟁 시장 환경에 대한 조사 분석, M & A 사례 분석 및 해외 글로벌 기업의 국내 투자 현황 등 콘텐츠 투자 시스템 및 투자 생태계 선순환 구조의 창출 모델에 대한 다양한 연구와 대안제시가 필요하다고 지속적으로 제안과 강조를 하여 왔다.

그럼에도 불구하고 현재 우리 사회가 지식 창조산업의 비전에 대한 대응과 공감대 형성, 지식 창조산업을 중흥시켜 가기 위한 정책적 대응과 전략, 창조적 리더십의 결집, 전문가 발굴, 본격적인 지식 창조경제와 사회를 열기 위한 정책의 획기적 노력과 준비, 리스크 관리 체제 등에 대한 연구 개발 노력 등이 여전히 미흡함에 대해 심대한 우려를 금할 수 없다.

민간의 투자 활성화, 투자자의 수익성 확대와 투자의 선 순환 체계, 콘텐츠 크리에이터의 수익 기반 확대를 통한 창작 기반 등 지식 기반 확대가 진정한 정책적 비전이자 목표가 되어야 한다.

선진국은 디지털콘텐츠가 이끄는 새로운 시대 변화를 주목하고 지식 창조 사회, 창조경제, 창조리더십을 기치로 내세우며, 창조 기업 육성, 창의적 인재 개발, 창조 클러스터 조성에 전력을 기울이며 이에 걸맞은 투자 모델을 개발하고 이를 시장에 정착시키고 있다.

(3) 글로벌 콘텐츠 코리아펀드 조성

지식 창조경제와 창조산업은 이미 글로벌 메가트렌드이다. 미국, 영국, 일본, 스웨덴, 핀란드 등 주요 선진국은 창조산업과 지역의 콘텐츠 클러스터 조성을 통한 국가 경쟁력 재고에 만전을 기하고 있으며 중소기업의 상생 구조 창출, 성장 기반 클러스터 조성, 일자리 창출 등의 성과를 지속적으로 창출해 내고 있다.

한편 콘텐츠는 대한민국 역시 산업 현장과 대학에서 지식과 경험을 축적해 나가고 있으며 인문학, IT, 아트학, 미디어 커뮤니케이션, 창조경영 등 지식의 융합 창조학으로 거듭 진화하고 체계화되어 정립됨으로써 문화콘텐츠 창조학으로 빠르게 발전해 가고 있다. 이러한 가시적 성과는 무엇보다 대학 스스로의 자발적 노력의 성과이며, 이는 나아가 지식 창조 사회를 열어가는 콘텐츠 투자의 환경 기반이 되어가고 있다.

대외 경쟁 전략으로 콘텐츠 IT 융합 기반의 콘텐츠 창조지식체계와 의미 구조를 중심으로 하는 플랫폼, 아키텍처의 창조적 설계 역시 중요하며 최근 성장의 정체 상태에 머물고 있는 IT 산업의 재도약의 계기를 마련할 수 있을 것이다. 콘텐츠 IT 융합 비즈니스 모델은 온라인게임, 영화, 드라마, 영상 산업 등 콘텐츠 창조산업 전반에서 여전히 시장 기회를 창출하고 있으며, 나아가 이미 조선, 전자, 자동차, 건설, 제조업 분야의 경쟁력 고도화에도 기여하고 있다.

최근 웹 2.0 환경의 사용자 참여의 UCC, 집단지성, 소셜 쉐어링, SaaS, RIA 등의 개념을 바탕으로 하는 글로벌 서비스 모델의 등장은 기존 웹 기반 IT 기술의 창조적 통섭과 융합 창조의 결과물이라 하겠다. 감성경영, 창조경영의 대표 브랜드로 평가 받는 애플의 스티브 잡스가 내놓은 아이팟

(iPod) 역시 콘텐츠 IT 융합의 창조물이다.

　이러한 글로벌 콘텐츠 미디어 기업의 창출 및 브랜드 상품의 창조는 결국 콘텐츠 창조섹터를 중심으로 하는 창조적 콘텐츠 투자 메커니즘 하의 체계적 투자를 통해 우리도 가능하다. 투자 생태계의 선 순환 역시 마켓 중심의 콘텐츠 코어 클러스터와 연관 클러스터의 유기적 연계 산업의 구조를 통찰하는 가운데 가능해진다.

　지식 창조 사회와 창조산업을 연착륙 시킬 콘텐츠 클러스터 투자 전략에 대해 본격적인 관심과 연구, 투자의 노력을 기울여야 할 때다. 실질적인 경험과 대안을 가지고 있는 콘텐츠 전문가를 발굴하고 금융전문가와 정책 전문가가 힘을 모아야 한다. 그래서 리스크 관리 중심, 트렌드 관리 중심의 창조적인 콘텐츠 전략과 투자 모델, 콘텐츠 창조지식 네트워크를 글로벌 시장으로 확장해 낼 수 있는 콘텐츠 전문 투자 시스템을 창조해야 한다.

　결국 문화콘텐츠 산업의 지속가능한 성장 기반의 조성, 일자리와 기업을 창출하고 성장, 발전하는데 있어 역시 문화콘텐츠의 선진 금융과 투자 시스템의 도입은 매우 중요한 관건이 될 것이다. 그리고 콘텐츠 전문 펀드 매니저에게 기존의 금융 펀드에 대한 지식 외에도 콘텐츠 창조지식의 통섭 융합 역량, 변화 관리 역량, 리스크 관리 역량, 트렌드 인식 역량이 매우 중요하게 요구된다.

　콘텐츠 산업구조의 통찰력과 디테일 역량을 지닌 콘텐츠 펀드 매니저 전문가들이 현장 경험과 체험 경제를 바탕으로 하여 다수 배출되고 이들은 다시 폭넓은 시야와 자율성, 창의성, 전문성으로 무장하여 글로벌 콘텐츠 비즈니스의 사업 감각을 지닌 콘텐츠 전문가들에게 생산적인 투자 환경을 제공해야 한다.

　아울러 세계에서 가장 투자 받기 좋은 환경을 구축하기 위한 정책적 노력과 함께 글로벌 콘텐츠 코리아 펀드의 조성에 적극 나서야 할 때이다.

Chapter ❺ 문화콘텐츠 OSMU 기획

 본 장에서는 문화콘텐츠 OSMU의 의의, OSMU 마켓 채널, 문화콘텐츠 OSMU 사례 분석, 문화콘텐츠 OSMU 기획 방법론에 대해 이야기한다.

 OSMU, 이는 원소스의 시장에서의 성공을 바탕으로 다양한 윈도우와 미디어 채널 네트워크를 통해 부가가치를 창출한다는 내용이다. 즉, 원작만화로써의 성공이 드라마, 게임, 애니메이션, 영화로의 성공을 견인하면서 부가가치를 창출한다는 것이다.

 뉴미디어 환경의 콘텐츠서비스의 채널 다양화는 문화콘텐츠 OSMU의 성공 기회와 가능성을 높이고 있는 것이 사실이다. 하지만 OSMU의 성공을 위해서는 글로벌 시장과 디지털융합 환경, 원작의 우수성, 마켓 인사이트, 라이선스 매니지먼트의 전문 역량이 수반되어야 한다. 이중 가장 중요한 문화콘텐츠 원소스의 성공을 위해서는 지역의 핵심 문화가치에 대한 인식 체계가 확립되어야 한다.

 또한 글로벌 콘텐츠로서의 보편적 가치 체계에 대해서도 인식해야 한다. 문화콘텐츠의 창출 체계에서 통시적, 공시적 인식 체계 역시 중요하다. 문화콘텐츠 크리에이티브 파이프라인 체계가 OSMU 전 과정에서 일관성을 유지해 나가도록 하는 일은 OSMU를 통한 부가가치를 창출하여 나가도록 하는데 있어 핵심 전략이다.

문화콘텐츠 OSMU는 주로 만화, 애니메이션, 캐릭터의 원소스 성공을 기반으로 진행되는게 일반적이나, 우리의 경우 주로 온라인게임에서 성공사례가 창출되고 있다.

1. 문화콘텐츠와 OSMU 의의

문화콘텐츠 비즈니스는 OSMU 전략 기획이 핵심 영역이다. 이는 다양한 수익모델을 창출할 수 있는 기반이 되기 때문이다. 문화콘텐츠 비즈니스는 초기 기획단계에서부터 이러한 인식의 바탕에서 준비할 필요가 있다. 그리고 시장에서 성공하는 문화콘텐츠는 대개 5~10년 정도 기획을 해온 프로젝트일 가능성이 높다.

OSMU 전략 기획을 통해 기업의 부가가치 역시 극대화할 수 있다. 콘텐츠의 OSMU 전략 기획을 탄탄히함으로써 시장 리스크를 관리할 수 있다.

OSMU란 이미 특정 시장에서 성공한 소스를 활용하여 상품을 개발하여 판매 또는 서비스함으로써 원소스의 성공과 같은 성공을 거두고자 하는 시도이다. OSMU는 만화, 애니메이션, 게임, 영화, 드라마, 영상, 모바일 등에 이르는 다양한 장르의 캐릭터와 프로퍼티의 적용과 응용을 통하여 진행된다.

예컨대, 만화캐릭터의 성공을 다른 장르에 적용해 나가면서 사업적 성공과 수익을 창출하는 비즈니스 행위는 문화콘텐츠 비즈니스의 일반적이고도

통상적인 비즈니스 방식이다. 원소스의 발굴, 여기에서 원소스는 일반적으로 성공한 원작을 의미하나, 더 나아가 성공한 원작의 토대가 되는 신화와 철학에 기반한 스토리 구조로 봄이 타당하다.

문화콘텐츠의 멀티 유즈 전략 계획의 수립, 계획 역시 콘텐츠 프로젝트의 기획단계에서 함께 고려하는 것이 핵심이다. 아울러 지적재산권 관리와 라이선싱 전략의 수립, 역시 기획 단계에서 계획을 수립하는 것이 중요하다. 그리고 마켓 채널과 플랫폼의 구축, 시장에서의 고객관리 전략이 함께 고려되어야 한다. 문화콘텐츠 OSMU 만화, 게임 등의 원소스의 성공으로 1,500만 이상의 로열 고객과 시장이 형성되었을 경우 멀티 유즈의 전략 실행의 환경과 조건이 된다.

물론 멀티 유즈의 프로젝트 기획 및 개발 과정에서도 단계별 시장 특성과 전문가의 역량이 십분 고려되어야 한다. 그럼에도 이 단계에서 실패하는 경우 적지 않다. 이는 원소스의 성공의 확대와 멀티 유즈의 수익모델의 확대가 트레이드오프 관계가 될 리스크가 존재하기 때문이다. 따라서 이를 효과적으로 해소하고 극복해야 한다.

문화콘텐츠 OSMU를 통해 콘텐츠의 유통채널의 확장으로 일정 수익모델이 확대되며, 이에 따른 다양하고 창의적인 상품 머천다이징 전략이 수반됨으로써 투자 수익을 극대화할 수 있다. 철저한 선택과 집중 관리 전략, 효율적인 라이선싱 전략, 밸류 체인의 파트너십의 프로젝트 관리가 전략의 핵심이다.

문화콘텐츠 OSMU가 시장에서 성공적으로 연착륙되는 일은 문화콘텐츠 비즈니스 성공의 관건이 된다. 이는 콘텐츠 크리에이터, 창조기업과 전문가들의 로열티 수입의 지속적인 증대를 의미한다. 또한 이는 문화콘텐츠 라이선싱과 머천다이징 시장의 확대, 연관 산업의 발전으로 중소기업 성장, 일자리 확대, 지역 경제활성화 등 클러스터 기반의 경제 효과를 극대화 할 수 있다. 이는 도시 마케팅, 국가 마케팅 전략으로써 문화콘텐츠 비즈니스 전략을 채택하는 이유이다.

2. 문화콘텐츠 OSMU와 마켓 채널

문화콘텐츠 OSMU 마켓 채널은 문화콘텐츠 OSMU 전략 성공의 기본 시장 환경이라 할 수 있다.

문화콘텐츠의 OSMU 성공 조건인 양질의 콘텐츠의 창출을 위해서는 우선적으로 기본적인 세계관과 스토리텔링, 디자인이 중요하다. 마켓 채널은 잘 짜여진 세계관과 재미가 있어 몰입도를 증대시키며 양질의 콘텐츠를 통해 시장에서 다양하게 가치를 창출시키는 일종의 파이프라인이라 하겠다.

마켓 채널은 가치사슬 네트워크이다. 콘텐츠 가치사슬 생태계에서의 CC, CP, MCP, ISP 등의 가치사슬이며 방송 콘텐츠의 가치사슬인 PP, SO, MSO 등을 기본 플랫폼으로 하여 마켓 채널이 전개 된다.

문화콘텐츠의 OSMU는 마켓 채널을 중심으로 윈도우, 홀드백 시스템, 티어(TIER) 등의 용어로 쓰이기도 하며 각 국가마다 관행적으로 사용하는 용어가 다를 수 있다.

기본적인 문화콘텐츠OSMU 멀티윈도우 유통 구조는 출판, 만화, 캐릭터, 애니메이션, 게임, 방송, 영화, 비디오, 모바일, 음반, 테마파크, DMB, 유비쿼터스 등이다.

미디어 환경의 융합화를 통한 다양한 문화콘텐츠 서비스의 창출 역시 멀티윈도우 유통 구조의 다변화로 보는 관점이 타당하다.

문화콘텐츠 OSMU 멀티윈도우 유통 구조의 체계적 관리를 통해 수익을 창출하기 위해서는 지적재산권 라이선싱 관리 등이 유통 환경과 타겟 고객, 시장이 함께 고려되어야 한다.

또한 문화콘텐츠 OSMU 유통 단계별 관리 규칙 및 규정, 지역별·분야별 표준 계약서 및 프로젝트 관리 매뉴얼이 정립되어야 한다.

문화콘텐츠 OSMU 마켓 채널은 온라인과 오프라인, 글로벌 미디어 채널 네트워크, 모바일 서비스 채널 등을 망라한다. 문화콘텐츠 OSMU의 원소스는 일반적으로 출판, 특히 만화에서 비롯되는데 이는 원작의 세계관과 스토리 구조가 문화콘텐츠 OSMU의 성공 전략의 제1의 요체가 되기 때문이다. 일본의 경우 닌텐도의 〈포켓몬스터〉, 디라이츠의 〈베이블레이드〉[16] 등이 대표작이라 하겠다.

현재 성공한 온라인게임의 경우 원작 만화를 게임으로 개발, 서비스한 사례도 적지 않다. 넥슨의 〈바람의 나라〉, 〈메이플스토리〉, NC소프트의 〈리니지〉, 그라비티의 〈라그나로크〉 등이 그 예이다. 한국 시장에서는 온라인게임이 문화콘텐츠 OSMU 마켓채널의 플랫폼이 될 수 있다는 가능성과 실례를 보여 주었다

디지털 환경의 급격한 변화로 인하여 기회를 잡아 문화콘텐츠 OSMU 전략을 통해 글로벌 시장에서 성공한 게임 기업도 출현하였지만, 급속히 쇠퇴를 경험한 산업분야도 있다.

음악 산업의 경우 오프라인 숍의 전국적인 급속한 쇠퇴로 어려움을 겪었으며 한류의 직접적인 배경이 되기도 하였다. 영화 산업의 경우도 비디오 숍 붕괴로 마켓 채널 홀드백 시스템의 심각한 타격을 받아 산업 전체의 심

---

16 한국에서는 〈탑블레이드〉로 유명하며 한국의 (주)손오공이 애니메이션 개발 파트너로 본 프로젝트가 성공하여 상장 기업으로 성장하였다.

대한 위축을 경험하고 있다. 한편 문화콘텐츠로 OSMU 기획을 기업브랜드 마케팅 전략에 적용하여 성공한 사례가 나타나고 있는데, 예를 들면 삼성 애니콜 브랜드가 영화 〈매트릭스〉의 PPL 광고전략을 적용하여 글로벌 브랜드로 도약하는데 큰 기여를 하기도 하였다. 이렇게 디지털 환경의 변화로 인한 대응은 역시 결국 문화콘텐츠 OSMU의 창조적 기획과 마켓 채널의 창조라 하겠다.

창조경제 시대 패러다임에 부합하는 시장 메커니즘을 인식하고 글로벌 시장 환경과 융합 미디어 환경의 특성을 잘 살리고, 특히 롱테일 마켓, 프로슈머 마켓의 특성을 살린 새로운 문화콘텐츠 OSMU 마켓 채널에서 창조적 대안을 찾을 수 있을 것이다.

영화산업의 경우, 1천만 관객 동원이 가능했던 것도 디지털 융합 시대에서이며, 지상파의 다시보기 채널과 UCC 동영상 서비스 환경도 새로운 OSMU 마켓 채널의 기회로 삼아야 하겠다.

문화콘텐츠 OSMU 전략은 유수의 기업이 브랜드 마케팅 전략으로 초기 기획단계에서 참여하는 것이 바람직하며 글로벌 마켓 채널을 구축하는 것이 매우 중요하다. 문화콘텐츠 OSMU 전략 기획의 요체는 로컬 시장이 아닌 글로벌 메인 시장까지 기획 단계에서부터 고려해야 한다. 특히 미주 시장에서의 성공은 문화콘텐츠 OSMU 전략 기획이 글로벌 시장에서의 성공을 의미한다. 따라서 문화콘텐츠 OSMU 마켓채널은 글로벌 시장에서의 마켓 채널 및 플랫폼을 의미하는 것이어야 한다.

3. 문화콘텐츠 OSMU 사례

1) 포켓몬스터[17]

1996년 2월 27일에 발매된 〈포켓몬스터 적·녹〉은 일본에서 초등학생들이 소문을 퍼뜨린 것이 유행의 시작이었다. 〈포켓몬스터〉는 타 기종을 포함해 수많은 속편, 관련 게임, 관련 제품이 발매되며 2004년 여름까지 동 타이틀로 제작된 게임이 1억 1천만장이나 팔렸다(주식회사 포켓몬의 발표).

1997년 4월 1일에 TV 도쿄 계열 방송국에서 애니메이션화되어 주인공인 사토시(지우)와 그 친구들 및 포켓몬스터들의 모험 이야기로 대호평을 받게 된다. 1997년 12월 16일 방송된 제38화 〈전뇌전사 폴리곤〉편에서 약 3초가량 강렬한 빛이 화면을 가득 뒤덮었고, 일본 전역에서 〈포켓몬스터〉를 시청하던 어린이들이 집단 발작을 일으키는 사고가 발생해 방송이 일시 중단되었다. 그후 방송이 재개된 것은 1998년 4월 15일부터였다. 이후 시리즈는 속속 발표되었으며, 극장판 애니메이션도 제작된다.

애니메이션 콘텐츠가 충분해 질 무렵, 미국을 시작으로 세계 각국에서 'Pokémon' 명칭으로 진출하며 게임과 애니메이션 양쪽에서 호조를 보였다. 미디어 믹스 및 국제적으로 통용되는 캐릭터 전략의 성공사례로서 일본 케이자이 신문에 소개되어 주목을 받았다.

---

17 〈포켓몬스터〉(일본어: ポケットモンスター(포켓토몬스타), Pokémon) 또는 그 줄임말인 포켓몬, 포케몬(일본어: ポケモン, Pokémon)은 닌텐도에서 제작한 롤플레잉 게임과 그 게임을 바탕으로 제작된 애니메이션을 통칭하는 말이다(로마자로는 Pocket Monster가 아니라 Pokémon이 일반적이다).

현재 〈포켓몬스터〉의 발매원은 주식회사 포켓몬이며, 1998년에 세워진 '포켓몬센터 주식회사'가 그 전신이다. 원래는 〈포켓몬스터〉의 캐릭터 사업을 진행하던 회사였으나, 2000년에 사명을 바꾸며 게임 관련사업에도 진출했다. 2008년 6월 26일에, 성인층을 겨냥한 포켓몬 의류 브랜드인 'Pokémon 151' 브랜드가 새로 생겼다.

롤플레잉 게임으로서의 〈포켓몬스터〉는 '포켓몬'이라는 신기한 생물과 인간이 함께 살아가는 세계에서 몬스터를 잡아, 파트너로서 상대 트레이너의 몬스터와 맞서 싸우며 여러 이벤트를 거쳐 마지막으로 세계 최강자 및 주인공의 라이벌을 쓰러뜨리는 것이 목표인 게임이다. 그러나 엔딩 이후에 갈 수 있는 곳이 늘어난다거나, 일반적인 경우 엔딩을 거쳐야 모든 몬스터를 모을 수 있게 되는 구조로 시스템이 짜여 있어 사실상 게임 플레이로써의 목표는 엔딩이 아닌 셈이다. 이 경우, 전 시리즈에서 초반에 만나는 '포켓몬 박사'에게서 받게 되는 '포켓몬 도감'의 완성이 플레이어의 목표가 된다.

첫 작품인 〈포켓몬스터 적·녹(赤/綠)〉 발매 당시, 게임보이용 소프트 중 통신 케이블을 사용한 게임은 대전 액션 이외에는 거의 없었기에, 대전(포켓몬 배틀) 말고도 몬스터의 교환을 적극적으로 제안하는 '교환 시에만 진화하는 포켓몬', '타 버전에서만 잡을 수 있는 포켓몬' 등은 수많은 초등학생이 친구와 함께 게임을 시작하게 되는 계기를 낳았다. 성도지방, 관동지방, 호연지방, 신오지방 중 한 지방이 그 게임의 지방이다.

닌텐도의 게임용 콘텐츠로 시작한 〈포켓몬스터〉는 만화잡지 연재, 애니메이션, 장난감 등 다양한 상품으로 현재까지도 인기를 끌고 있는 대표적인 OSMU 성공사례이다. 〈포켓몬스터〉의 게임 개발원은 게임 프리크, 타지리 사토시가 컨셉메이커이자 디렉터이며, 사장이기도 하다. 2003년 일본 경제산업성 콘텐츠 산업 전략연구회의 자료에 따르면 〈포켓몬스터〉의 경제 파급효과는 2조 3,000억 엔(약 24조 원)에 이른다고 한다.

전 세계 68개국에 수출한 애니메이션에서 포케몬으로 비행기의 외장과 내부를 장식하고 하늘을 나는 포켓몬 제트(ANA항공), 대규모 포켓몬 축제까지 〈포켓몬스터〉 관련 상품은 이루 말할 수 없을 정도로 많다. 현재 세계적으로 포켓몬의 인기는 여전히 계속되고 있다. 특히 처음 51종으로 시작한 캐릭터는 현재 251종을 넘어 앞으로도 계속 나올 예정이어서, 이야기의 끝이 어디인지, 그리고 인기가 언제까지 갈 것인지는 누구도 예측할 수 없는 상황이다.

〈포켓몬스터〉 사업이 이렇게 세계적인 대규모 사업으로 확장된 것은 〈포켓몬스터〉 자체의 매력과 함께 이 사업에 참여한 사람들의 뛰어난 팀웍이 있었기에 가능하다. 〈포켓몬스터〉 관련 상품의 기획은 게임 원작자 그룹인 게임 프리크와 크리처스, 닌텐도와 판권 관리와 사업 전체의 매니지먼트를 담당하는 쇼가쿠간 프로덕션의 판권회의에서 최종결정되었다.

국내에서 방영된 〈포켓몬스터〉 캐릭터들이 불릴 이름을 정하는 데도 거의 1년의 시간이 소비되었다는 것에서 알려져 있듯이 이 판권회의는 매우 엄격하다. 포켓몬을 세계적으로 육성하기 위한 의지와 철저한 고집에서 비롯된 성과이다. 관련 상품과 라이선스의 엄정한 관리, 가장 효과적으로 미디어 전개를 할 수 있는 파트너사의 선정과 각 사업자들의 뛰어난 팀웍이 있었다.

능력있는 프로듀서의 각 사업에 대한 효율적인 관리와 조정이 〈포켓몬스터〉가 가지고 있는 매력을 한껏 끌어내고 다듬는 가운데 세계적인 대히트작을 만들어낸 원동력이 된 것으로 보인다.

2) 메이플스토리

위젯 넥슨 제작·배급으로 지난 2003년 4월 정식 서비스를 시작한 〈메이플스토리〉는 국내 회원수만 1,800만 명을 확보하고 있는 인기 온라인게임으로, 국내뿐 아니라 전 세계 60개국에 진출, 총 9,200만 회원들에게 큰 사랑을 받고 있다((주) 넥슨). 이는 그동안 선진국이 주도해온 OSMU 방식과는 다르게 우리는 온라인게임을 플랫폼으로 하는 OSMU 시장 구도로 발전하고 있는 점을 주목하게 된다.

위젯에서 개발하고 넥슨에서 서비스 하고 있는 〈메이플스토리〉와 같은 온라인게임의 경우 초등학생을 주요 대상으로 한다. 회원이 1천만 명이 넘고 게임을 즐기면서 캐릭터에 익숙하게 되어 온라인게임을 기반으로 한 OSMU를 전개하고 있는 사례라 하겠다.

넥슨 〈메이플스토리〉

초등학교 문구점을 통한 〈메이플스토리〉의 다양한 문구류 상품들, 크레파스, 필통, 스케치북 등 학용품 문구류 상품을 판매하고, 〈메이플스토리〉 만화, 과학 퀴즈 동화 상품들을 라이선싱 판매하는 형태가 이루어지고 있다. 아이템 판매 및 캐릭터 상품이 진행되면서 월 20억 이상의 매출 성과를 거두고 있다.

〈메이플스토리〉는 문화콘텐츠 OSMU를 효과적으로 전개하여 나갈 것으로 보이는데, OSMU 성공전략의 기반은 넥슨의 계정수 1,500만, 동시 접속자 50만이라는 고객 로열티가 있는 '이용자'라 하겠다. 이는 또한 일본, 중국 등 해외로도 확대 일로에 있다. 그 숫자만으로도 엄청나지만, 넥슨의 게임을 좋아하고, 지속적으로 플레이를 해온 많은 유저들이 충성도와 신뢰도가 높은 유저들이라는 점은 숫자 이상의 의미를 보이고 있다.

즉 이러한 온라인게임의 특성상 고객을 지속적으로 붙들어 놓는 커뮤니티 기반은 나아가 OSMU 성공 전략의 기반이 되고 있다는 점에서 더욱 주목할 필요가 있다. 이렇게 게임의 OSMU 전략은 게임 산업의 수익모델을 다각화하는 데에도 크게 기여하게될 뿐만 아니라 게임의 OSMU 전략의 성공이 전체 산업의 생태계에 미치는 순기능도 적지 않다.

3) 라그나로크

게임한류를 대표하는 장수게임 〈라그나로크온라인〉 역시 이명진의 판타지 만화 『라그나로크』를 바탕으로 제작된 게임이다. 〈라그나로크온라인〉은 원작의 세계관을 구현하기 위해 방대한 구조의 배경을 게임 속에 그리고 있다.

그라비티의 〈라그나로크〉는 우수한 만화 원작을 활용하여 개발한 온라인게임에서의 해외 성공을 기반으로 애니메이션으로 개발되어 일본에서 방영, 온라인게임과 함께 많은 인기를 끌게 되었다. 말레이시아, 인도네시아, 필리핀 등 아시아 등지로 애니메이션 방영 국가가 확대되면서 캐릭터 라이선스 시장이 글로벌화되는 형식을 띠고 있다. 또한 모바일 서비스 등 유무선 통합 기술의 진화로 모바일 서비스를 OSMU로 동시에 진행하면서 수익을 창출하는 형태도 일반화되고 있다.

그라비티의 경우 'TGS 동경 게임쇼 2004'에서 '라그나로크 모바일', '라

업데이트한 라그라로크 온라인 자료

그나로크 디 애니메이션', '캐릭터 샵' 등의 원소스 멀티 유즈를 선보인 바 있다. 그리고 〈라그나로크 디 애니메이션〉이 2004년 4월 7일부터 일본 TV 도쿄를 통해 방영되면서 〈라그나로크〉 온라인게임 및 모바일 분야와 시너지 효과를 내면서 캐릭터 샵에서의 매출 증대를 기대하는 전략을 글로벌 시장에서 단계적으로 펼쳐가는 형식은 OSMU 전략의 매우 모범적인 사례라 하겠다.

특히 애니메이션 강국인 일본에서 〈라그나로크〉 애니메이션이 같은 시간대에 편성된 수십 편의 일본 애니메이션을 제치고 높은 시청률을 기록, 일본 방송계의 큰 이슈로 떠오른 것은 매우 의미있고 시사적인 일이라 하겠으며 그동안 일본의 애니메이션 OEM 하청을 하고 일본의 애니메이션 작품을 수입하여 극장에서 방영하는 형식을 취해온 기존 한국 애니메이션 산업의 구조와는 다른 커다란 의미를 남겼다고 하겠다.

일본에서의 게임의 성공에 이은 애니메이션의 성공적 방영, 그리고 모바일 서비스의 반향은 〈라그나로크〉의 OSMU의 성공적인 추진 모델의 성과로써 일본 시장 및 해외 시장에서의 캐릭터 샵의 성공을 기약하게 되었다.

게임업계 한 관계자는 "만화와 온라인게임이라는 두 가지 콘텐츠의 조합은 원작 만화를 접한 사용자들이 원작 만화에서 느꼈던 감동을 온라인에서 온전히 느낄 수 있을 때에 그 진정한 가치를 인정받게 된다"라며 "이를 위해선 원작 만화의 정확한 분석과 함께 사용자 성향에 대한 충분한 조사가 이루어져야 한다는 것을 명심해야 한다"고 조언했다.

4. 문화콘텐츠 OSMU 기획

1) 문화콘텐츠 원작의 참신성과 우수함

문화콘텐츠 OSMU 기획에서 먼저 중요하게 짚어야 할 것은 원작의 우수함이다. 필자가 지난 1990년대 후반 민간 차원에서 수행한 콘텐츠 창조지식랠리도 주요 테마는 문화콘텐츠 비즈니스 OSMU 전략 사례 등이었다.

당시 테헤란벨리에서 현장 중심의 콘텐츠 지식체계의 확립을 위한 콘텐츠 관련 포럼 및 세미나의 활동은 예컨대, 해리 포터의 서사구조를 분석하는 행사의 경우 문화콘텐츠의 성공 사례로써 원작의 중요성을 강조한 지식컨퍼런스 행사로서 의의가 있다 하겠다.

문화콘텐츠 원작의 참신성과 우수성의 핵심 조건은 창조적 상상력에 기반한 세계관일 것이다. 그리고 그 우수한 세계관에 기초한 이야기 구성력이라 하겠다. 양질의 콘텐츠를 담보하는 핵심 기능은 탄탄한 이야기 구성력과 이를 통한 재미와 몰입의 즐거움이다. 인류의 보편성에 기초하고 감성에 호소하며 전통문화의 원형성에 기초한 콘텐츠의 스토리와 캐릭터의 디자인 크리에이티브가 문화콘텐츠 원작과 더불어 OSMU 기획의 핵심 전략이 된다.

문화콘텐츠 OSMU는 만화 원작의 드라마, 게임, 영화로의 제작이 일반적인 프로세스이다. 하지만 모든 작품이 OSMU로 성공가능성을 담보하지는 못한다. 문화콘텐츠의 OSMU의 성공 기획을 위해서는 원작과 OSMU 프로세스에서 이를 구현해 나가는 관계 네트워크의 핵심 역량이 중요하다.

OSMU를 구현하는 콘텐츠 산업 생태계와 가치사슬에서의 최상의 파트너십이 콘텐츠의 핵심 가치 요소를 인식하고 지역의 문화정체성, 상징적 의미를 함께 통찰하고 이를 비즈니스 프로세스에 구현해내는 과정이 중요하다. 나아가 문화코드와 법칙을 이해하고 글로벌 문화전략 기획 역량의 축적을 필요로 한다. 콘텐츠 창출 전략의 핵심이라 할 정보 가치와 엔터테인먼트 가치의 조화는 인류 보편적 감동과 재미 가치, 지식 가치를 제공하는 데서부터 출발한다.

우리의 경우 문화콘텐츠 OSMU 성공 사례가 주로 만화원작의 온라인게임 개발에서 성공 가능성이 검증되어 왔다. 한국의 온라인게임은 사실상 양질의 만화원작을 기반으로 하여 출발하였다고 해도 과언이 아니다. 세계 최초의 그래픽 온라인게임 〈바람의 나라〉의 경우 동명 만화인 김진『작가의 바람』의 나라를 기반으로 하여 개발된 게임이다.

만화를 원작으로 한 게임 중 온라인게임 순위에서 상위권을 차지한 대표적인 게임은 〈리니지〉를 꼽을 수 있다. NC소프트를 오늘날 대한민국을 대표하는 세계적인 온라인게임 개발 회사로 자리매김하는데 결정적인 역할을 한 대표작 〈리니지〉는 여류 만화가 신일숙의 원작 만화『리니지』를 토대로 하여 개발한 게임이다.

게임한류를 대표하는 장수게임 〈라그나로크 온 라인〉 역시 이명진의 판타지 만화『라그나로크』를 바탕으로 제작된 게임이다. 〈라그나로크 온라인〉은 원작의 세계관을 구현하기 위해 방대한 구조의 배경을 게임 속에 그리고 있다.

〈열혈강호 온라인〉 역시 국내 만화잡지『영챔프』를 통해 10년이 넘게 연재됐던 동명의 인기 무협만화『열혈강호』(전극진·양재현)를 원작으로 탄생했다.

엔씨소프트의 〈리니지〉(상). 〈열혈강호 온라인〉(하)

2) 콘텐츠 크리에이티브 기획 역량 강화

　문화콘텐츠 OSMU 기획에서 원작의 중요성과 더불어 함께 중요한 것은 크리에이티브 인사이트 역량이라 하겠다.

　우리 사회가 콘텐츠의 중요성과 가치를 본격적으로 인식하기 시작한 것은 지난 2002년 한·일 월드컵 전후부터 일 것이다. 2002년경 국내에서 제작 방영된 윤석호 연출, 배용준 주연의 방송 드라마 〈겨울연가〉가 일본 NHK에 방영되고 본격적인 한류열풍이 불기 시작하면서 콘텐츠 산업의 성장 가능성을 더욱 실감을 하게 되었다.

　그런데 그럼에도 〈겨울연가〉의 경제 효과와 산업의 전후방 효과에 대해서 우리 경제가 충분히 거두어 왔는가에 대해서는 이견이 있어 왔다. 오히려 일본이 〈겨울연가〉의 경제 효과의 대부분을 흡수해 갔다고 보는 것이 타당할 것이다. 그리고 그 원인은 바로 문화콘텐츠 OSMU 기획 역량의 미흡에 비롯되었다고 보는 게 타당할 것이다.

　무엇보다 문화콘텐츠에 대한 우리 사회의 의의와 핵심 가치는 디지털 경제라는 새로운 패러다임에 지혜롭게 적응하도록 하는 지식체계로서의 의의와 함께 바로 크리에이티브 인사이트 역량의 중요성과 비즈니스 전략의 중요성을 설파한 것일 것이다.

　지난 2000년 이전만 해도 우리의 콘텐츠 산업은 해외에 내세울만한 게 거의 없다시피 하였다고 보는 게 맞을 것이다. 크리에이티브 기획 역량이 중요한지 조차도 인식하지 못하였으며 주로 제작에 치중하고, OEM 하청 생산에 젖어 있었다.

　이러한 시대 상황에서 조앤 K. 롤링의 『해리 포터』 시리즈 등의 출현은 문화콘텐츠 OSMU 기획의 중요성의 인식, 콘텐츠 창조지식체계를 확립하는 데 많은 참고가 되었다. 당시 플래시 애니메이션으로 제작한 엽기토끼 캐릭터 〈마시마로〉의 등장도 큰 의미를 부여할 수 있는 계기가 됐다. 〈마시마로〉는 1분 30초짜리 7편으로 온라인 디지털콘텐츠의 위력을 발휘하여 국내 및 전 세계에 선풍적 인기를 불러일으킨 바 있다. 이는 그 이전의 미키마우스, 포켓몬스터 등 외국산 캐릭터들이 전국 초등학교 문구점을 장악해 온 캐릭터 시장을 토종 캐릭터가 분점하고, 한국의 디지털콘텐츠가 해외 라이선스 형태로 수출이 시작되는 전환점이 됐다.

문화콘텐츠 OSMU 기획 기능의 강화에는 합리적인 제작 시스템의 모델 창출이 중요하다. 콘텐츠의 핵심 가치 요소는 이미지, 브랜드, 캐릭터, 스토리, 디자인, 사운드 등이며 양질의 콘텐츠 창출 전략은 바로 이러한 콘텐츠 크리에이티브 융합 기술의 미학이라 하겠으며 콘텐츠 OSMU 전략의 실현에 달려 있다. 양질의 콘텐츠 창출 전략은 이러한 콘텐츠 크리에이티브 융합 기술의 핵심 가치 요소 외에 또한 플랫폼 미디어 기반의 콘텐츠 창출 전략을 수반한다.

3) 문화 거버넌스 콘텐츠 산업 클러스터 체계

지역은 저마다의 지역 특성과 역사적 배경과 뿌리가 있다. 그 배경과 뿌리는 사실 눈에 잘 보이지 않는다. 그렇지만 수백 년을 내려오면서 축적된 문화적 자산과 지역의 정신적 가치는 분명히 존재하고 있는 것이다. 지역의 뿌리와 정신은 사실 면면히 내려온 핵심 자원이며 지식 창조 시대에도 역시 핵심 문화적 가치로, 상징적 의미로 발현되고 재창조될 가능성이 적지 않다.

따라서 이러한 이미 존재하여 온 지역의 소중한 문화자산에 대해 보다 면밀한 연구와 분석을 통해 데이터를 축적해 나가고 이를 지역의 핵심 문화자원으로 창조적이고도 생산적으로 활용하고자 하는 전략적 노력을 기울여야 할 때이다.

지역의 소중한 우리 문화유산과 문화콘텐츠 자원에 대한 면밀한 분석과 조사, 심층적 연구 노력은 아무리 강조해도 지나치지 않다. 이는 콘텐츠의 핵심 가치 요소를 인식하고 지역의 문화정체성, 상징적 의미를 통찰하는 과정을 기본으로 한다. 문화코드와 법칙을 이해하고 글로벌 문화전략 기획 역량 축적을 필요로 한다. 콘텐츠 창출 전략의 핵심이라 할 정보 가치와 엔터테인먼트 가치의 조화는 인류 보편적 감동과 재미 가치, 지식 가치를 제공하는 데서부터 출발한다.

그리고 보다 창조적인 문화콘텐츠 클러스터 정책의 추진체계와 전략이 미흡하다는 점을 지적하지 않을 수 없다. 특히 디지털 시대의 지역 문화 정책은 민관 협력을 기본으로 하는 자발성과 창발성을 이끌어내기 위해서는 문화 거버넌스, 문화 생태계, 문화 네트워크, 문화 커뮤니티, 문화 클러스터라는 정책 파이프라인 구축 원칙이 수반되어야 한다.

나아가 지역 문화콘텐츠 산업이 활성화되고 융성하기 위해서는 창조적인 콘텐츠 클러스터 구축 노력이 반드시 수반되어야 한다. 지역의 창조적인 콘텐츠 클러스터 확립의 원칙은 지역의 특성에 부합하는 콘텐츠 창조섹터를 확립하여 먼저 자리잡도록 하고 이를 중심으로 콘텐츠 크리에이티브 가치 사슬 네트워크가 생태계의 선 순환 구조를 이루어 나가도록 하는 것이다.

콘텐츠 창조섹터는 콘텐츠 코어 클러스터와 벨류 체인 장르별 연관 클러스터 생태계로 구성되어 있다. 콘텐츠 코어 클러스터는 기초예술, 문화예술, 전통예술, 디자인, 연극, 뮤지컬, 공연, 춤, 음악, 창작, 박물관, 미술관 등 본질적 가치를 제공하며 인류문화의 삶의 지혜, 방법론, 인식의 틀, 통찰력 등 창조의 본원적 지식 가치를 제공한다.

콘텐츠 연관 클러스터는 미디어 산업을 중심으로 하는 영화, 게임, 영상, TV, 애니메이션 출판, 모바일, 관광, 광고, 음반 등 엔터테인먼트 연관 산업으로 문화의 향유, 소비적 가치, 삶의 즐거움과 교류 등 문화 향유 가치를 제공한다.

그리고 지역의 창조적인 콘텐츠 클러스터 정립의 중요한 원칙은 이러한 일반론을 모두가 전체적으로 답습하여 나가는 게 아닌 지역의 특성에 맞는 실사구시적이고도 창조적인 콘텐츠 클러스터 전략이 R & D 기능의 강화, 교육, 금융, 유통, NGO 네트워크 인프라의 확충과 함께 이루어지도록 함과 동시에 지역 간 시너지와 연관 구조를 통찰해내야 한다.

그리고 이를 통해 지역을 대표하는 캐릭터의 창출, 창조적인 아이템과 콘텐츠 프로젝트의 창출, 학제 간, 산학 간 협력을 통한 콘텐츠 OSMU 전략 실현, 글로벌 경쟁 환경에 대응하기 위한 콘텐츠 선도기업의 창출을 구체적인 로드맵에 의해 실현해 내야 한다. 이 과정에서 창조적 전문가들을 적극 발굴, 수용해 나가고 지역은 지역에 멈추는 게 아닌 점, 선, 면, 네트워크 기반의 글로컬 포지셔닝, 문화콘텐츠 상품 중심의 콘텐츠 개발 프로세스와 시스템 전략 체계를 확립해나가야 한다.

문화콘텐츠 OSMU 기획은 콘텐츠 파이프라인 전반에 걸쳐 인식을 공유해야 하는 핵심 역량으로 강조되고 있다. 고객과 사용자의 문화소비의 확대, 문화소비력의 증진을 위한 노력과 함께, 시장과 고객이 요구하는 의미 있는 양질의 킬러콘텐츠를 창출하는 역량은 문화콘텐츠 OSMU 전략 역량 기반에서 가능하다 하겠다.

Chapter ❻ 문화콘텐츠 디자인 기획

본 장에서는 디지털 디자인 크리에이티브, 테크놀로지 크리에이티브, 전통 문화콘텐츠 크리에이티브, 문화콘텐츠 디자인 기획을 이야기한다.

문화콘텐츠 디자인은 통합의 디자인 체계라 할 수 있다. 문화콘텐츠의 디자인은 문화콘텐츠 상품 디자인, 서비스 디자인에서부터 공간 디자인, 창조산업 클러스터, 창조도시 디자인 기획에까지 개념이 확장될 수 있다.

문화콘텐츠 디자인의 구조는 문화콘텐츠 룩앤필 디자인에서 문화콘텐츠 상품디자인, 캐릭터 디자인, 공공 디자인, 문화상품 디자인을 들 수 있을 것이다.

문화콘텐츠 디자인 크리에이티브는 디지털 크리에이티브 기반에서 인문학, IT, 미디어, 아트, 창조경영의 5대 심층 지식 분야를 융합 디자인하며 동서양의 문화 크리에이티브의 창조적 융합을 통한 디자인 크리에이티브의 핵심가치를 창출한다. 나아가 문화콘텐츠 디자인은 창조산업 클러스터 디자인 체계와 창조도시 디자인 체계를 연계한다.

1. 디지털 디자인 크리에이티브

1) 디자인 크리에이티브

디지털 환경에서의 디자인 크리에이티브는 문화콘텐츠 지식체계의 구성과 디자인 클러스터 체계에서 가장 성장하고 있는 영역이다. 이는 인터넷 브로드밴드의 발전으로 빠르게 성장한 문화콘텐츠 산업의 중요한 원천이라 하겠다. 콘텐츠의 제작 기술 특히 CG 분야에서 발전이 가장 두드러지게 나타났는데, 특히 지난 10여 년 동안 온라인게임 개발 등 수많은 문화콘텐츠 프로젝트 제작을 현장에서부터 경험하면서 축적된 역량이라 하겠다.

문화콘텐츠 디자인 크리에이티브는 문화콘텐츠 상품 디자인과 온라인과 오프라인 융합 환경, 전통문화와 IT의 융합 환경에서의 문화콘텐츠 디자인, 테크놀로지 크리에이티브와의 지식체계를 통합하고, 클러스터 체계, 창조도시 디자인 영역에 이르기까지 영향을 미친다.

문화콘텐츠 전략 기획에서 디지털 디자인 크리에이티브 기획은 콘텐츠의 질적 고도화 과정에서 필수적으로 고려해야 할 프로세스이다. 디자인 크리에이티브는 캐릭터, 브랜드, 웹, 영상, 드라마, 게임, 광고, 애니메이션 등 광범위한 분야에서 적용되고 있다.

1분 30초 짜리 디지털 애니메이션으로 선풍적인 인기를 모았던 캐릭터 〈마시마로〉는 초기 디지털 디자인 크리에이티브의 대표적인 성공사례이다. 〈마시마로〉 작가 김재인은 단 7편의 에피소드로 온라인에서 수많은 사

람들에게 재미와 흥미, 몰입감을 주는 촌철살인과 같은 디지털 디자인 크리에이티브를 발휘하였다. 이러한 크리에이티브를 기반으로 (주)씨엘코 엔터테인먼트는 〈마시마로〉 캐릭터를 캐릭터 종주국이라 할 일본, 미국 등을 비롯하여 중국 등 전 세계에 수출, 1,500억 이상의 시장을 창출하였다. 한편 디지털 디자인 크리에이티브에는 우리나라가 빠른 콘텐츠 제작기술과 온라인 커뮤니티 기반에서의 사용자의 요구사항을 즉시적으로 대응할 수 있도록 역량과 데이터가 축적되고 있다. 이러한 현상은 드라마, 온라인게임 등 콘텐츠 전 분야에서 콘텐츠 제작 역량 고도화로 나타나고 있다.

2) 디지털융합과 콘텐츠 크리에이터

디지털 융합은 광대역 통신망 기반과 유비쿼터스 사회가 되면서 더욱 촉진이 가속화되고 있다. 디지털 융합이 창조해내는 다양한 서비스와 기술, 상품은 콘텐츠 비즈니스의 형태로 온라인과 오프라인에서 소비자와 소통한다. 그리고 소비자는 생산자가 되어 콘텐츠를 가공하고 재생산, 재창조한다. 여기에도 디자인 크리에이티브의 힘이 발휘된다.

지식 창조 시대는 개인의 창의성이 디지털융합 환경에서 디자인 크리에이티브와 결합하면서 콘텐츠 크리에이터로서 경쟁력을 고도화한다. 콘텐츠 크리에이터는 디지털 융합 시대, 시장에서 보다 차별화된 서비스, 기술, 프로젝트, 상품 등을 창출하고 통합하며, 융합하고 디자인한다. 즉, 디지털융합 환경에서 필요로 하는 직무능력은 디자인 크리에이티브 역량을 갖춘 콘텐츠 크리에이터이다.

콘텐츠 크리에이터의 전문 직업으로서는 작가, 만화가, 애니메이터, 게임 디자이너, 영상저널리스트, 스토리텔러, 문화기획자, 문화마케터, 영화감독, 게임 프로듀서, 캐릭터 디자이너, 창조도시 개발 기획자, 문화기업 CEO 및 임원, 문화콘텐츠 기획가, 디지털 정책가, 지역 문화 클러스트 전략 기획가, 문화콘텐츠 프로듀서, 콘텐츠 코디네이터 등이 있다.

이들은 글로벌 시장에서 지식커뮤니티와 학제적으로 네트워크를 구축하며 지식을 창출하고 나아가 킬러콘텐츠를 프로젝트 중심으로 기획하고 만들어 간다. 이들은 현장에서의 지식과 경험을 축적하며, 역량을 개발하고 고도화하고 킬러콘텐츠 크리에이터로서 부가가치를 창출하게 된다.

콘텐츠 크리에이터가 창출해 가고자 하는 목표는 진정 차별화된 킬러콘텐츠 창출로서 미디어와 결합된 엔터테인먼트, 에듀테인먼트, 인포테인먼트 콘텐츠 서비스, 상품, 지식정보이다. 21세기 디지털 신경제 시대는 '인문학, 미디어, 아트+테크놀로지+디지털 크리에이티브'의 디지털 융합이 창조하는 '콘텐츠 크리에이티브'가 중심이 되는 시대이다.

또한 디지털 융합은 프로슈머 경계를 촉진한다. 소비자는 생비자가 되어 콘텐츠를 가공하고 재생산, 재창조하는 UCC 시대가 본격화 되고 있다. 지식 창조 시대는 개인의 창의성이 경쟁력을 좌우하고 콘텐츠 크리에이터의 크리에이티비티를 창출하고 가치를 창출하고 극대화하는 일은 우리 모두의 생존 전략이 되었다. 이제 모든 개인, 기업, 도시, 국가는 국경 없는 무한 경쟁시대에 직면하였다. 콘텐츠 크리에이터가 중심이 되는 콘텐츠 산업구조로의 재편은 콘텐츠 크리에이티브 밸류 체인의 선 순환을 창출하며 우리 경제 선진화를 이끄는 핵심 전략이 될 것이다.

콘텐츠 크리에이터가 고객과 함께 만들어 가고자 하는 목표와 비전은 진정한 차별화된 킬러콘텐츠를 창출하고 글로벌 시장에서의 브랜드 가치를 창출하는 일이다.

2. 디지털 테크놀로지 크리에이티브

1) 테크놀로지 크리에이티브

애플의 창립자 스티브 잡스는 신제품 발표회에 나와 멋진 제품을 창조하는 일에 관한 이야기를 할 때 감성적인 언어를 구사한다. 이러한 감각적인 언어는 디자인에 관련된 내용으로 수용하기 쉽다. 하지만 그 내면 깊숙한 곳에는 테크놀로지 크리에이티브의 인사이트가 내재되어 있다. 테크놀로지 크리에이티브는 다년간의 IT 정보기술 분야에서의 경험위에 다학제 간, 이종 간, 하이브리드, 협업 기반의 콘텐츠 지식 네트워크에서 창출된다.

ALL IP 환경으로 거듭 진화하고 있는 디지털 환경은 인터넷과 모바일, 유비쿼터스 미디어 환경에서 끊김없는 서비스를 목표로 한다. 콘텐츠 디자인 크리에이터들은 이러한 감성을 자극하는 감각적인 인사이트가 디자인과 다학제적 콘텐츠 테크놀로지의 융합에서 창출되고 있다는 사실을 간파한다. 이는 창조경제, 감성경제 시대를 여는 기술 패러다임이다.

콘텐츠 테크놀로지는 엔터테인먼트 테크놀로지, 미디어 테크놀로지, 네트워크 테크놀로지로 구성되어 있으며 테크놀로지 크리에이티브 기반위에서 글로벌 디지털콘텐츠 플랫폼 지식 네트워크를 구축하는데 인사이트를 제공한다. 콘텐츠 플랫폼 서비스의 프론트엔드와 백엔드 서비스 시스템의 경쟁력이 융합 환경에서의 IPTV 등 뉴미디어 콘텐츠 서비스의 경쟁력을 고도화 할 것이다.

그리고 네트워크 고도화에 따른 콘텐츠 플랫폼 서비스는 글로벌 시장을 타켓으로 하는 오픈 플랫폼 경쟁 환경에 진입하고 있다. 비즈니스 모델의 진화 역시 테크놀로지 크리에이티브 인사이트에 기반하게 된다.

뉴미디어 플랫폼 기반의 콘텐츠 비즈니스 모델 진화

디지털 기술의 발전과 방통 융합의 가속화로 콘텐츠 산업의 비즈니스 방식이 변화하고 있다. 특히 인터넷 보급과 모바일 확산으로 첫째, 음반산업 및 영화, 비디오·DVD 등 기존산업이 침체될 것으로 예상된다. 불법 다운로드의 증가로 국내 음반시장 규모는 2000년 4,104억 원에서 2005년에는 1,087억 원대까지 추락하였으며, 국내 영화산업 피해액은 2005년 한 해 동안 총 3,199억 원으로 추정된다.

뉴미디어 플랫폼 확대에 따른 콘텐츠 비즈니스 모델은 아날로그 시대의 비즈니스 모델이 아닌 디지털콘텐츠 산업 측면에서 재구성되어야 한다. 참여, 개방, 공유의 웹 2.0과 모바일 2.0은 콘텐츠 산업에 새로운 기회요인으로 등장함에 따라 기업은 미래를 위한 비즈니스 차원에서의 전략적 대응이 필요하다.

이에 미래 비즈니스 진화방향을 예측하여 콘텐츠 산업에 있어서 새로운 글로벌 비즈니스에 대한 수익모델을 개발하고, 소비자 요구에 부합하는 콘텐츠 비즈니스 모델의 블루오션 개척을 통해 수요창출 전략을 모색해야 한다.

복합기능화(MP3, 카메라, 소액결제 등 부가 멀티기능 확대), 방송의 모바일화(DMB), 인터넷의 모바일화(Wibro) 등 모바일 컨버전스에 따라 다기능 네트워크 모바일게임으로 기능과 범위의 확산이 이루어질 것이며, 게임기나 TV의 기능을 결합시킨 홈 네트워크, IPTV 등 플랫폼 간의 융합으로 기존의 유무선 연동게임의 수준을 확대하여 크로스 플랫폼 타이틀(PC 및 비디오게임기 쌍방향 플레이 타이틀) 게임개발이 활성화될 전망이다.

-노준석, 한국콘텐츠진흥원 언론학박사

2) 콘텐츠 테크놀로지 인사이트 체계

글로벌 시장에서의 콘텐츠 플랫폼 서비스가 성공하기 위해서는 콘텐츠 융합 테크놀로지 기반에서의 소프트웨어 역량의 고도화가 선행돼야 한다.

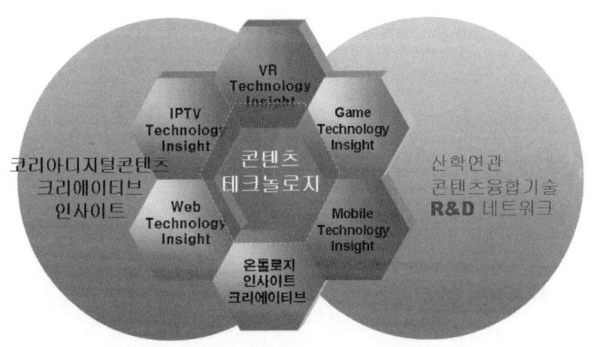

콘텐츠 테크놀로지 인사이트 체계[18]

VR 테크놀로지, 게임 테크놀로지, IPTV 테크놀로지, 웹 테크놀로지, 모바일 테크놀로지 등이 온톨로지 인사이트와의 결합으로 콘텐츠 융합 테크놀로지 크리에이티브가 창출되고, 나아가 디자인 크리에이티브와의 결합으로 비즈니스 환경의 진화를 추구한다는 점을 중요한 원칙으로 하고 있다는 점이다.

테크놀로지 크리에이티브의 중요한 원칙은 서비스 오리엔티드(Oriented), 마케팅 오리엔티드, 크리에이터 오리엔티드, 프로슈머 오리엔티드이다. 그리고 이를 위해 디자인 크리에이티브와 기꺼이 이종교배를 한다.

디지털 환경에서의 테크놀로지 크리에이티브에서 반드시 인식하여야 할

---

18 콘텐츠 테크놀로지에서 중요하게 인식되어야 하는 것은 콘텐츠 아카이빙, 아키텍처 그리고 콘텐츠 데이터 웨어 하우징이다.

점은 경쟁 환경이 기본적으로 글로벌 경쟁 환경이라는 점이다. 그리고 기술 트렌드의 진화와 확산의 속도가 디지털 속도라는 점이다. 나아가 콘텐츠 테크놀로지 서비스 환경은 오픈 플랫폼 환경으로 지속적으로 진화하고 있다는 점이다. 네트워크 기술 환경의 진화는 디지털 융합, 방송통신 뉴미디어 융합 환경으로 나아가면서 매우 복잡해 졌지만, 이에 따른 서비스 환경의 진화를 촉진하였다.

방송통신융합 뉴미디어와 문화콘텐츠의 공진화는 테크놀로지 크리에이티브 인사이트에서 가능할 수 있어야 하며, 가능할 것이다.

3. 문화콘텐츠 지식체계와 디자인 크리에이티브

문화콘텐츠는 인문학, IT, 예술, 미디어, 창조경영 5대 분야의 창조적 융합 지식체계이다. 이는 창조산업의 정책 크리에이티브, 매니지먼트 크리에이티브, 디자인 크리에이티브, 테크놀로지 크리에이티브의 클러스터 기반에서 꽃을 피운다. 디자인 크리에이티브는 문화콘텐츠의 다학제 간 지식체계의 융합 상품화, 명품화에 기여하게 된다.

문화콘텐츠 지식체계는 R & D, 캐릭터 디자인 기획, 문화콘텐츠 상품개발, 글로벌 마케팅을 통합적으로 전개하기 위한 시스템을 제공하며, 지역 대학의 연구개발 역량을 축적하고 일자리를 창출 한다.

예컨대, 문화콘텐츠 지식체계에 기반한 한스타일 문화상품 디자인 개발의 경우 지역의 전통문화가치에 입각한 문화콘텐츠개발과 이러한 문화콘텐츠개발이 한스타일 디자인 가이드에 연계 개발됨으로서 지역 경제와 지역 문화를 활성화하는 선 순환 체계를 확립하게 된다. 전통 문화원형이 전통

문화콘텐츠와 연계되고 한스타일 디자인 크리에이티브에 기반한 에듀테인먼트, 만화, 출판, 게임, 영상, 전통문화 상품 등 파생 상품 활성화를 통해 부가가치를 창출해 나가는 것이다.

문화콘텐츠 지식체계와 디자인 크리에이티브의 만남은 전통문화와 문화원형이 문화콘텐츠 상품으로 고도화하는 데 기여한다. 캐릭터 및 에듀테인먼트 콘텐츠를 개발하여 1천만 부 이상의 국내 및 해외 출판 판매 부수를 기록하는 성공을 거둔『마법천자문』은 또한 대표적인 사례라 할 것이다.

문화콘텐츠 지식체계와 디자인 크리에이티브는 도시 마케팅에도 크게 기여할 수 있다. 예컨대, 천년 전통문화 중심도시 전주를 전세계에 가장 효과적으로 홍보하고 마케팅할 수 있는 방법 체계는 문화콘텐츠 지식체계에 입각하여 한스타일 캐릭터 등을 개발하고 나아가 클러스터 체계를 구축하여 문화콘텐츠 창조의 산실이 되도록 하는 일일 것이다. 이는 전통문화 중심도시 전주의 창조적이고도 실용적인 한스타일 문화상품 개발과 연관 파생상품을 활성화하여 지역 경제를 활성화하는데 문화콘텐츠 지식체계가 디자인 크리에이티브와 만남으로써 시너지를 창출하게 된다.

> 전통문화콘텐츠를 옛 것에 바탕을 두되 현대에 맞게 변화시키는 법고창신의 정신으로 재창조하고, 한국적 독창성과 세계적 보편성을 퓨전화해 새로운 문화융합상품으로 만들어내는 것이야말로 진정한 한국문화의 세계화라 할 수 있을 것이다. 또한 우리 문화에 깃든 수많은 이야깃거리를 발굴하여 상품과 서비스에 접목하여 부가가치를 높이는 전략을 정교하게 구사해야 한다. 마지막으로 '브랜딩'을 통해 한류 상품의 가치를 높이고 외국인이 선호하는 '한 브랜드' 상품의 저변을 확대해야 한다.
> -『브레이크뉴스』, 「한국, 21세기의 新 르네상스 국가가 된다」, 신승일 한류전략연구소장

4. 문화콘텐츠 디자인 크리에이티브

1) 문화콘텐츠 디자인 크리에이티브의 비전

> 〈해리 포터와 혼혈왕자〉 북미 박스오피스 석권
>
>
>
> 해리 포터 시리즈 제6탄 〈해리 포터와 혼혈 왕자〉가 북미 시장에서 개봉한지 5일 만에 1억 5,970만 달러의 티켓 판매고를 보이며 박스오피스 1위에 등극했다고 배급사인 워너브라더스가 19일 밝혔다.
>
> 2년 전 〈해리 포터와 불사조 기사단〉이 개봉할 당시 5일 만에 1억 3,970만 달러를 기록했었지만, 이를 훨씬 능가한 것이다. 이 영화는 전 세계적으로 9억 3,800만 달러의 수익을 거뒀었다.
>
> 지난 15일 전 세계에서 동시 개봉한 〈해리 포터와 혼혈 왕자〉는 그러나 지난달 개봉 5일 만에 2억 100만 달러의 수익을 거둔 〈트랜스포머 : 패자의 역습〉의 기세를 꺾진 못했다. 한편 당초 〈해리 포터와 혼혈 왕자〉는 지난해 11월 개봉할 예정이었지만, 영화 스튜디오를 보유한 타임워너사가 개봉 날짜를 연기한 것으로 전해졌다.
>
> -이남진, 뉴시스, 2009. 7. 20.

『해리 포터』시리즈의 여섯 번째 영화인 〈해리 포터와 혼혈왕자〉가 북미 시장에서 개봉 5일 만에 1억 5,970만 달러(2,012억 원)의 수입을 올렸다. 워너 브라더스는 전 세계적으로는 3억 9,670만 달러의 입장권 판매수입을 기록했다고 말했다. 시골 무명 여류 작가에서 일약 영국 최대 부호가 된 작가 조앤 K. 롤링의『해리 포터』시리즈는 출판 판매 수입 외에도 2001년 첫 영화가 나온 후 지금까지 5편의 영화로 북미시장에서 14억 달러, 전 세계적으로는 45억 달러의 수입을 각각 기록했다.

　문화콘텐츠 디자인 크리에이티브는 이른바 『해리 포터』 시리즈와 같은 명품 킬러콘텐츠를 창조하여 부가가치를 창출하는 통합 과정이라 할 수 있다.

2) 문화콘텐츠 디자인 크리에이티브의 전략 체계

　결국 문화콘텐츠 디자인은 디자인 개념을 확장하여 문화콘텐츠의 기획, 창작, 제작, 상품화, 마케팅, 유통 배급 서비스, 글로벌 수출 등의 전 과정과 프로세스를 통합 관장해야 한다. 문화콘텐츠의 디자인은 부가 시장 및 연관 산업까지도, 멀티 윈도우 채널 마켓을 디자인의 영역으로 확장해서 고려해야 한다.

　문화콘텐츠 디자인은 연관산업과 가치사슬, 생태계 전반까지 확장하여 고려될 필요가 있다. 이는 결국 창조산업 클러스터 체계에 기반한 문화콘텐츠 디자인이 이루어 져야 콘텐츠 고도화를 통해 흥행 가능성을 높임으로써 시장 리스크를 최소화하고 지속가능한 양질의 콘텐츠 창출을 통해 성장을 담보함으로써 부가가치 창출을 극대화할 수 있기 때문이다.

　문화콘텐츠 디자인은 창조산업 클러스터 디자인, 그리고 창조도시 네트워크 전체를 통합 디자인하는 개념으로 확대될 수 있다. 콘텐츠의 가치사슬 체계, 생태계 선 순환 체계, 창조산업 클러스터 체계는 문화콘텐츠 디자인의 기본 조건이자 콘텐츠 산업 정책의 핵심이라고 하겠다.

　주목할 점은 미국, 영국, 일본, 프랑스, 독일 등 선진국들이 모두 이러한 창조산업 클러스터 체계에 기반한 문화콘텐츠 디자인 정책을 펼치고 있다는 점이다. 우리의 경우 이러한 정책 추진 체계의 원칙들을 간과하고 개별 기업의 단순 지원 사업에 머물러온 것이 사실이었으나, 최근 많은 개선점이 나타나고 있다.

3) 문화콘텐츠 상품 디자인

　문화콘텐츠 디자인 크리에이티브는 지속 가능한 양질의 콘텐츠 창출을 위해, 글로벌 마켓까지 확장된 가치사슬 체계, 연관산업, 클러스터 체계를 R & D, 개발, 상품화, 마케팅, 유통배급 전반의 프로세스를 통합 관장하는 데에 기여한다. 지속가능한 성장을 위해서는 킬러콘텐츠 창출에서 가치사슬 선 순환의 디자인 크리에이티브가 필수이다.
　글로벌 시장에서의 경쟁우위에 있는 기업의 경우 지속적인 콘텐츠를 창출하기 위해 비즈니스 모델 디자인, 콘텐츠 플랫폼 네트워크 통합 모델의 디자인, 모바일 컨버전스 환경에 부합하는 서비스 디자인을 추구하고 있으며 이는 글로벌 마켓에서의 콘텐츠 가치사슬과 생태계를 깊이 고려한 문화콘텐츠 디자인 크리에이티브 관점에 입각 하고 있다고 하겠다.
　문화콘텐츠 상품 디자인의 대표적인 예로서는 드라마 〈겨울연가〉를 들 수 있는데, 캐릭터 디자인, 배경 디자인, 소품 디자인, 의상 디자인, 상품 디자인, PPL 디자인, 스토리 디자인, 편집 디자인, 영상 디자인, 특수 영상 디자인, 색채 디자인 등 디자인 크리에이티브가 프로듀싱 역량, 촬영 편집 역량, 콘텐츠 플래닝 역량과 결합하면서 양질의 콘테츠를 창출하여 한류의 대박을 일으킨 대표 작품이라 하겠다.
　〈겨울연가〉와 같은 대표적인 한류 열풍을 일으킨 드라마의 룩앤필은 매우 탁월한 자연 환경, 인물캐릭터, 등장인물 캐릭터, 소품, 스토리 구조에

Chapter ❻ 문화콘텐츠 디자인 기획

서도 룩앤필 디자인이 강렬하게 어필되어 있다.

콘텐츠의 속성상 프론트엔드에서의 감성에 가장 크게 사람의 5감을 자극하는 핵심 요소는 룩앤필 디자인이다. 사람이 영화나 게임, 만화, 영상, 드라마 등 콘텐츠에 빠져 들고 심취하는 데에는, 제품이나 캐릭터에 끌려 자기도 모르게 매료되어 팬이 되는 과정에는 캐릭터의 인물이 가지는 룩앤필 디자인의 매력 때문이라고 하겠다. 이는 또한 콘텐츠 라이선싱 전략과 연계되어 있으며 흥행의 마법에도 연계되어 있는 룩앤필 디자인의 매력을 고도화하기 위해 한 컷의 장면을 위하여 밤을 새우고 한 장면의 특수효과를 위해 많은 공력을 쏟아 붇는다.

드라마 〈겨울연가〉[19]

문화콘텐츠의 상품 디자인 작가와 연출가의 창조적 상상력을 작품에 투영, 상품성의 매력도를 증진시키며 콘텐츠와 지역 관광자원과의 연계, 콘텐츠와 기업상품 브랜드를 통합하는데 기여한다.

---

[19] KBS2에서 윤석호 연출, 윤은경·김은희 극본으로 2002년 1월 14일부터 2002년 3월 19일까지 방영하였다.

Chapter ❼ 문화콘텐츠 스토리텔링 기획

 본 장에서는 문화콘텐츠 스토리텔링의 의의와, 인문학적 상상력과 스토리텔링, 문화콘텐츠 지식체계와 스토리텔링, 문화콘텐츠 스토리텔링 전략에 대해 이야기한다. 문화콘텐츠 스토리텔링은 디지털융합 환경에서 사용자 참여 주도형 인터랙티브 스토리텔링, 집단 창작, 집단 창조형 스토리텔링의 형식과 환경으로 이동하면서 부각되었다.
 온라인게임의 경우 디지털 스토리텔링의 새로운 역사를 장식해 가고 있다. 드라마의 경우도 시청자가 함께 인터넷 카페 등에 적극 참여하여 스토리 구성에 영향을 미친다. 이를 통해 문화콘텐츠의 창조적 상상력과 크리에이티브가 살아났으며, 양질의 콘텐츠를 창출하게 되었으며 지식 공유와 자발적 참여 기반이 형성되면서 본격적인 한류를 창출하게 되었다.
 문화콘텐츠 스토리텔링은 이렇듯 주로 온라인게임, 영화, 드라마 등 엔터테인먼트 산업을 중심으로 빠르게 발전하여 왔으며, 그 지식체계가 확대, 심화되어 왔다.
 문화콘텐츠 스토리텔링의 적용 분야는 엔터테인먼트 분야의 주요 장르에서 나아가 공연, 전통 문화 등 다양한 전문 분야로 융합 되고 있으며, 창조적으로 적용되고 있다.

이제 문화콘텐츠 스토리텔링 기획은 유비쿼터스 환경에서의 창조도시, 창조산업 클러스터 체계에서의 스토리라인 구축과 테마파크 등에도 적용되는 문화콘텐츠전략 기획의 중요한 구성요소이다.

1. 문화콘텐츠 스토리텔링의 의의

1) 디지털 스토리텔링

문화콘텐츠는 인류에게 즐거움과 행복을 주는, 드라마, 게임, 영화 등 엔터테인먼트에서 출발하고 있으며, 콘텐츠와 미디어 플랫폼, 디바이스 간 생태계의 가치사슬 통합이라는 디지털 경제, 지식 창조 시대의 지식체계로서 진화 발전하여 온 것이다. 나아가 지난 역사와 문화에 대한 풍부한 인문학적 상상력과 깊이 있는 통찰, 그리고 동도서기의 실학 정신을 구현하는 서양의 과학기술 문명과의 창조적 융합을 통해 지속적으로 그 가치가 발현되어 갈 것이다.

문화콘텐츠 스토리텔링 기획은 융합 콘텐츠로서 문화콘텐츠가 미디어와 네트워크, 콘텐츠 상호 간 융합된 콘텐츠와 서비스의 커뮤니케이션 상호작용성을 띠고 있는 디지털 스토리텔링 구조의 기획을 의미한다.

디지털 문화콘텐츠 스토리텔링은 네트워크화 된 컴퓨터 환경에서 디지털미디어를 통해 이루어지는 스토리텔링이다. 넓게 보면 디지털 기술을 표현수단이나 매체환경으로 받아들인 스토리텔링은 모두 디지털 스토리텔링이라 할 수 있다.

　문화콘텐츠 중에서도 온라인게임은 디지털 스토리텔링을 개념적으로 가장 정확하게 구현하는 핵심 콘텐츠이며, 한국은 세계 최초로 온라인게임의 상용화에 성공한 국가이다.

　20세기가 끝날 때까지 서구에서는 온라인게임을 수만 명의 사용자들이 인터넷으로 동시 접속하여 진행하는 이례적인 게임으로 이해하고 있었다. 한국에서는 1995년 넥슨이 세계 최초의 그래픽 머드게임 〈바람의 나라〉를 개발하고 1998년 엔씨소프트가 누적 사용자수 2천만 명의 〈리니지〉를 출시하면서 이 같은 고정관념을 바꿔 놓았다.

　이후 한국은 발달된 IT 인프라와 반도체, TFT, LCD, 모바일 분야 세계 1위의 기술력을 기반으로 온라인게임의 발전을 선도하여 2004년 현재 세계 시장의 31.4%를 장악하고 있다. 한국의 온라인게임은 아시아는 물론 유럽과 북미까지 서비스되어 IT 한류라는 현상을 만들어 냈으며, 현재 오프라인 게임의 온라인화라는 세계 게임 산업의 흐름을 주도하고 있다.

　한국의 온라인게임은 인류의 이야기 예술에 혁명적인 변화를 가져왔다. 게임학의 세계적인 석학 에스펜 아세스는 한국의 다사용자 게임 〈리니지〉는 게임의 미래일 뿐만 아니라 미래의 인간 커뮤니케이션 형식을 만들어 낸 거대한 사회적 실험이라고 평가했다. 이화여대 이인화 교수는 한국의 온라인게임은 게임이라는 장르를 넘어 이제까지 인류사에 존재했던 어떤 이야기 예술과도 다른 전혀 새로운 서사 패러다임의 이야기를 출현시켰다고 평가한다.

　그것은 사용자가 1,000시간 이상 지속되는 갈등상황을 스스로 창조하고, 주인공으로 거기에 참여함으로써 사회 정의와 인간적인 자유의 가치를 깨달아 간다라는 매우 특이한 이야기이다. 한국인들이 만들어낸 이런 이야기는 디지털 스토리텔링의 본질을 밝혀준다. 미래의 인류는 한국의 온라인게임과 같은 디지털 스토리텔링을 통해 아름다움에 대한 공동의 취향을 학습하고 사회 정의와 인간적 자유를 향한 연대감을 구축해 갈 것이다.

컴퓨터 게임, 애니메이션, 디지털 영화, 웹 광고, 사이버 커뮤니티, 웹 에듀테인먼트, 웹 뮤지엄 등은 현재 디지털 스토리텔링이 활발하게 적용되고 있는 콘텐츠들이다.

디지털융합과 글로벌 트렌드, 문화콘텐츠의 본질적 특성상 그러한 긴 역사적 맥락과 흐름을 온전히 경험하고 지식으로 체화한 지식의 융합창조형 인재들이 스토리텔링에서 역량 발휘를 통해 킬러콘텐츠 창조, 기획 및 개발, 마케팅, 유통에 걸쳐 보다 중요한 포지셔닝과 역할을 해나가야 한다.

IT와 디지털융합 환경에서의 풍부한 경험과 지식으로 체화된 국민 개개인의 창조적 상상력은 디지털 스토리텔링과 결합을 통해 글로벌 경제, 창조경제 시대에 가장 가치 있는 상품 및 서비스 모델 개발의 크리에이티브를 발휘하는 힘이 될 것이다. 진정한 선진 강국으로 도약하는 보다 구체적인 비전의 실현도 디지털 융합시대 국민 개개인의 이러한 창조적 상상력에 달려 있다 하겠다.

〈리니지〉는 1993년 서울문화사에서 간행된 신일숙의 장편만화(전10권)를 온라인게임화한 것이다. 유럽 중세시대를 무대로 주인공이 아버지의 원수를 갚고 왕권을 되찾는 내용으로 구성되어 있다.
게임학(ludology) 연구자들은 "MMRPG는 게임의 미래일 뿐만 아니라 미래의 인간 커뮤니케이션 형식을 만들어낼 거대한 사회적 실험"이라고 높이 평가하고 있다.
소설가 이인화씨는 이 책의 소재인 바츠 해방 전쟁을 "게임이라는 장르를 넘어 이제까지 인류사에 존재한 어떤 이야기 예술과도 다른, 전혀 새로운 서사 패러다임의 이야기를 출현시킨 경우이다"라며 그 가치를 높이 사고 있다. 게임학과 교수이기도 한 그는 이러한 내용을 두고 디지털 스토리텔링이라고 명명하기도 하며 주요 일간지에 '찬양'에 가까운 인터넷 게임 관련 글을 기고하기도 했다. 이 책은 그런 평가를 등에 업고 '〈리니지 2〉 바츠 서버'라는 가상의 세계에서 벌어졌던 유저들의 전쟁을 기록한 것이기도 하다. 유저들이 '바츠 대전쟁' 또는 '바츠 해방 전쟁' 등으로 불렀던 그 전쟁에서, 저자는 '종군기자'를 자청한 셈이다.

〈리니지 2〉 바츠히스토리아 명운화 지음 새움, 아덴성 공성전에 참가하기 위해 모인 캐릭터들

저자는 우연히 빠져든 인터넷 게임을 차마 거두지 못하고 '디지털 스토리텔링'이 전개되는 현장을 현실의 역사적 현장처럼 긴장을 늦추지 않은 채 기록해나갔다. 문단과 가까워지려 애쓰던 소설가가 현실에서 벗어나 약 4년 동안 가상의 세계에 들어가 유저들과 만나고 함께 전장을 누빈 것이다. 저자는 "지금까지 가상의 세계는 말처럼 허구적인 세계에 불과했다. 하지만 세월이 흐르면서 그 가상의 세계가 현실 세계 못지않게 진정성을 띠어가고 있다. 지금 많은 인간들이 자신의 새로운 아이덴티티를 위하여 세컨드 라이프로서 가상의 세계를 찾아들고 있다"라고 자신의 체험을 정리했다.

전통적인 이야기 예술에도 상호작용성은 존재했다. 소설이나 영화나 만화에서 작가는 스토리의 자초지종을 다 설명하지 않고 중간을 생략함으로써 독자나 관객들이 스스로 상상력을 동원하여 그 빈자리를 메우도록 했다. 말하자면 독자나 관객의 상호작용을 유도하는 것이다. 소설에서는 이것을 장면적 기법에 대비되는 파노라마적 기법이라고 한다. 영화에서는 몽타쥬기법이라고 하며, 만화에서는 이것을 완결성 연상 기법이라고 한다.

이러한 상호작용성은 텍스트 자체를 변화시키는 것은 아니었다. 텍스트는 독자가 텍스트의 빈자리를 상상력으로 채워가는 행위와는 별개로, 그 자체가 고정되고 완결된 실체로서 존재했다.

디지털 스토리텔링에서는 상호작용성이 가시화된다. 텍스트는 고정되고 완결된 실체가 아니라 눈앞에서 계속 추가되고 변화되는 유동성의 체험이 된다. 그리고 그 체험의 방식도 눈과 손이 동시에 움직이는 플레이 또는 웹서핑이라는 주체적인 실행으로 변해간다. 이렇듯 디지털스토리텔링은 가시화된 상호작용성이 내장된 스토리텔링이다.

디지털스토리텔링의 상호작용성은 콘텐츠의 검색 및 선택 가능성, 콘텐츠에 대한 조작 및 통계 가능성, 사용자 간의 상호 교류 가능성 등 세가지 유형으로 분류된다. 이러한 분류에서도 알 수 있듯이 디지털 스토리텔링의 독자, 즉 사용자는 스토리를 읽거나 보는 것이 아니라 사이버 공간의 가상 현실 속으로 들어가 스토리를 선택하고 조작하고 편집한다. 나아가 다른 사용자와 의사소통하며 함께 스토리를 변화시킨다.

2) 문화콘텐츠 스토리텔링의 특징

문화콘텐츠는 우리 모두에게 새로운 21세기 지식 정보화사회, 창조경제 시대를 열어가는 창조적 상상력의 보고가 되어야 한다. 그리고 문화콘텐츠는 창조적 상상력을 바탕으로 한 심층지식체계로의 도달이 핵심이다.

사용자 참여 스토리텔링 인터랙티브가 콘텐츠의 퀄리티를 고도화하는 문화콘텐츠는 온라인게임, 드라마, 영화에서 UCC 동영상에 이르기까지, 나아가 일반 상품의 개발에서 마케팅에 이르기까지 문화콘텐츠 스토리텔링 기획은 적용되고 있으며 프로슈머 경제, 롱테일 경제에 매우 중요한 기획의 구성요소이다.

21세기 인터넷 환경, 즉 네트워크화된 컴퓨터 환경은 스토리텔링이라는 용어를 확산시켰다. 스토리텔링이란 이야기와 이야기하기를 함께 지칭하는 개념이다. 이야기 내용을 스토리라고 하고 이야기 형식을 담화라고 할 때, 스토리텔링은 스토리, 담화, 스토리가 담화로 변하는 과정, 세 가지를 모두 포괄한다.

스토리가 만들어내는 상징적인 세계는 괴로운 인생을 좀 더 알만하고, 좀 더 사랑스러운 것으로 받아들일 수 있는 힘을 주었다. 그리하여 인류의 문화는 항상 신화, 전설, 민담, 소설, 만화, 영화와 같은 재미있고 감동적인 스토리와 함께 진보해 왔다.

인터넷 시대의 많은 스토리들은 미리 존재하는 것이 아니라 사용자의 참여를 통해 생성된다. 예를 들어 게임에서 행위의 결과물, 이야기하기의 상황(CONTEXT)과 이야기 자체(CONTENTS)의 구분은 매우 모호하다.

스토리텔링은 이처럼 프로그램과 프로그램 참여행위, 개발자와 사용자의 경계가 불분명해진 인터넷 시대의 개념이다. 네트워크화된 컴퓨터 환경에서 디지털 미디어를 통해 이루어지는 디지털 스토리텔링은 처음부터 사용자의 참여를 전제하고 있다. 사람들은 이것을 디지털 스토리텔링의 가장 큰 특징인 상호작용성이라고 한다.

디지털 스토리텔링의 상호작용성은 콘텐츠의 검색 및 선택 가능성 콘텐츠의 조작 및 통제 가능성, 사용자 간의 상호교류 가능성 등 세 가지 유형으로 분류된다.[20]

2. 인문학적 상상력과 스토리텔링

풍부한 인문학적 상상력을 자산으로 문화원형, 설화와 고전을 이야기 신화로 재탄생시켜 글로벌 시장에서 성공한 사례로 대표적으로 인구에 회자되는 『해리 포터』의 저자 조앤 K. 롤링은 이른바 창조경제 시대의 부의 창조 방식의 전형을 보여줌으로서 스스로 신화를 창조하였다.

조앤 K. 롤링은 어려운 경제 여건과 시골 무명작가, 싱글맘이라는 사회적 환경 속에서 작품 구상을 통해 소설을 써내려가 300조라는 글로벌 시장을 창출하고 영국 여성 최대 부호로 떠오르게 한 『해리 포터』의 경제 효과는 실로 문화콘텐츠 산업의 비전을 실증한 대표 사례라 하겠다.

출판물은 200개국에서 4억 권 이상 판매되었으며 3조 원 이상의 수입을 창출하였고, 67개국 언어로 번역되어 작가 수입만 1조 원 이상 거둬들였다. 영화로도 총 5편의 극장 수입이 44억 8천만 불(약 5조 원) 이상이며 부가 판권 시장(DVD, 비디오), 게임, 음악, OST, 광고 수입과 머천다이징 광고 수입, TV, 인터넷, 캐릭터 상품을 통해서도 수익을 거두었으며 영화 촬영지인 스코틀랜드에 연간 30만 명의 관광객이 방문하는 등 『해리 포터』 전체 경제 효과는 300조 이상으로 평가되고 있다.

1) 풍부한 창작 기반의 중요성

무명의 시골 여류 작가였던 조앤 K. 롤링이 스스로 이러한 신화를 창조하게 된 배경에는 영국 사회의 창조산업으로써 풍부한 역사와 창작 기반을 들지 않을 수 없다. 우리 사회에서도 통상적으로 싱글맘인 시골처녀 무명

---
20 이인화, 이화여대 교수, 한국형 디지털 스토리텔링, 살림.

작가가 좋은 작품으로 스타덤에 오를 수 있게 존중받는 창작 기반과 사회적 분위기, 환경을 만들어 가는 일은 매우 중요할 것이다.

또한 상상력과 크리에이티브가 풍부한 창작 기반과 연계되고, 문화상품 문화콘텐츠 연계 개발로 연계되어 명품 브랜드화 상품이 되고 스토리텔링으로 상품 클러스터 체계와 관광 상품 스토리텔링, 융합미디어와 홀드백 체계가 확립되어 윈도우별 콘텐츠 마케팅이 체계적으로 이루어지며, 상품 명품화의 단계별 프로세스가 전략화되어 있어야 한다는 의미의 중요함을 일깨워 주는 좋은 사례라 할 것이다.

2) 창조적 상상력과 세계관

지난 1990년대 후반, 창조적 상상력이 꽃을 피우던 시기를 거치면서, 지난 2000년대 초반, 양질의 콘텐츠를 창출하고 제작하는 역량의 고도화에 필요한 시간을 지나면서 명품 콘텐츠들이 창출되기 시작하였다.

시장에서 양질의 킬러콘텐츠의 창출의 경험은 문화콘텐츠 상품과 스토리텔링, 이의 중요성 인식과 구현 방법, 프로듀싱 설계와 문화콘텐츠 지식체계와의 창조적 융합, 창조산업 클러스터 기반의 부가수익 시장 창출 체계 등에 대한 시행착오의 시간을 경험하였고, 지속 가능한 양질의 콘텐츠 창출 프로세스 체계에 이르지 못하였다.

창조적 상상력과 문·사·철(문학, 역사, 철학) 기반의 세계관의 확립이 문화콘텐츠 기획에서 중요하다는 인식은 문화콘텐츠 개발 과정의 경험의 축적을 통해 터득하게 되었다.

전통문화에서 창조적 상상력을 발휘하여 양질의 스토리를 창출하고 드

드라마 〈대장금〉

라마 콘텐츠로 창출, 이의 글로벌 한류의 창출과 문화콘텐츠 상품화, OSMU 사업화 프로세스를 경험한 것도 매우 소중한 가치일 것이다.

〈대장금〉은 『조선왕조실록』에 실린 남성 위주의 엄격한 관료주의제였던 조선시대에 천민 신분의 의녀로서 수많은 남자 의관을 제치고 왕의 주치의가 된 중종의 뛰어난 어의녀의 이야기를 드라마로 제작한 것으로 최근 중동, 아프리카에까지 시청률 90%를 기록하였다. 〈대장금〉은 의술뿐 아니라 요리에도 뛰어났다고 전해지고 있는데 드라마 〈대장금〉은 역사 서적의 한 줄의 기록을 보고 창조적 상상력을 통해 스토리텔링을 성공시킨 대표적인 작품이라 하겠다. 나아가 학계에서의 문화콘텐츠 스토리텔링에 대한 연구가 시작된 것도 평가할 만한 일이라 하겠다.

한양대 문화콘텐츠학과 박기수 교수는 문화콘텐츠 스토리텔링의 예로써, 드라마 〈겨울연가〉의 스토리텔링은 익숙함과 낯섦의 생산적 교직으로 이루어 졌다. 〈겨울연가〉는 첫사랑, 돌아온 사랑, 기억상실증, 이복남매, 사생아 모티브, 친자확인, 연인의 죽음(혹은 투병), 재회 등 너무도 대중적으로 익숙해서 식상한 모티브를 적극 활용하면서도, 이러한 익숙한 요소들을 하나의 스토리텔링 안에서 동시적으로 구조화하는 형태를 지향하였다. 뿐만 아니라 장르적 트렌디와 멜로적 요소 위에 미스테리적 요소를 전체적으로 섞어 멜로나 트렌디 드라마의 식상함을 극복하고 극적 긴장을 획득하게 함으로써 향유자의 몰입을 강화하고 있다는 점도 놓치지 말아야 한다고[21] 강조하고 있다.

---

21 박기수, 한양대 문화콘텐츠학과 교수, 문화콘텐츠 스토리텔링, 한국언론학회.

만화 원작의 온라인게임화를 통해 글로벌 콘텐츠로 성공한 사례가 다수 창출되고 있다. 〈열혈강호 온라인〉을 그 대표라 할 수 있는데, 나아가 온라인게임 콘텐츠에서의 오리지널 스토리를 더욱 더 강화해 나가면서 게임의 세계관과 콘텐츠의 질적 고도화를 실현해 가고 있다.

열혈강호 온라인은 오리지널 스토리로 진행된다.

각 게임에 대한 소개는 게임의 개발 프로듀서들이 직접 맡았다. 먼저, 전작의 인기를 이어갈 최고의 기대작 〈열혈강호 온라인 2〉의 소개는 총괄 PM인 전진수 씨가 직접 맡았다. 전 PM은 이 자리에서 "이번 작품은 전작과 달리 정통 무협을 추구했다. 또한 원작과 다른 오리지널 스토리로 진행된다. 오늘 공개되는 정보는 일부이며, 추후에 별도의 자리를 통해 새로운 정보를 공개할 것이다"라고 밝혔다.

〈열혈강호 온라인 2〉의 스토리는 완전한 오리지널 스토리로, 원작으로부터 30년 후의 이야기가 펼쳐진다. 원작에서의 주연인 한비광과 담화린은 〈열혈강호 온라인 2〉에서 결혼하여 슬하에 아들과 딸을 두고 있다는 설정이다. 그리고 한비광은 실종, 담화린은 폭주하기 시작하고 이들의 아들과 딸이 스토리의 중심에 자리잡는다.

〈열혈강호 온라인 2〉는 전작의 '코믹 무협'을 탈피해서 정통 무협을 추구했다. 그리고 전작과도 원작과도 다른 오리지널 스토리를 기반으로 진행된다. 이를 통해 단지 '원작의 재활용'이 아닌 당당한 하나의 독립된 콘텐츠를 목표로 했다. 그리고 개발 단계에서부터 글로벌 서비스를 염두에 두고, 로고의 폰트 같은 세세한 부분까지 글로벌 취향에 맞추었다고 밝혔다.

그리고 스토리와 게임의 '연결'을 강조했다. 이를 이루어내지 못하면 지금까지 수많은 게임이 그랬던 것처럼, 의미 없는 반복적인 레벨 상승 행위, 흔히 말하는 '노가다'만 남는다. 〈열혈강호 온라인〉은 이를 극복하기 위해 플레이어와 상호 반응하고, 퀘스트를 제공하고, 때에 따라서는 플레이를 도와줄 정도로 발전된 반응을 보이는 '라이브 NPC' 시스템을 도입했다.

시스템에는 '무협의 정통성'을 반영했다. 기존 게임처럼 마법과 판타지 위주의 연출이 아니라, 액션에는 와이어 액션을 구현했으며, 다양한 성장 시스템을 반영했다. 배경 그래픽에는 '무림'의 주 배경인 티벳, 중원, 내몽고 등 실제 지역과 무협의 성지 등이 반영되었다. 또한 무림에서 빼놓을 수 없는 '정파'와 '사파'와의 대립을 통해 자연스러운 PvP 시스템을 구현했다고 한다.

-Brand New MGAME 2009

3) 디지털융합 환경과 인문학의 역할

디지털융합 환경은 매체의 융합과 문화콘텐츠의 다양한 장르를 통합적으로 고려하면서 창조적 상상력을 발휘하여 스토리텔링을 해야 한다. 디지털융합 환경에서도 예외 없이 재미와 몰입감을 부여하기 위한 콘텐츠 크리에이티브 기획과 스토리텔링은 강조된다. 디지털융합 환경에서 문화콘텐츠의 다양한 장르별 스토리텔링과 기획, 프로듀싱을 경험하면서 문화콘텐츠 전략 기획 역량은 고도화될 것이다.

문화가치를 발굴, 창출하고, 문화정체성을 확립하며, 이를 문화콘텐츠 생태계와 가치사슬 연관산업에 이르기까지 창조적 상상력과 스토리텔링을 구현해 내기 위해서는 인문학의 역할이 중요할 것이다.

영화, 드라마, 게임, 애니메이션 등 장르와 미디어를 넘나들면서 스토리텔링과 시나리오 작업을 체험하는 과정은 이 과정의 스토리 가이드, 캐릭터의 구조와 유형, 개발 가이드라인 등의 프로세스에서 스토리텔링의 전개와 이 과정에서의 문화콘텐츠 창조, 생산 과정에 대한 프로세스를 체계화하는 작업은 디지털융합 환경을 가장 먼저 경험해 온 우리의 문화콘텐츠 산업 분야에서의 핵심 지식 기반이 될 것이다. 그리고 이러한 프로세스 체계화에 요구되는 세계관 확립을 위한 창조적 상상력은 인문학적 심층지식 체계의 도움을 받아야 할 것이다.

3. 문화콘텐츠 지식체계와 스토리텔링

문화콘텐츠 지식체계와 스토리텔링은 문화콘텐츠의 심층지식체계로써 인문학, 미디어, 예술, 테크놀로지, 창조경영 등 5대 분야의 융합 크리에이티브의 좋은 이야기 구조를 의미한다. 이 기반에서 재미, 감성, 몰입을 부여하는 양질의 콘텐츠를 창출할 수 있다. 나아가 문화콘텐츠 지식체계 기반의 스토리텔링은 인류보편적 가치를 구현해내는 세계관과 정체성의 확립과 이에 따른 문화콘텐츠 제작 파이프라인과 공연, 드라마, 게임, 만화, 광고 등 연관산업의 스토리라인 의미 구조와 비즈니스 체계를 보다 창의적인 스토리텔링이 구현해 낸다.

디지털 융합시대는 문화콘텐츠 심층지식체계 도달과 확립이 핵심인데 창조적 상상력과 스토리텔링이 가능하게 한다. 사실 디지털융합은 인터넷 브로드밴드의 역사와 궤를 함께 한다. 그리고 창조적 상상력의 발현 방법론이자 킬러콘텐츠 창출, 콘텐츠 생태계 선 순환, 콘텐츠 비즈니스 성공 전략의 핵심 지식체계로서 문화콘텐츠 심층지식체계 확립의 역사라 할 수 있다. 이 시간 대는 이전 산업화 시대에서의 시간과 공간 축과는 다른 차원의 역사적 의미를 지니고 있다. 한국 역사에서 이 시간대는 매우 독특하고 이전에 전혀 경험해 보지 못하였던 디지털문명의 개화라는 디지털 문명사적으로도 의미가 적지 않은 새로운 세계로의 도전 과정이었다 할 수 있을 것이다.

디지털융합의 지난 10여 년의 역사는 이전에 상상할 수 없었던 정치, 경제, 사회, 문화 전반에 걸친 변화와 글로벌 환경에서의 메가트렌드를 형성해 왔다. 그리고 우리에게 중요한 의미가 있는 글로벌 트렌드의 하나는 바로 우리 대한민국에서 꽃 피우고 발신하였던 한류 문화콘텐츠의 개화를 들 수 있다. 한류는 대한민국에서 발신이 된 동서양 문화 융합의 큰 흐름으로서 '한류(Khan wave, Big wave)'라는 의미가 더 타당할 것이다.

이러한 한류가 불과 수년 만에 침체설, 위기설에 직면하고 있지만, 지난 1990년대 후반 인터넷과 디지털 융합이 낳은, 대한민국이 창발적으로 아시아를 넘어 전 세계에 발신한 창조가치가 바로 문화콘텐츠인 것이다. 문화콘텐츠는 인류에게 즐거움과 친환경, 정신적 평화, 창조적 실용주의, 실사구시적인 동양의 도(道)와 서양의 기(器)가 함께 어울어지고 조화를 이루는 동도서기(東道西器), 즉 동서양 문화의 융합 창조 가치를 구현하며, 디지털융합과 창조적 상상력의 발현이라는 핵심 가치에서 창출되었다. 그리고 이러한 디지털융합과 창조 가치가 바로 대한민국에서 전 세계에 발신되었다는 점에 커다란 의미가 있다 하겠다.

즉, 문화콘텐츠는 우리 모두에게 새로운 21세기 지식정보화 사회, 창조경제 시대를 열어가는 창조적 상상력의 보고로써 문화콘텐츠의 개념이 확립되던 시기, 디지털융합이 한창 꽃피우기 시작하던 1998년을 전후로 한 약 5년 내외의 시기는 한국 역사에서 디지털 문화, 문명이 혼돈과 함께 활발하게 시작되고 한편에서는 창조적으로 발현되어 경쟁이 활성화되는 시기였다.

하지만 이 시기는 우리의 5천년 역사에서도 드문 가장 창조적 상상력이 꽃피우던 시기였다고 봐야 할 것이다. 오늘날까지 한류가 전 세계에 발신되고 글로벌 한류로 성장, 발전하고 있는 킬러콘텐츠는 대부분 이 시기 이후 2000년대 초반까지 창조적인 민간 전문가와 기업 차원에서 창출·기획되고 제작된 콘텐츠라 할 수 있다.

이러한 흐름 속에서 지난 2000년대 초반에 미국의 전 클린턴 정부의 인포메이션 수퍼 하이웨이를 주창한 엘 고어 부통령, 마이크로소프트의 빌 게이츠 회장과 같은 글로벌 리더들이 우리나라를 연이어 방문하고, 세계적으로도 디지털 코리아를 칭송하고 엘빈 토플러 박사와 같은 미래 학자들이 대한민국에서 발신하는 글로벌 디지털 한류에 대한, 디지털콘텐츠에 대한 높은 기대와 평가를 당신의 저서 부의 미래에서도 비중있게 다루었던 그러한 시기와도 맞물려 있다.

이렇듯 디지털 융합이 이끈 글로벌 메가트렌드의 하나로서 바로 한류 문화콘텐츠를 들 수 있으며 디지털 융합이라는 본질적 성격 자체가 문화콘텐츠의 개념과 특징을 이미 함축하고 있으며 창조적 상상력의 보고로서 문화콘텐츠는 한류를 폭발적으로 전 세계에 확산시켰던 것이다.

문화콘텐츠 지식체계 확립의 과정은 디지털 경제의 글로벌 트렌드와 맥을 함께 하면서 '인문학적 상상력과 예술적 감수성, 과학기술의 창조성'이 융합되고 지식이 창출되는 디지털 환경을 통찰하고, '인문학, IT, 미디어, 아트, 창조경영' 등 다학제 간 지식 네트워크와 오프라인과 온라인의 융합 기반에서의 가치의 창조, 장르에 대한 필드에서의 경험지식을 심층지식으로 체계화하는 과정이었다. 특히 이는 시장과 현장에서의 풍부한 경험의 바탕이 전제되어야 하는 일이었다.

이러한 때, 디지털융합과 창조적 상상력의 보고로서 문화콘텐츠는 결국 지난 시절 10년의 역사에서, 좀 더 길게는 25년의 IT 역사를 통해 축적된 다양한 경험과 지식, 정보와 문화의 융합을 통해 진정한 창조 가치가 발현될 수 있으며, 우리 사회의 제반 문제와 리스크를 창조적으로 해결해 낼 수 있는 핵심 지식체계로 발전하고 있다.

나아가 우리의 지난 역사와 문화에 대한 풍부한 인문학적 상상력과 깊이 있는 통찰, 그리고 동도서기의 실학 정신을 구현하는 서양의 과학기술 문명과의 창조적 융합을 통해 문화콘텐츠 지식체계의 창조적 스토리텔링을 통해, 지속적으로 그 가치가 발현될 수 있을 것이다.

4. 문화콘텐츠 스토리텔링 기획

문화콘텐츠 스토리텔링 기획의 궁극적 목표는 지속 가능한 양질의 킬러 콘텐츠 창출이다. 이를 위해서는 물론 콘텐츠 제작 파이프라인 구조에서의 콘텐츠 프로듀싱 체계에 충실해야 한다.

문화콘텐츠 개발 로드맵을 콘텐츠 플래닝, 콘텐츠 스토리텔링, 콘텐츠 프로듀싱, 콘텐츠 마케팅, 콘텐츠 디스트리뷰션 가치사슬과 생태계의 선순환 체계가 실현될 수 있도록 한다. 나아가 지역 기반의 핵심 문화 가치가 창출되고 지역의 문화적 상상력과 스토리텔링 체계가 글로벌 파이프라인 연관 구조를 창출할 수 있도록 한다. 이를 위해서는 클러스터 연관 구조의 의미를 이해하고 클러스터 지식체계를 확립해야 하며, 스토리텔링 로드맵 체계를 수립해야 한다.

문화콘텐츠 스토리텔링 전략 로드맵은 스토리텔링과 연관 구조에 있는 가치사슬 네트워크를 통찰하며, 창조산업 클러스터 기반 미디어 전략, 정책 크리에이티브, 디자인 크리에이티브, 온라인, 오프라인 통합 클러스터, 디지털콘텐츠 마켓 플레이스 체계, 브랜드 포지셔닝과 아이덴티티, 기획, 투자, R & D, 제작, 상품화, 마케팅, 유통 배급 체계의 연관 구조가 프로젝트별 제작 시스템의 지식체계와 클러스터 네트워크를 구성한다.

이러한 문화콘텐츠 창조지식체계는 클러스터 네트워크 체계에서 더욱 심화, 발전할 것이며 지식, 정보, 문화의 디지털 융합 창조 가치는 더욱 더 강력한 글로벌 트렌드로 성장, 발전할 것이다.

디지털융합시대 창조적 상상력의 보고인 문화콘텐츠의 심층지식체계의 확립과 진화 발전을 위한 지식인들과 전문가들에 대한 존중과 리더십 기회의 확대, 현재도 중앙과 지역에서 진행되는 문화콘텐츠 프로젝트의 창출과 기획, 프로젝트 관리 등에 이들의 경험과 통찰, 창조적 상상력이 발휘될 수 있도록 해야 한다.

Chapter ❽ 문화콘텐츠 상품화 기획

 본 장에서는 문화콘텐츠와 상품화 기획의 의의, 문화콘텐츠 상품화 기획의 새로운 관점과 흐름, 전략 프로세스, 상품화 기획 프로세스와 클러스터 체계, 문화콘텐츠 상품화 크리에이티브 기획에 대해 이야기한다.
 문화콘텐츠에서의 상품화 기획은 문화콘텐츠 지식체계와 클러스터 기반과 연관되어 있다. 또한 문화콘텐츠 지재권 라이선스 판매와 관리, 프로퍼티 상품화와 서비스의 판매, 이에 대한 권리의 확보와 운용, 부가가치 창출을 위한 미디어 콘텐츠 기획 및 투자, 개발, 마케팅, 유통 배급 관계를 포괄한다.
 양질의 콘텐츠의 창출은 문화콘텐츠 상품화 기획의 관건이 된다. 문화콘텐츠 상품화 및 서비스는 OSMU 메커니즘과 깊게 연계되며, 글로벌 네트워크 기반에서 부가가치를 창출해나가는 것을 목표로 한다.

1. 문화콘텐츠 상품화의 의의

문화콘텐츠 상품화의 의의는 문화콘텐츠 상품화의 전 후방 효과를 결정 짓는 창조적 연관 구조를 구축하는 것이다. 문화콘텐츠 상품화의 연관 산업과 밸류 체인은 공급망 관리, 정책, 투자, R & D, 매니지먼트, 제작, 금형, 디자인, 마케팅, 배급, 수출에 이르는 창조적 클러스터 연관 구조를 의미한다.

또한 문화콘텐츠 상품화는 콘텐츠 제작 시스템과 상품, 상품의 광고, 마케팅, 상품화 추진 체계로서의 OSMU, 미디어 채널 네트워크, 디지털콘텐츠 플랫폼, 마켓플레이스, 콘텐츠 생산 및 수급 시스템, 서비스 및 상품 체계, PPL, 광고, 온라인 커뮤니티에 이르는 크리에이티브 클러스터를 구축한다.

문화콘텐츠 상품화의 지식체계 네트워크는 디지털콘텐츠 기반 클러스터 체계를 상품 개발 가이드라인 체계, 양질의 콘텐츠 창출 지식체계, 서비스 분류체계와 통합할 수 있다는 점이다. 문화콘텐츠 상품화는 창조적 상상력과 감성, 크리에이티브를 통해 문화가치를 창출하고, 이를 사용자의 지속 가능한 양질의 서비스를 통해 인터랙션, 몰입과 긴장 관계를 유지하도록 하면서, 이의 온라인과 오프라인 상의 가치를 딜리버리 하는 과정이다.

문화콘텐츠 상품화 기획의 새로운 관점은 이의 분류체계에도 깊은 영향을 주고 있는데, 크리에이터 저작권 판권, 캐릭터 상품, 콘텐츠 서비스 플랫폼, 창조도시, 클러스터가 문화콘텐츠 상품화의 범주이며, 이는 지속적으로 융합되어 확장되고 있다.

이러한 문화콘텐츠 상품화의 기획은 디지털 문화 환경의 소비자들이 새로운 취향에 맞는 상품 개발을 목표로 한다. 문화콘텐츠 상품으로서 영화나 게임, 만화, 드라마 등이 포지셔닝하고 있지만 이를 통해 연관산업의 원도우 유통 채널을 통한 부가가치 창출과 나아가 캐릭터 상품의 판매를 통해 라이선싱 사업을 펼칠 수 있다.

문화콘텐츠 상품 전략은 무엇보다 융합 상품 서비스를 의미한다. 미디어로서는 IPTV, DMB, 와이브로 등이 해당이 되며, 온라인게임, 디지털영화 등이 이미 콘텐츠 융합 상품으로서 포지셔닝을 해 오고 있다.

문화콘텐츠 상품기획은 콘텐츠를 출판, 영화와 게임 등으로 멀티 윈도우 전략을 구사하고, 캐릭터 상품 기획을 하여 글로벌 마케팅을 펼치며 디지털생태계 전체의 선 순환과 부가가치 창출, 관련 상품의 생산과 판매, 소비자 간의 동반 성장 시스템을 만들어가는 구조가 된다.

킬러콘텐츠 창출과 이의 글로벌 마케팅을 위해 관련 기업과 벨류 체인은 미디어 전략과 마케팅 상품 전략 등에 협력하고 함께 동반성장을 위한 M & A 등 전략적 제휴를 통해 시너지를 창출한다.

문화콘텐츠 상품 기획의 대상은 온라인게임, 디지털 영화, 애니메이션, 출판 만화, 디자인, 패션, 박물관, 의류, 음식, 전통 문화상품, 캐릭터, 광고 커뮤니티 등에서부터 디지털 복합 프로젝트, 창조 도시 등도 해당이 된다.

문화콘텐츠 상품 기획의 프로세스는 콘텐츠 기획 단계에서 함께 이루어짐으로서 더욱 시너지를 극대화 할 수 있다. 〈겨울연가〉와 같은 드라마가 크게 성공하여 한류를 유행시켜 가고 있음에도 우리 내부 역량과 시스템 환경이 그를 뒷받침을 해주지 못하여 연관 부가가치를 우리 산업과 경제에 가져오지 못한 점이 있다.

디지털 시대 상품 분류와 구성 체계도 변화하고 있다. 문화콘텐츠 상품 기획 프로세스를 통해 지식 창조시대의 상품기획의 방법을 이해하고, 글로벌 시장에서의 상품화 전략을 고려하면서 콘텐츠 기획을 한다면 우리도 글로벌 선도 기업이 출현할 수 있다는 생각을 해 본다.

2. 문화콘텐츠 상품화와 클러스터 체계

문화콘텐츠 상품화는 가치사슬과 클러스터 연관구조를 구축하는 것이 중요하다. 창조적인 문화콘텐츠 클러스터 정책의 추진체계와 전략은 민관 협력을 기본으로 하는 자발성과 창발성을 이끌어내야 하며, 특히 디지털 시대의 지역 문화콘텐츠 클러스터 정책은 문화 거버넌스, 문화 생태계, 문화 네트워크, 문화 커뮤니티, 문화 클러스터라는 정책 파이프라인 구축이 수반되어야 한다.

창조적인 콘텐츠 클러스터 구축은 지역의 문화콘텐츠 산업이 활성화하고 융성하기 위한 조건이자 환경이다. 지역의 창조적인 콘텐츠 클러스터 확립의 원칙은 지역의 특성에 부합하는 콘텐츠 창조섹터를 확립하여 먼저 자리잡도록 하고 이를 중심으로 콘텐츠 크리에이티브 가치사슬 네트워크가 생태계의 선 순환 구조를 이루어 나가도록 해야 한다.

콘텐츠 창조섹터는 콘텐츠 코어 클러스터와 벨류 체인 장르별 연관 클러스터 생태계로 구성되어 있다. 콘텐츠 코어 클러스터는 기초예술, 문화예술, 전통예술, 디자인, 연극, 뮤지컬, 공연, 춤, 음악, 창작, 박물관, 미술관 등 본질적 가치를 제공하며 인류문화의 삶의 지혜, 방법론, 인식의 틀, 통찰력 등 창조의 본원적 지식 가치를 제공한다.

콘텐츠 연관 클러스터는 미디어 산업을 중심으로 하는 영화, 게임, 영상 TV, 애니메이션 출판, 모바일, 관광, 광고, 음반 등 엔터테인먼트 연관 산업으로 문화의 향유, 소비적 가치, 삶의 즐거움과 교류 등 문화 향유 가치를 제공한다.

지역의 창조적인 콘텐츠 클러스터 정립의 중요한 원칙은 이러한 일반론을 모두가 전체적으로 답습하여 나가는 게 아닌 지역의 특성에 맞는 실사구시적이고도 창조적인 콘텐츠 클러스터 전략이 R & D 기능의 강화, 교육, 금융, 유통, NGO 네트워크 인프라의 확충과 함께 이루어지도록 함과 동시에 지역 간 시너지와 연관 구조를 통찰해 내야 한다.

이를 통해 지역을 대표하는 캐릭터의 창출, 창조적인 아이템과 콘텐츠 프로젝트의 창출, 학제 간, 산학 간 협력을 통한 콘텐츠 OSMU 전략 실현, 글로벌 경쟁 환경에 대응하기 위한 콘텐츠 선도기업의 창출을 구체적인 로드맵에 의해 실현해 내야 한다. 이 과정에서 창조적 전문가들을 적극 발굴 수용해 나가고 지역은 지역에 멈추는 게 아닌 점, 선, 면, 네트워크 기반의 글로컬 포지셔닝과 전략 체계를 확립해나가야 한다.

지역은 저마다의 지역 특성과 역사적 배경과 뿌리가 있다. 그 배경과 뿌리는 사실 눈에 잘 보이지 않는다. 그렇지만 수백 년을 내려오면서 축적된 문화적 자산과 지역의 정신적 가치는 분명히 존재하고 있는 것이다. 지역의 뿌리와 정신은 사실 면면히 내려온 핵심 자원이며 지식 창조 시대에도 역시 핵심 문화적 가치로, 상징적 의미로 발현되고 재창조될 가능성이 적지 않다.

문화콘텐츠 상품화 크리에이티브는 클러스터 간 네트워크 연관 네트워크를 통찰하고 창조적 상상력과 스토리텔링, 문화콘텐츠 지식체계를 통한 킬러콘텐츠를 창출하는 과정이다. 나아가 크리에이티브 파이프라인 구조와 콘텐츠 심층지식체계를 확립하며 연관산업의 비즈니스 체계와 의미구조를 인식하는 일은 기업의 글로벌 브랜드 전략에 중요한 인사이트를 제공한다. 삼성의 애니콜의 경우 글로벌 시장 론칭 단계에서 글로벌 브랜드 마케팅 전략에 문화콘텐츠 스토리텔링을 적절하게 반영하여 효과적으로 성공한 대표적인 사례이다.

광고도 이제 리얼 버라이어티 시대

　리얼 버라이어티 형식의 광고를 통해 브랜드를 알리는 브랜드 엔터테인먼트(Brand Entertainment)가 IT 업계 새로운 광고 마케팅 기법으로 급부상하고 있다.

　광고인지, 드라마인지, 뮤직비디오인지 쉽게 구분할 수 없는 엔터테인먼트형 광고로 소비자들에게 쉽게 브랜드를 어필한다는 전략이다. TV나 신문을 통한 전통적인 매스 광고나 제품을 드라마 영화 속 소품으로 등장시키는 광고(PPL)와 달리 현 시대 최고 문화 트렌드를 통해 브랜드를 알린다는 점에서 젊은 층을 타깃으로 한 최첨단 마케팅 기법으로 주목받고 있다.

　특히 브랜드 엔터테인먼트 마케팅은 시대 변화에 따라 뮤직비디오→뮤직드라마→리얼 버라이어티의 흐름으로 이어지고 있어 시대 상황을 반영하고 있다는 평가를 받고 있다.

　국내 브랜드 엔터테인먼트의 효시는 삼성전자 애니콜이 꼽힌다. 삼성전자는 2005년부터 애니모션, 애니클럽, 애니스타, 애니밴드 등 애니로 시작하는 이른바 애니○○ 시리즈 뮤직드라마를 통해 국내 산업계의 마케팅 트렌드와 연예계의 가요 트렌드를 뒤바꾼 트렌드 세터 기업으로 올라선 바 있다.

　삼성전자는 음악과 춤 그리고 최고 인기 스타들을 총동원한 대작 뮤직드라마를 제작했다. 삼성 휴대폰들은 단순한 극중 소품이 아니라 내용 전개에 없어서는 안 될 결정적인 단서로 사용되는 형식으로 소비자들에게 큰 관심을 일으키기도 했다.

　이효리, 에릭(애니모션), 권상우(애니클럽), 이준기(애니스타), 타블로, 보아, 시아준수, 진보라(애니밴드) 등 당대 최고 스타들이 등장하기도 했다. 삼성전자는 최근 다섯 번째로 햅틱미션을 통해 새로운 브랜드 마케팅 바람을 일으키고 있다.

　인기 가수 손담비와 〈꽃보다 남자〉의 주인공 이민호, 김현중, 김범, 김준 등이 참여하는 리얼 버라이어티 형태의 신입사원 입사기, 애니콜 햅틱미션(Haptic Mission)을 온라인과 케이블 TV 채널 M.net을 통해 공개하며 새로운 변화를 시도하기도 했다. 특히 햅틱 미션은 뮤직비디오와 뮤직드라마 형식과 달리 최근 인기를 끌고 있는 리얼 버라이어티 형식으로 포맷을 변경해 큰 관심을 끌기도 했다. 햅틱미션 프로젝트는 1,000만 건 이상 콘텐츠 조회 수를 기록했다.

기존 시리즈는 정해진 각본에 따라 내용이 구성됐지만 이번 햅틱 미션은 스타들이 매번 미션을 부여받아 꾸미지 않은 실제 신입사원 같은 생생한 모습을 보여줬다는 점에서 차별화되며 젊은이들에게 폭발적인 인기를 얻었다.

LG전자의 롤리팝도 브랜드 엔터테인먼트의 대표적 성공사례로 꼽힌다. LG전자는 인기그룹 빅뱅과 신인그룹 2NE1을 등장시켜 CM송인지 일반 가요인지 구분이 안 되는 롤리팝이란 노래를 만들어 제품 출시 초기 시선을 확 사로잡았다.

인기 배우들이 미국 전역을 돌아다니며 미국 곳곳을 소개하는 대한항공의 미국 어디까지 가봤니 시리즈와 최상의 주가를 올리는 이민호와 제시카 고메즈를 내세우며 만든 새로운 맥주 카스 2X도 브랜드 엔터테인먼트의 성공 계보를 잇고 있다.

브랜드 엔터테인먼트 마케팅의 가장 큰 장점은 하나의 소스를 통해 여러 가지 콘텐츠가 양산되는 원소스 멀티 유즈가 가능하다는 점이 꼽힌다. 뮤직드라마는 방송을 통해 뮤직비디오와 TV CF 등으로 공개되고 인터넷을 통해 마이크로사이트와 각종 포털, 블로그, 커뮤니티 등에 빠른 속도로 확산된다.

또 동영상의 스틸컷은 모바일 월페이퍼에 활용되고 뮤직드라마에 삽입된 음악은 MP3, 휴대폰 벨소리, 링톤 등으로 쓰였다.

클럽 파티 형식의 론칭쇼(삼성전자 애니클립), 뮤직드라마 시사회 개최(애니스타), 대형 콘서트 개최(애니밴드, 롤리팝) 등 매번 다양한 이슈를 이끌어내며 대한민국 마케팅 업계를 한 단계 업그레이드시키고 있다.

삼성전자 관계자는 "햅틱미션은 리얼 버라이어티라는 형식을 도입해 만든 새로운 형식의 마케팅 콘텐츠라는 측면에서 기존 브랜드 엔터테인먼트 콘텐츠들과 차별화된다"고 말했다.

-손재권, 매일경제, 2009. 07. 20.

3. 문화콘텐츠 지식체계와 상품화

문화콘텐츠 지식 네트워크 체계에 기반하여 문화콘텐츠 상품화를 하고자 하는 목적은 다양한 분야에서 문화콘텐츠 비즈니스 모델의 창출이 가능하도록 하며 이와 더불어 문화콘텐츠의 원작의 상품화 기획이 원작의 저작권과 판권의 가치를 극대화할 수 있도록 하는데 있다. 나아가 원작 상품의 가치가 지속가능한 가치를 창출할 수 있도록 하는데 있다. 이에는 문화콘텐츠 원작의 상품화 기획 단계, 문화콘텐츠 원작의 판권 라이선싱 단계, 문화콘텐츠의 미디어 전략 마케팅 단계, 캐릭터 라이선싱 판매 단계 등을 거치게 된다.

1) 문화콘텐츠 원작의 상품화 기획 단계

문화콘텐츠 원작의 상품화 기획에서 가장 고려되어야 하는 점은 콘텐츠 스토리의 질적 고도화일 것이다. 이는 인류 보편적 문화코드에 닿아 있어야 하며 극적 몰입감을 줄 수 있고 재미와 감동, 세계관을 통한 보편적 가치를 제공할 수 있어야 한다는 점이다.

그리고 문화콘텐츠 원작의 상품화 기획에서 고려해야 하는 점은 다양한 미디어 환경과 기술적 특성을 또한 고려하는 일이다. 또한 일반적으로 출판 원작의 상품화가 게임, 영화, 드라마, 애니메이션 등으로 OSMU를 통해 부가가치를 확대해 나가도록 하는 상품화 전략이 기획 단계에서 고려되어야 한다는 점이다. 물론 문화콘텐츠 원작이 반드시 출판이 아니더라도, 예컨대, 영화에서 출판, 게임 등으로 확대하는 경우에도 문화콘텐츠의 상품화 기획이 함께 고려되어야 한다는 점이다.

문화콘텐츠 프로젝트가 흥행의 시너지를 창출하는 멀티플랫폼 전략 구현이 가능하도록 하고 글로벌 미디어 마켓에서의 시장 창출 가능하도록 상품화가 기획되도록 하는 일은 문화콘텐츠 상품화 기획의 목표라 하겠다.

2) 문화콘텐츠 원작의 판권 라이선싱 단계에서의 상품화 기획

문화콘텐츠의 판권 라이선싱 단계에서의 상품화 기획의 핵심은 캐릭터 라이선싱 판매 마케팅을 통한 부가가치 로열티의 창출일 것이다. 이는 문화콘텐츠 판권 라이선싱 프로세스의 철저한 관리 전략이 요구되는 이유이기도 하다. 문화콘텐츠 원작의 시장에서의 흥행 성공이 캐릭터 상품의 시장 판매의 성공으로 이어지도록 하는 상품화 기획이 필요한 것이다. 한편 문화콘텐츠 상품화 기획에서 고려해야 하는 것은 캐릭터 라이선싱 판매, 상품화 외에도 지역 관광 산업 및 도시 마케팅 등을 함께 고려해야 한다는 점이다.

드라마 〈겨울연가〉와 〈대장금〉이 TV 매체를 통해 해외에서 많은 시청률을 기록하면서 이의 경제효과 및 부가가치 효과가 수조 원에 달한다는 발표가 있었지만 정작 국내 시장에서 연관 산업을 통해 창출되도록 하는 일이 중요하다. 이는 문화콘텐츠 지식체계에 기반한 상품화 기획이 필요한 이유이다.

이러한 점을 문화콘텐츠 상품화 기획 단계에서 고려함으로써 보다 안정적인 자금 조달 채널을 다양화할 수 있다.

3) 문화콘텐츠 미디어 전략 매니지먼트 단계

문화콘텐츠 지식체계를 통한 상품화 기획 단계에서 또한 고려해야 하는 것은 미디어 전략 매니지먼트일 것이다. 이를 통해 출판, 만화, 애니메이션, 영화, 게임, 드라마, 패션, 관광 상품, 테마파크, 전시 기획, 이벤트, 스포츠, 음악, 연극, 공연, 박물관, 미술관 등과 미디어 융합 환경에서의 클로스 미디어 연계 구조에서 부가가치를 극대화할 수 있다. 최근 부상하고 있는 IPTV, 디지털 케이블 TV에서의 TPS, QPS 서비스 모델로도 통합적으로 연계함으로써 부가가치를 극대화 할 수 있다.

이를 위해서는 문화콘텐츠 가치사슬상의 기획이 가능하도록 해야 한다는 점을 시사한다. 또한 문화콘텐츠 산업 분류체계와 상품화의 이슈도 뒤따르게 되는데, 디지털콘텐츠 트렌드의 변화에 대응하고, 글로벌 서비스 표준화 전략 체계를 수립하며, 글로벌 파이프라인 연계구조, 클러스터 간 네트워크, 미디어별 연관 스토리텔링, 지역의 소중한 문화자산에 대해 보다 면밀한 연구와 분석을 통해 데이터를 축적해 나가고 핵심 문화자원을 창조적이고도 생산적으로 활용하고자 하는 전략적 노력이 필요하다.

4. 문화콘텐츠 상품화 기획

문화콘텐츠 상품화 기획에서 먼저 고려해야 하는 점은 콘텐츠 융합 테크놀로지, 기술 패러다임 변동으로 인한 시장의 변화이다. 그리고 글로벌 시장에서의 틈새 시장의 기회를 통찰하는 것이다. 글로벌 네트워크 기반의 콘텐츠 상품화 전략에서의 시장 트렌드 인사이트 역시 고려해야 한다. 콘

| Chapter ❽ 문화콘텐츠 상품화 기획 |

텐츠 서비스 플랫폼 네트워크 통합형 상품화 전략이 글로벌 네트워크 기반의 서비스 포맷 비즈니스화되는 추세도 고려해야 할 것이다.

문화콘텐츠 상품 서비스의 경쟁우위를 지속적으로 유지하기 위해서는 시장에서의 시간 및 비용 효율화가 핵심이며 따라서 콘텐츠 생태계, 가치사슬, 클러스터 체계의 기반 조성이 중요하다. 이를 통해 콘텐츠 상품화 고도화 전략 및 다양성을 확보할 수 있으며, 시장에서의 발빠른 대응을 해나갈 수 있다.

또한 문화콘텐츠 상품화 분류 체계가 확립되어야 하며 이의 개발 가이드라인 표준화 체계가 확립되어야 한다. R & D에서 기획, 투자, 제작, 마케팅, 유통 배급, 수출 단계별 상품화 기획 프로세스가 반영될 수 있어야 한다.

1) 문화콘텐츠 상품화 기획의 시장과 범주 전망

문화콘텐츠의 상품화 기획을 하면서 가장 먼저 고려하는 점은 한류의 확산과 그 가능성일 것이다. 실로 우리가 의식하지 못하는 사이에 문화콘텐츠의 발신은 한국에서만이 아닌 글로벌 시장, 전세계로 확대되어 온 것이다.

이제 잘 만든 드라마 한 편이 미치는 국가, 도시, 기업 브랜드 이미지 재고의 영향력과 힘은 막강해 졌다. 온라인게임, 음악, 쇼 엔터테인먼트가 미치는 시장의 범주 역시 아시아를 넘어 글로벌 시장으로 확대되고 있다. 이는 지난 10여 년의 디지털 융합, 25년의 IT 성장과 발전에 힘 입은 바 크다. 그 과정에서 콘텐츠의 질적 고도화를 위한 콘텐츠 크리에이터들이 눈에 보이지 않는 시장에서의 노력과 기여가 있어 왔다.

이렇듯 한류 문화콘텐츠의 시장의 범주는 이제 전 세계로 확대되어 왔으며 유비쿼터스 환경으로 인식되어야 한다.

향후에도 글로벌 수평적 네트워크 기반에서 문화콘텐츠의 상품화의 시장 기회는 확대될 것이며 이 과정에서 문화콘텐츠 심층지식체계는 더욱 고도화될 것이다. 문화콘텐츠의 심층지식체계는 명품 브랜드를 창출할 것이며 이러한 지식체계를 기반으로 미래 대한민국의 선진화를 이룰 핵심 역량이자 전략 체계가 될 것이다.

또한 문화콘텐츠 상품화 기획의 범주로 기술 패러다임의 변동과 서비스 환경의 변화를 인식해야 한다. 이는 롱테일 마켓의 기회를 확대하고 있으며, 오픈 플랫폼 마켓 앱스토어 환경, 방송통신융합 IPTV 서비스 시장 환경 등에 대한 인식을 상품화 기획 단계의 핵심 고려 요소로 요구받고 있다.

2) 문화콘텐츠 상품화 기획의 본질

문화콘텐츠 상품화 기획의 본질은 문화콘텐츠의 상품 가치의 창출을 통해 저작권, 판권의 가치를 고도화하고 이의 라이선싱 관리를 효율적으로 펼쳐 나가는 일이다.

따라서 문화콘텐츠의 상품으로서 캐릭터 프로퍼티의 상품화 전략, 라이선스 전략이 기획의 본질이 되어야 하며 아무리 강조해도 지나치지 않을 것이다. 그리고 이는 각종 미디어 네트워크 마켓 채널 기반에서 고객과 이용자와 만나는 접점을 확대하고 로얄티를 증대하도록 함으로서 그 가치를 극대화하게 되는데, 만화, 애니메이션, 게임, 드라마, 영화 등을 통해 가치를 창출하게 된다.

문화콘텐츠 상품화 기획 프로세스는 무엇보다 독창적인 스토리, 디자인

| Chapter ❽ 문화콘텐츠 상품화 기획 |

룩앤필 기획이 되어야 하며, 저작권, 판권의 상품화 프로세스에서 역시 문화콘텐츠 산업이 지식, 정보, 문화의 융합, 전문역량의 총합으로서 클러스터 정책과 전략 등 핵심 역량이 연관산업의 시너지로 작동되는 창조산업이라는 점을 인식하고 이를 문화콘텐츠 상품화 기획에 반영하는 일이다. 따라서 이는 콘텐츠 크리에이터의 창조적 상상력이 문화콘텐츠 상품화 기획의 핵심 역량이자 본질이 되고 있다는 점이다. 즉, 문화콘텐츠 상품화 기획은 무엇보다 문화창조자, 콘텐츠 크리에이터들이 창조하는 프로젝트와 비즈니스 모델이 시장에서 콘텐츠 생태계의 선 순환을 이루면서 활발하게 창출되도록 하며, 시장 스스로가 지속적인 가치를 창출하도록 환경과 토양을 만들어 내도록 하는 일이 문화콘텐츠 상품화 기획의 본질적 목표이자 미션이라 하겠다.

Chapter ❾ 문화콘텐츠 라이선싱 기획

　본 장에서는 문화콘텐츠 라이선싱의 의의, 문화콘텐츠 라이선싱 구조, 문화콘텐츠 라이선싱 관리, 문화콘텐츠 라이선싱 전략에 대하여 이야기 한다.

　문화콘텐츠 라이선싱 기획은 이른바 문화콘텐츠 크리에이티브의 지적재산권상의 가치의 창출과 권리 관계 네트워크의 확장, 권리의 임대, 마케팅 채널의 확대로 인식할 수 있다. 문화콘텐츠 라이선싱 기획은 문화콘텐츠 상품화 기획 단계에서 제작, 마케팅, 유통 배급 전반에 이르는 프로세스 매니지먼트 체계와 직접 연관 관계가 있다.

　문화콘텐츠의 창작 기반과 지식 기반 체계의 확립과 이의 매니지먼트 체계의 시장에의 정착은 전체 시장과 생태계를 활성화하고 양질의 지속 가능한 콘텐츠 창출에 기본적인 전제가 된다. 양질의 콘텐츠 라이선스 OSMU 매니지먼트는 문화콘텐츠 상품화, 커뮤니티 마케팅, 제휴 네트워크, 광고 홍보 프로모션 PPL, 퍼블리싱, 수출 전반에 반영되며 캐릭터 매니지먼트 연관구조의 이해, OSMU 체계 필요, 게임 캐릭터 라이선싱, 드라마, 영화, 원작의 창작기반 활성화는 문화콘텐츠 라이선싱 시장 활성화에 기본이 된다.

215

콘텐츠 저작권 라이선싱 기획 역량의 고도화는 창조가치와 공유가치의 이해를 통해 이루어진다. 나아가 보다 전략적이고도 치밀한 문화콘텐츠 라이선스 계약 관리, 마케팅 관리, 채널 관리, 네트워크 관리, 브랜드 관리, 머천다이징 관리, OSMU 기획 관리를 통해 지속 가능한 성장을 하게 된다.

문화콘텐츠 라이선싱 계약 관리 체계는 디지털콘텐츠 프로듀싱 매니지먼트 관리, 제작 파이프라인 분쟁 관리, 계약 매니지먼트, OSMU 상품화 트렌드 마케팅, 캐릭터 프로세스, 프로덕션 크리에이티브, 애니메이션 계약 분쟁 저작권 위반 분쟁 관리, 사업자 관리, 소송 관리, 투자 리스크 관리, 로열티 관리, 라이선시 관리, 해외 파트너십 관리, 판권 관리, 제작위원회 통합관리 관리를 포괄한다.

1. 문화콘텐츠 라이선싱의 의의

문화콘텐츠 라이선싱은 법적으로 보호받는 캐릭터 오락물 브랜드 캐릭터의 오락물 브랜드 또는 작가들의 미술, 작품, 그래픽, 공예, 출판, 디자인, 로고, 초상권, 음악저작권 등 지적재산권을 임대하는 사업을 친한다. 콘텐츠 비즈니스는 복합 콘텐츠 크리에이티브의 보다 효과적인 지적재산권 라이선싱 관리가 중요하다.

〈마시마로〉는 한국 문화콘텐츠 지재권 라이선스 영역에서 새로운 역사를 개척한 대표적인 캐릭터이다. 〈마시마로〉는 작가 김재인이 2000년에 만든 플래시애니메이션 마시마로 숲의 주인공이다. 온라인 디지털콘텐츠로 7편의 에피소드를 전개하는 동안 엄청난 인기를 얻었으며, 씨엘코 엔터테인먼트는 2001년부터 캐릭터 상품화하여 사업화를 추진하여 미국, 일본 등 전 세계에 수출된 바 있다.

캐릭터 비즈니스에서의 캐릭터는 사전적 의미의 캐릭터와는 달리 '광고, 마케팅'을 포함한 여러 비즈니스 속에 자주 사용되는 인물, 동물, 사물, 기호 등의 사진 또는 '일러스트레이션'을 말합니다.

라이선싱이란, 법적으로 보호받는 캐릭터와 오락물, 브랜드 또는 작가들의 미술작품(그래픽), 공예, 출판, 디자인, 로고, 사람초상권, 음악저작권 등 지적재산권을 임대하는 사업을 말합니다.

한국 캐릭터 라이선싱 페어, 2009

〈마시마로〉는 이전에 월트디즈니의 〈미키마우스〉, 닌텐도의 〈포켓몬스터〉 등이 사실상 한국 캐릭터 상품 시장을 장악하고 〈아기공룡 둘리〉가 명맥을 유지하던 한국의 캐릭터 시장에 새로운 전기를 써 내려갔다. 당시 캐릭터 종주국이라 할 일본시장에 최초로 콘텐츠 라이선스 판매를 시작하였으며, 비록 불법 복제로 인하여 소송 등의 많은 문제를 일으킨 중국 시장에도 선풍적 인기를 끈 바 있고, 아시아 등 전 세계에 수출을 하여 1,500억 이상의 캐릭터 시장을 창출하는 기염을 토했다. 이후 한국의 캐릭터는 크리에이티브가 융성하게 되면서 〈뿌까〉, 〈뽀로로〉 등 양질의 캐릭터 프로퍼티가 창출되고 이를 기반으로 하는 애니메이션 등 다양한 문화콘텐츠 비즈

〈마시마로〉, 씨엘코엔터테인먼트 제공

니스를 전개하여 전 세계 시장에서 부가 수익을 올리고 있다.

문화콘텐츠 라이선싱 기획은 문화콘텐츠가 인류에게 즐거움과 행복을 주는 캐릭터, 애니메이션, 드라마, 게임, 영화 등 엔터테인먼트에서 출발하고 있으며, 나아가 콘텐츠 크리에이션의 상품화와 효율적인 마케팅 및 흥행 전략이 중요하다. 보다 효과적인 크리에이티브 관리 서비스에서는 콘텐츠 크리에이터를 위한 비즈니스 모델 기획과 함께 라이선싱의 보다 효과적인 전략 관리를 한다. 문화콘텐츠 라이선싱 기획은 머천다이징 상품화, 커뮤니티 마케팅, 제휴 네트워크, 광고 홍보 프로모션, 언론 홍보 등 퍼블리싱을 통해 부가가치를 창출한다.

뽀로로, 디보, 치로 "3색 캐릭터 열전"!

국내 인기 캐릭터 뽀로로, 디보, 치로를 연이어 공연하는 〈캐릭터뮤지컬페스티벌〉이 오는 22일 개막한다. 투비컴퍼니와 (주)쇼플레이는 여름방학을 맞아 아이들에게 선풍적인 인기를 끌고 있는 캐릭터들을 한데 모아 페스티벌을 개최해 캐릭터를 좋아하는 관객들에게 다양한 즐거움을 선사할 예정이다. EBS 애니메이션 〈뽀롱뽀롱 뽀로로〉와 〈선물공룡 디보〉 속 주인공들은 오랜 시간 아이들의 인기를 독차지하고 있는 인기 캐릭터이다. 캐릭터의 유명세와 더불어 어린이 뮤지컬 〈뽀로로와 비밀의 방〉, 〈디보가 주는 초록선물〉 역시 놀라운 흥행 성적을 거두어왔고 서울을 비롯한 지방 주요 도시에서 꾸준히 공연되면서 흥행 뮤지컬의 입지를 굳건히 지키고 있다. 또한 EBS의 새로운 인기 프로그램 '치로와 친구들'이 뮤지컬로 탄생해 〈치로와 친구들의 색깔나라 여행〉이라는 제목으로 이번 〈캐릭터뮤지컬페스티벌〉을 통해 첫 선을 보인다. 페스티벌이 열리는 기간 동안 다양한 혜택  도 제공되는데 교육문화회관의 수영장을 함께 이용할 수 있는 수영장 패키지, 2~3개 공연을 함께 예매할 수 있는 패키지 티켓은 멀리 가지 않아도 온 가족이 저렴한 가격으로 신나는 여름방학을 보낼 수 있는 좋은 기회가 될 것이다. 〈캐릭터뮤지컬페스티벌〉은 7월 22일부터 8월 23일까지 양재동 교육문화회관 대극장에서 공연된다.

－〈캐릭터뮤지컬페스티벌〉프리존뉴스, 2009. 7. 15.

2. 문화콘텐츠 라이선싱의 구조

　문화콘텐츠 라이선싱의 구조는 콘텐츠 산업구조의 변화와 문화콘텐츠 라이선스 연관 지식체계로 구성된다. 콘텐츠의 감성적 스토리텔링과 메시지에 요소하면서 디지털 플랫폼과 케이블 네트워크, 온라인 오프라인 마켓 기반에서 글로벌 마켓으로의 사업을 확장해 나간다.
　이때 문화콘텐츠의 좋은 스토리는 각 국가의 문화 장벽을 넘고, 언어의 장벽을 극복하는데 기여한다. 디지털융합은 유비쿼터스 미디어 환경에서 엔터테인먼트 문화콘텐츠는 고객이 원하는 콘텐츠를 원하는 시간대에 맞춤 서비스하는 시장 환경으로 변모시켜 왔다.

PMP와 같은 이동형 모빌리티형 멀티플랫폼은 뉴미디어 환경에 콘텐츠 개발을 3~5분 스크립트의 작은 규모로 개발되고 패키징되어 맞춤 서비스 되기를 바란다.
　문화콘텐츠 라이선싱 기획은 이러한 콘텐츠 산업구조의 변화와 이의 콘텐츠 테크놀로지 크리에이티브 인사이트 체계, 상품화 MD 체계를 통합적으로 구축함으로써 그 진가를 십분 발휘하게 된다.
　문화콘텐츠 라이선싱 사업은 지적재산권 등 권리로 보호되는 프로퍼티(property)를 상품화, 서비스, 프로모션 등을 목적으로 일정기간 임대하는(Leasing) 비즈니스 과정이다. 이러한 라이선싱 사업 환경이 디지털 유통창구 인프라와 디지털 부가시장 활성화의 과제에 놓여 있다.
　전 세계 라이선스 비즈니스 환경이 월드 와이드 시장에서 완구, 토이 유통 비즈니스가 주종을 이루고 있지만, 이미 디지털 환경에서는 아바타, 아이템 등 디지털 캐릭터 머천 및 유통 서비스가 이루어 지고 있다. 엔터테인먼트 문화콘텐츠가 디지털 경제 메커니즘과 결합하면서 이러한 시장 규모가 빠르게 전 세계적으로 확산되고 있다.
　문화콘텐츠 라이선싱의 부가시장이 한편에서는 붕괴 및 괴멸되는 한편 합법적인 콘텐츠 다운로드 시장을 창출하기 위한 정책적, 기술적 노력이 집중되고 있다. 월드와이드한 저작권 집중 관리 단체와 세계지적재산권기구(WIPO)는 이러한 시장 환경의 변화에 대응하여 저작권법 개정을 진행해 왔다.

WCT - 이용제공권

쌍방향 디지털네트워크상의 저작물송신
- 두 개의 가능한 기존 권리 확인 공중전달권 / 배포권
- 포괄적 해결책
  - 송신 행위는 중립적으로 표현되어야 함.
  - 디지털 송신의 쌍방향적 본질을 전달해야 함.
  - 베른협약에서 이와 관련된 권리를 포괄하지 못한 부분들을 완전히 없애야 함.
  - 권리를 실질적으로 선택할 때, 각국에 충분한 재량을 남겨둬야 함.

WPPT - 실연자의 권리

- WPPT하 실연자의 권리 본질 핵심적 차이 - 예방가능성 대 배타적 권리
- 경제권
  - 비고정 실연을 방송 및 공중에 전달할 수 있는 권리
  - 복제권
  - 대여권
- 포괄적 해결
  제 10조와 14조는 유무선 방식으로 공중 구성원이 개별적으로 원하는 장소와 시간에 접근할 수 있는 방식으로 음반에 고정된 공연 그리고 개별 음반들을 공중에 이용 제공할 수 있는 배타적권리를 부여
- WCT, WPPT 2002년 발효, 저작권, 디지털 이용 전세계 형평성 이용 노력 세계화에 따른 저작물 이용 환경, 저작자 적절한 보상, 라이선싱 활성화, 시장 기반 확대 목적 WCT, WPPT 가입 장려
- 리차드 오웬스, 세계 지적재산권기구 저작권기술 및 관리 국장, 서울 저작권포럼, 2009

한국콘텐츠진흥원 노준석 박사는 라이선싱 사업 시 콘텐츠 특성에 따라 분야별 카테고리 선정 분류체계의 필요성에 대해 중요성을 언급, 시장성이 강해

야 함을 강조하였다. 즉, 캐릭터 OSMU 라이선스 성과가 '인지도 상승→충성도 증가→캐릭터 상품구매→라이선시로부터 로열티 수입'으로 전개되어 더 많은 파생상품을 발생시키면서 부가가치를 창출하기 때문이다. 원작자(김수정)가 주도한 법인형태의 라이선싱 회사인 (주)둘리나라의 경우, 현재 700여개 업체에서 2,000여종의 상품화를 위해 디자인을 개발하고, TV 및 극장 애니메이션으로 매체 영향력을 증대시키면서 수익모델을 다각화하고 있다.

문화콘텐츠 라이선싱 관련 권리들 역시 장르마다 다양한 권리관계가 존재한다.

문화콘텐츠 라이선싱 관련 권리분류체계(노준석, 한국콘텐츠진흥원 언론학박사)

캐릭터	순수 미술저작물로서 저작권, 표장(서비스표)으로서 상표권, 물품에 사용할 경우의 의장권
애니메이션	원작자(시나리오 작가 등)의 영상화 허락권(각색권), 영상화된 저작물의 다른 영상물영상화에 대한 재허락권, 영상저작물의 복제권, 배포권, 방송권, 공연권, 캐릭터 사용시 캐릭터 작가의 이용 허락 또는 애니메이션 제작자의 상품화권
게임	게임저작권(스토리제작, 기획)의 저작권, 프로그램 저작자의 복제, 개작, 배포, 발행 및 전송, 대여권, 게임에서 사용되는 캐릭터의 저작권, 게임 상표권
만화(출판)	만화 저작자의 저작권 / 설정된 출판권, 캐릭터(미술) 저작권, 캐릭터를 물품에 적용한 경우의 의장권
모바일	모바일 캐릭터 저작권, 음원 저작권 / 음반 제작자의 저작인접권, 모바일용 게임에 관한 건리, 모바일서비스 업체에 라이선스, 서비스 임대, 콘텐츠 제공시 서비스 계약에 관한 라이선스
음악	음악 저작권(가사, 곡), 저작인접권(음원)

3. 문화콘텐츠 라이선싱 관리

　문화콘텐츠라이선싱 관리는 문화콘텐츠 상품화의 크리에이티브 기획 단계에서 제작, 마케팅, 유통 배급 전반에 이르는 프로세스에서의 매니지먼트 체계와 직접 연관 관계를 구성한다. 또한 문화콘텐츠 창작 기반과 지식 기반 체계의 확립과 이의 라이선싱 매니지먼트 체계의 정착은 전체 시장과 생태계를 활성화하고 양질의 지속 가능한 콘텐츠 창출에 기여한다.

　즉, 문화콘텐츠 라이선싱 관리 시장의 활성화에는 문화콘텐츠 창작기반 활성화를 통한 충실한 원작의 탄생이 활발하게 이루어지고 이의 게임, 영화, 드라마 등 문화콘텐츠 OSMU 네트워크의 시장 활성화를 촉진해 주어야 한다. 이에 문화콘텐츠 라이선싱 관리 시장은 따라서 성장하게 된다.

　문화콘텐츠 라이선싱 관리의 역량은 채널 관리, 크리에이티브 계약 관리, 마케팅 관리, 네트워크 관리, 브랜드 관리, 캐릭터 머천다이징 관리, OSMU 기획 관리, 분쟁 관리, 해외 파트너십 관리, 로열티 관리, 리스크 관리 등의 효율화를 위해 요구된다.

　문화콘텐츠라이선싱 비즈니스는 본질적으로 지적재산권(특허·실용신안법, 의장법, 상표법, 부정경쟁방지법, 저작권법) 라이선싱 비즈니스이다.

　따라서 콘텐츠의 디지털 유통에 따라 적절히 배급될 수 있도록 저작권, 사용 허락권 등의 권리 관계를 명확히 하기 위해 콘텐츠 제작에서부터 유통에 이르는 전 라이프 사이클에 걸쳐 권리 관계를 관리하는 전략과 시스템이 필요하다. 이를 기반으로 해외 수출 확대를 위한 콘텐츠 저작권 관련 글로벌 전략의 수립이 가능하다.

　문화콘텐츠 산업의 급속한 발전과 변화로 콘텐츠 기획 단계에서의 크리에이티브 관리에서 마케팅 단계별 리스크 관리 등 문화콘텐츠 라이선싱과 매니지먼트 체계에 대한 보다 체계적인 연구와 인재양성 시스템이 미흡하였다.

결국 문화콘텐츠 산업은 이러한 보다 체계적인 커리큐럼에 의한 창조적인 인재를 양성하고, 보다 심층적인 R & D 클러스터 체계의 확립 기반 위에서 성장하게 될 것이다.

한국콘텐츠진흥원 노준석 박사는, 문화콘텐츠 라이선싱 매니지먼트에서 마블 엔터프라이즈의 매출구조를 살펴보면('07년), 총 매출액 4억 8,580만 불 중에서 라이선싱 매출이 2억 7,270만 불로 장난감, 영화, 비디오 게임, TV프로그램, OVA, 레저관광, 프로모션, 출판, 디지털만화 등에서의 라이선싱 매출이 출판 매출(2억 1,310만 불)보다 더 큰 비중을 차지하고 있다.

일본 역시 캐릭터 라이선싱 및 상품시장이 30~40조 원 규모로 세계시장을 견인하고 있다. 이러한 배경에는 콘텐츠 관련 모든 저작권·저작인접권에 대한 권리처리시스템이 확립되어 있어 해외판매 시, 사전에 관련단체를 통해 승인을 받기 때문이다. 나아가 디자인, 로열티, 미디어에 기반한 캐릭터 비즈니스 지향캐릭터 라이선싱은 완결된 콘텐츠보다 캐릭터 기획 및 개발 단계부터 여러 장르의 업체와 매체를 활용하는 협업에 의한 멀티유즈 사업 관리 역량이 필요하다고 강조하고 있다.

문화콘텐츠 라이선싱은 글로벌 마켓에서의 채널 네트워크 기반에서 브랜드 가치 창출을 위한 열정과 헌신을 통해 매니지먼트의 성공을 거두지만 항상 그렇지 않으며 시장은 다양한 장르 분야에서 매니지먼트 리스크에 직면하고 있다.

만화콘텐츠 불법 복제 사례

다른 장르에 비해 만화는 저작권에 대한 의식 수준이 낮은 편이다. 그 이유로 업계 관계자는 "영화나 음악에 비해 만화의 저작권 침해 사례는 덜 부각된다"며 홍보의 부족을 원인으로 지목했다.

오덕영 부천만화센터 산업진흥팀장은 저작권자들에게도 일부 책임이 있다고 말했다. 그는 "정작 저작권자들이 자신의 권리를 인지하지 못하는 사례가 많다"며 "전국에 만화관련 학과를 개설한 대학 중 저작권 교육을 실시하는 곳은 없는 것으로 안다"고 말했다. 디지털 환경이 원작 만화의 다양한 활용으로 이어졌지만 정작 작가들은 이 같은 흐름을 따라가지 못했다는 설명이다.

문제는 저작권자 사이의 분쟁이 당사자 간 개인적인 문제를 넘어 전체 산업의 발전을 저해하는 걸림돌이 될 수 있다는 사실이다.

1000만부 이상의 엄청난 판매량을 기록하며 학습만화의 새로운 전기를 마련했던 『만화로 보는 그리스 로마신화』가 출판사와 작가의 저작권료 분쟁을 거치며 무한한 기회를 놓친 것은 업계의 큰 손실이다. 『만화로 보는 그리스 로마신화』는 극장용 애니메이션으로 제작됐지만 원작 만화가 홍모씨가 저작인격권 침해를 주장하며 배급사에 내용증명을 보내는 등의 과정을 겪으며 결국 개봉되지 못했다.

전문가들은 출판 만화 제작 시에 이미 인터넷 판권이나 애니메이션 제작 등 향후 등장할 수 있는 저작권 문제를 계약서에 명시하는 일본의 사례를 배워야만 우리 만화 산업이 좀 더 발전할 수 있을 것이라고 지적했다. 이현세 회장은 "계약서라는 말 자체가 낯설지만 이제는 말하기 불편해도 얘기해야 할 때"라고 강조했다.

만화가 고귀한 창작행위임에는 분명하지만 '고귀한 선비 정신'에 매몰돼 산업적인 요소를 도외시한다면 발전은 없다.

짝퉁 〈뮤〉 등장… 웹젠, 중국발 악재에 치명

온라인게임 전문업체 웹젠이 예상치 못한 중국발 악재로 시련을 겪을 조짐이다. 지난 4월 오픈한 글로벌 게임포털 '웹젠닷컴(Webzen.com)' 서비스에 박차를 가하고 있는 시점에서 터진 악재다. 글로벌 특수는커녕 자칫 글로벌 악재로 매출 감소세가 불가피할 전망이다.

20일 게임업계에 따르면 중국 더나인은 〈뮤〉의 짝퉁게임으로 알려진 〈뮤X〉(가칭)를 오는 23일부터 열리는 '차이나조이2009'에서 공개한다고 밝혔다. 중국명은 '기적전기'로 〈뮤〉의 중국서비스 명인 '기적'과 제목마저 유사하다. 웹젠의 한 관계자는 "2년 전부터 중국에서 〈뮤〉의 기술 지원을 해왔는데 이를 토대로 더나인이 임의로 〈뮤X〉를 만든 것 같다"며 "일단 〈뮤X〉가 공개될 때까지 기다려 볼 수밖에 없다"며 말을 아꼈다.

〈뮤〉의 짝퉁게임으로 알려진 중국 더나인의 〈뮤X〉(가)

아직 게임의 실체가 완전히 공개되지는 않았지만 이 같은 사건이 돌출되면서 웹젠은 국내외 기업이미지에 적지 않은 타격을 받을 것으로 보인다. 특히 전문가들은 최악의 경우 중국에서 〈뮤〉 서비스가 중단되고, 현지 법인인 웹젠차이나가 철수하는 상황까지 갈 수 있다고 보고 있다.

더나인이 〈뮤〉 외에도 〈썬〉, 〈헉슬리〉 등 웹젠 게임들의 중국 판권을 모두 보유하고 있어 대응책이 한정적이고 특단의 대책이 필요한 시점임에도 불구하고 마땅한 대안이 없다는 분석이다.

게다가 자칫 섣부른 대응은 중국정부를 자극할 수도 있다는 우려도 나온다. 중국정부는 최근 자국 게임산업보호 명분으로 자국 기업과 마찰을 빚는 외국 게임들에 대해서는 강경한 규제정책을 펴고 있다.

그렇다고 무대응으로만 넘어갈 수 있을지 의문이다. 해외 매출 중 중국의 비중이 높은 〈뮤〉를 번거롭다는 이유만으로 버릴 수 있겠냐는 것이다. 특히 이 사건을 접한 업계 전문가들은 사안이 이 지경까지 악화되도록 방치한 웹젠의 매끄럽지 못한 사전대응에 더 큰 문제가 있다고 꼬집고 있다. 자사의 짝퉁게임이 가까운 파트너사에서 2년 전부터 개발되고 있는데도 이상 징후를 전혀 알지 못했다는 것은 납득하기 어렵다는 이유에서다.

한 게임업체 대표는 "이유야 어찌됐든 웹젠의 〈뮤〉는 서비스 8년차의 우리나라 간판 장수게임"이라며 "지금이라도 돈 몇 푼이 아니라 더 큰 이익, 업계 전체의 이익을 위해서 대응하고 싸워야 한다"고 말했다. 한편 웹젠은 "〈썬〉, 〈헉슬리〉의 추가적인 중국 진출을 위해 진지하게 기술 교류 및 사업 제휴 등을 논의해야 할 시점에서 이런 행동을 하다니, 도대체 무슨 생각인지 모르겠다"며 강력한 대응 방침을 천명했다.

– 지봉철, 데일리 노컷뉴스, 2009. 7. 20.

저작자나 제작자나, "저작권료 산정이 가장 어려워"

계약서 작성시 다수(저작자 52.4%, 제작자 67.3%)가 저작권료를 계산하는 부분이 어려웠다고 했고, 그 다음이 저작권의 양도여부에 대한 결정(저작자와 제작자 모두 21.4%)이 어려웠다고 했다. 상당수(17.9%)의 저작자는 저작권 계약에 대한 이해 자체가 어려웠다고 했으나 대조적으로 극히 소수(3.1%)의 제작자만 이를 어렵다고 했다. 아마도 제작자는 일의 성격 상 계약서 작성의 경험이 많아서인 것으로 생각된다.

계약서 작성 동기, 제작자는 '자발적', 저작자는 '제작자의 요구' 계약서를 작성하는 이유에 대해서는 저작자와 제작자가 조금 다르게 응답했다. 가장 많은 저작자(45.3%)들이 제작자의 요구에 의해서 계약에 응했다고 했고 자발적으로(29.2%) 했거나 관례에 의해(23.6%) 했다는 답이 그 다음이었다.

반면, 제작자의 경우, 자발적으로 계약에 응한 제작자가 가장 많았으며(49.0%), 다른 제작자의 요구에 의해서(31.7%)와 관례에 의해서(18.3%)는 저작자보다 훨씬 적었다.

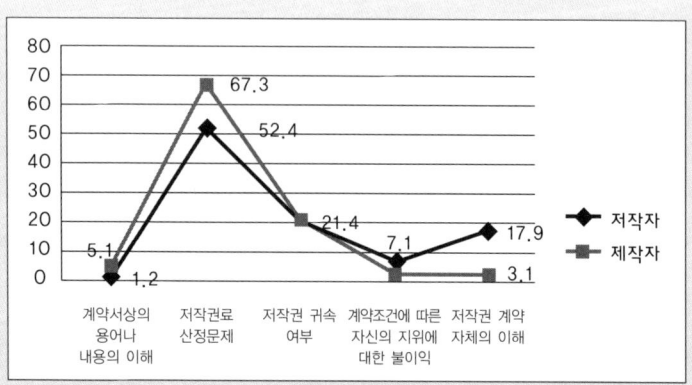

계약 시의 어려운 점(%)

실태조사 결과, 저작자가 제작자보다 계약 작성에 대한 이해도가 더 낮아서 불이익을 당할 개연성이 높은 것으로 나타났다. 예컨대, 제작자의 요구에 의해 저작권 양도계약을 하는 경우, 저작권법에서는 2차적 저작물 작성권에 대한 별도의 조항이 포함되도록 부수적 규정을 두고 있다는 사실을 저작자들에게 인식시켜 불이익을 당하지 않도록 해야 할 것이다.

기준이 애매모호한 계약 관행을 개선시켜 저작자들을 보호하기 위해 한국 뮤지컬 협회, 저작권위원회, 예술경영지원센터 등 관련기관들이 저작권에 대한 교육과 상담을 지원해주고 저작권 위원회에서 제공하는 '표준 뮤지컬 공연 계약서'를 저작자들이 사용하도록 적극적으로 권장하도록 해야 할 것이다.

-소병희 국민대학교 경제학과 교수

4. 문화콘텐츠 라이선싱 전략

효과적인 문화콘텐츠 라이선싱 전략의 핵심은 무엇보다 킬러콘텐츠의 창출일 것이다. 해리 포터, 슈렉, 트랜스포머, 스파이더맨, 슈퍼마리오, 포켓몬스터, 베이브레이드 등과 같은 글로벌 킬러콘텐츠의 창출은 월드와이드한 문화콘텐츠의 라이선싱 전략 프로세스를 수월하게 하면서 관련 캐릭터 부가 상품 판매 시장이 크게 증가한다.

따라서 문화콘텐츠 라이선싱 기획은 문화콘텐츠 상품화 기획 단계에서 제작, 마케팅, 유통 배급 전반에 이르는 프로세스에서의 매니지먼트 체계와 직접 연관 관계를 구성한다. 또한 문화콘텐츠의 창작 기반과 지식 기반 체계의 확립과 이의 매니지먼트 시장의 정착은 깊은 연관 구조를 지닌다.

전체 시장과 생태계를 활성화하고 양질의 지속 가능한 콘텐츠 창출에 기본적인 전제가 된다. 콘텐츠와 미디어 플랫폼, 디바이스 간 생태계의 가치 사슬 통합이라는 디지털 경제, 창조경제 시대 문화콘텐츠 지식체계 심층적인 연구의 중요한 목적은 우리도 글로벌 킬러콘텐츠를 창출하고자 하는 열망과 열정에 비롯되었다고 하겠다.

LIMA(the International Licensing Industry Merchandiser's Association)에 따르면, 2006년 세계 라이선싱 시장규모는 60억 불이며, 미국이 세계에서 가장 큰 시장으로 전체 라이선싱 매출의 44.4%를 캐릭터 라이선싱이 차지하고 있다. 북미주지역 캐릭터 분야의 로열티(2006년)는 약 11.2%로서 아트부문(평균 6.7%)에 비하면 1.5배 이상 높은 수치이며, 음악을 제외한 프로퍼티 중에서 가장 높은 비중을 차지한다. 특히 장난감과 게임이 전체 캐릭터 라이선스 매출액의 26.5%를 차지한다.

라이선싱 아시아 CEO인 마릴루 코르푸스는 최고의 브랜드를 창출하고 관리하는 열정과 헌신을 들고 있다. 마릴루는 브랜드 구축의 중요성과 브랜드 기획 단계에서부터 시장 개척, 프로모션, 리테일과 상품 개발을 통한 브랜드 활용 등에 이르기까지 브랜드 매니지먼트 전반에 걸친 풍부한 경험, 영업과 마케팅, 제품개발, 카피라이트와 트레이드마크, 리테일 개발 역량이 요구됨을 강조하고 있다.[22]

문화콘텐츠라이선싱 기획의 좋은 사례는 일본 디라이츠의 〈베이블레이드〉를 들 수 있다. KMCM 2009(코리아미디어콘텐츠마켓 2009 서울 워커힐 호텔 kotra, 중기청 공동주관)에서도 발표한 바 있으며, 디라이츠는 철저하게 문화콘텐츠라이선싱 기획의 관점에서 콘텐츠를 개발하고 파트너십과 아웃소싱 체계를 구축하였다. 한국의 대표적인 파트너는 손오공(주)이며, 애니메이션 제작에 참여하였다. 한국 시장에서는 〈탑블레이드〉로 알려져 있으며 (주)손오공의 시장에서의 성공과 상장에 결정적 계기가 되었다.

필자는 이러한 최고의 브랜드를 창출하고 유지하기 위한 열정과 헌신, 글로벌 킬러콘텐츠의 창출을 위한 시스템과 전략 외에 문화콘텐츠 라이선싱 전략 기획의 핵심 요소로서 문화콘텐츠의 창조가치와 공유가치의 이해, 문화콘텐츠 시장 트렌드 인사이트 확립, 문화콘텐츠 매니지먼트 체계 확립, 글로벌 마케팅 매니지먼트 역량 구축, 콘텐츠 창조산업 클러스터 체계의 조성 등을 들 수 있다. 그리고 끝으로는 정책 리스크 매니지먼트 체계 확립을 들고자 한다.

아래는 문화콘텐츠 라이선싱의 활성화를 불필요하게 규제함으로써 전체 산업과 경제의 활성화를 막게 되는 정책 리스크에 관한 글이다.

---

22 마릴루 코르푸스는 24년간 국제 라이선싱과 마케팅 경험을 기반으로 1998년 클릭! 라이선싱 아시아를 설립했다. 현재 클릭은 본사를 필리핀에 두고 있으며, 홍콩, 상하이, 타이페이, 방콕, 싱가포르, 자카르타 등지에 지사를 두고 있다.

〈대장금〉이 세계 60개국에 팔리고 약 3조 원의 경제효과를 냈다는 보도가 있었다. 아프리카의 짐바브웨 같은 나라는 방송에서 〈대장금〉 관련 퀴즈를 냈다가 국민의 3분의 1인 480만 명이 응모할 정도였다고 하니, 그 인기가 대단하다. 〈대장금〉은 이웃 일본에 아직도 인터넷 VOD서비스로 팔릴 정도로 인기가 여전하다.

드라마와 같은 문화상품의 인기는 단순히 드라마콘텐츠의 판매에 그치지 않고, 한국에 대한 인식과, 한국 문화, 한국 상품 등에 대한 이미지를 좋게 해서, 궁극적으로 국가에 엄청난 경제외적 공헌을 한다. 문화가 곧 국방이고, 문화가 외교인 셈이다.

이웃 일본의 네티즌들은 한국에서는 욘사마 같은 훌륭한 배우를 일본에 보내는데, 일본에서는 AV 여배우의 벗은 몸을 한국에 보내는 수준이라고 탄식할 정도이다. 문제는 이와 같은 자부심을 가질 만한 훌륭한 문화상품이 해외 방송물 판매 그 이상으로 발전하지 못하고 있다는 것이다. 그 이유는 지나치게 엄격한 방송물의 간접광고 제한과 방송 후방 산업의 취약한 구조 때문이다.

유명한 영국스파이 영화 〈007〉은 영화가 한번 뜰 때마다 BMW 등 외국 고급차들의 인기를 함께 끌고 다닌다. 주인공이 멋진 고급차를 타고 나오며, 그 차에는 자동차회사 로고가 선명히 박혀 있다. 그러나 〈대장금〉을 비롯, 〈겨울연가〉, 〈사랑이 뭐길래〉 등 수많은 한류 인기 작품들은 우리나라 상품과 우리나라 관광자원을 제대로 소개할 수가 없다. 이미 만들 때부터 간접광고 규제에 묶여 있었기 때문이다. 정부의 이와 같은 간접광고 규제 때문에 결국 제작사들도 세계시장을 목표로 하는 마케팅보다는 제작비에 맞춘 제작 자체에만 신경을 쓰게 되고, 인터넷과 케이블 TV 등은 콘텐츠의 다양한 메타정보의 활성화를 통한 2차 부가가치창출 보다는 단순 유통에 머무르게 되었다.

만일, 〈겨울연가〉의 욘사마가 드라마에서 늘 즐겨타던 멋진 자동차가 있었고, 이를 인터넷에서 장면별로 다양하게 해설해 놓은 정보가 있었다면, 어떤 현상이 벌어졌을까? 뒤늦게 현대자동차가 배용준을 모델로 일본 시장 진출을 시도했지만, 드라마와 직접 연관이 없는 광고는 그만큼 힘든 마케팅 노력을 요구할 수밖에 없다. 이런 모호한 규제는 TV가 남녀노소 누구나 접근할 수 있는 공공적 성격의 보편적 매체라는 인식에서부터 출발한다.

그러나 실제로 대부분의 지상파 방송은 케이블을 통해 전달되어 이미 지상파가 아닌 상황이 된 지 오래다. 아니면 방송 자체는 규제의 틀을 유지하더라도, 방송이후의 유통과 재생 등 후방시장에서라도 상품화를 다양하게 할 수 있는 여건을 만들어 주어야 한다.

지금도 인터넷에서는 드라마가 끝나자마자 주인공의 패션과 액세서리 등을 묻는 문답이 게시판에 쏟아진다. 해외에서도 그런 궁금증은 마찬가지일 것이다. 그러나 어디에도 그런 상품에 대한 소개와 구매를 제대로 알려주는 통로는 없다. 촬영장소, 배경음악, 각종 소품과 가구 등에 대한 DB도 쌓이지 못하고 있다. 과감한 변화가 있었으면 한다.

―아이뉴스24 칼럼, 〈임문영의 IT 생각〉

Chapter ❿ 문화콘텐츠 마케팅 기획

 본 장에서는 문화콘텐츠와 시장, 콘텐츠 마켓의 현황과 시사점, 문화콘텐츠 마케팅 지식체계, 문화콘텐츠 마케팅 기획 인사이트 등을 이야기 한다.
 문화콘텐츠는 창조경제 시대를 여는 지식 체계이다. 따라서 창조경제 메커니즘의 기본 개념을 이해해야 한다. 프로슈머, UCC, 롱테일 법칙등 창조경제의 트렌드와 패러다임에 따른 시장의 변화의 흐름을 글로벌 콘텐츠마켓과 지식 컨퍼런스를 통해 간파하고 이에 지혜롭게 대응하는 마켓 크리에이티브 인사이트 역량이 강조되고 있다. 또한 이러한 인사이트 역량에 기반하여 지속 가능한 양질의 콘텐츠 창출, 글로벌 시장에서의 마켓 채널 네트워크의 효율적 운영은 문화콘텐츠 마케팅 기획의 핵심이다.
 한편 문화콘텐츠는 특성상 콘텐츠 융합 테크롤로지의 크리에이티브 인사이트와 마켓 트렌드 인사이트의 조화를 요구한다. 오픈 플랫폼 네트워크 기반, 양방향 인터랙티브, 디지털 커뮤니티의 환경에서 사용자들의 보다 적극적인 참여를 통해 양질의 콘텐츠가 고도화되는 환경을 갖추게 된다.
 문화콘텐츠의 시장은 새로운 콘텐츠 비즈니스 모델, 프로젝트와 함께 창출되며, 문화콘텐츠 마켓 창출을 위한 마케팅 기획 역량이 요구된다. 문화콘텐츠는 정책 환경의 트렌드 변화로 인하여 시장의 변화가 민감하게 작동된다. 따라서 정책 환경에 대한 보다 면밀한 분석과 이해가 요구되며, 이는 문화콘텐츠의 마켓 트렌드 인사이트를 확립하는데 매우 중요하다. 때로는 문화콘텐츠 마케팅 기획 역량과 리더십에 의해 정책 환경이 창조적으로 변화하게 하는 경우도 있다.

한편 문화콘텐츠는 시장에서의 투자 리스크가 상존한다. 이는 크게 프로젝트 완성리스크와 흥행리스크로 구분되는데, 이에 대해서는 리스크를 해지해 나가는 전략이 매우 중요하다. 이에 따라 문화콘텐츠 마케팅 기획의 핵심 역량이 발휘되어야 한다. 문화콘텐츠 마케팅 기획에서 또한 중시되는 것은 마케팅 채널 네트워크 역량이다. 양질의 킬러 콘텐츠의 창출과 이의 글로벌 마케팅 역량의 고도화는 글로벌 미디어 콘텐츠 기업의 창출에 있어 핵심 조건이 된다.

1. 문화콘텐츠 마케팅 기획의 의의와 콘텐츠마켓의 현황

1) 문화콘텐츠 마케팅 기획의 의의

문화콘텐츠 마케팅 기획은 콘텐츠 마켓, 미디어, 플랫폼 네트워크 기반에서 콘텐츠 크리에이티브 파이프라인 구축, 프로듀싱 테크놀로지 킬러콘텐츠창출에서 배급에 이르기까지 이루어지는 고객관계 활동이다.

문화콘텐츠 마케팅 기획의 핵심 요소는 시장 변화에 따른 트렌드 인사이트, 시장 리스크 킬러콘텐츠 창출 환경에서의 프로젝트의 완성리스크, 리스크매니지먼트, 투자 리스크 흥행리스크를 관리한다.

문화콘텐츠 마케팅 기획의 미션은 시장에서의 콘텐츠 생산과 수급 조절, 글로벌 배급 채널 네트워크 구축이다. 그 외에도 콘텐츠 서비스 플랫폼 통합 기반, 콘텐츠 중심 정책 체계, 콘텐츠 생태계 가치사슬 클러스터 체계, 오픈 플랫폼과 네트워크 2.0, 콘텐츠 테크놀로지 인사이트, TPS, QPS, 유비쿼터스 콘텐츠 미디어 디바이스 통합 마케팅 등 전략의 수립이다.

문화콘텐츠마케팅 기획에서 프로젝트 관리 단계에서도 적용되는데 시장 세분화, 문화콘텐츠 프로젝트 시장 창출, 유저 온라인 오프라인 연계 베타 테스트 기간을 거친다. 특히 온라인게임의 경우, CBT(Closed beta test), OBT(Open beta test) 프로듀서 프로젝트 개발 단계에서 시장의 반응을 Test Bed 단계에서 확인하고, 서비스 중심 방향, 시장 지향으로 재구성 재창조 한다.

드라마콘텐츠 프로듀싱 단계에서도 문화콘텐츠 마케팅 전략은 적용된다. 온라인 커뮤니티 기반에서 유저의 반응을 체크하고 콘텐츠 스토리와 기획의 흐름을 창출한다. 콘텐츠 플랫폼과 네트워크 통합 트렌드를 인식하는 일 역시 매우 중요하다. 새로운 시장 환경의 변화 트렌드에 대한 동향을 직시하는 일 역시 문화콘텐츠 마케팅 크리에이티브의 핵심 역량이다.

10년 동안의 인터넷 브로드밴드 시장 환경의 변화는 문화콘텐츠 마케팅 기획 역량의 중요성이 강화되는 계기가 되었다. 공유가치와 창조가치의 확대를 통해 전체 산업적으로 순기능도 있었지만, 전반적으로는 불법복제환경으로 산업의 심각한 위축과 침체의 직접적인 요인이 되었다. 이는 부가 판권 시장의 성패를 좌우할 만큼 비중이 커졌으며 중요해졌다.

2) 콘텐츠 마켓의 현황과 시사점

콘텐츠 마켓의 생태계의 변화는 산업구조의 변동, 기업 비즈니스 트렌드의 변화, 융합 미디어 환경에 대한 대응, 글로벌 시장 환경 변화, 개인미디어 환경 변화에 따른 마켓 대응 전략은 문화콘텐츠 전략기획 프로세스에서 중요하다. 문화콘텐츠 시장의 이해 역시 중요하다. 문화콘텐츠 시장의 일반 시장과 차이는 콘텐츠 크리에이티브 파이프라인 체계, 프로덕션 파이프라인, 디스트리뷰션 파이프라인 체계가 트러스트 체계와 통합되며 콘텐츠 생태계 가치사슬, 창조산업 클러스터 기반에서의 글로벌 시장을 지향한다.

이러한 시장을 이해하기 위해서는 우선 콘텐츠 마켓의 현황을 파악해야 한다. 우선 국내 중심의 콘텐츠 마켓의 현황을 살펴보면, 대한민국 콘텐츠 페어가 서울 코엑스에서 2009. 9. 8(화)~12(토) 진행된다. 이는 국제방송 견본시 BCWW와 함께 통합적으로 운영되는 국내 최대 국제 콘텐츠 마켓이다. 서울캐릭터라이선스페어(2009. 7. 22(수)~26(일), 서울코엑스)가 있다. 이는 서울국제만화애니메이션페스티벌(SICAF) 2009와 통합하여 진행된다. 글로벌게임전시회로는 G-STAR 마켓(2009. 11. 26(목)~29(일), 부산 해운대 벡스코)이 있다. 그리고 IPTV 등 융합 미디어 콘텐츠 마켓으로는 부산콘텐츠마켓 전시회(2009. 5. 13(수)~15(금), 부산 해운대 그랜드호텔)가 있다. 그리고 방송엔터테인먼트채용박람회(2009. 6. 26(금)~27(토), 코엑스)가 있으며, 영화 부문으로는 부산국제영화제(2009. 10. 8(목)~10. 16(금), 부산 해운대), 전주국제영화제(2009. 4. 30(목)~5. 8(금), 전주), 부천국제판타스틱영화제(2009. 7. 16(목)~26(일), 부천복사골문화센터) 등이 펼쳐지고 있다. 최근에는 코리아미디어콘텐츠마켓(KMCM 2009)이 코트라와 중소기업청 공동주최(2009. 6. 29(월)~30(화), 서울쉐라톤워커힐)로 진행된 바 있다.

지난 10여 년 동안 진행되어온 문화콘텐츠 관련 마켓 전시회와 지식 컨퍼런스는 많은 노력과 성과를 보여온 것도 사실이다. KMCM 2009 행사의 경우 글로벌 네트워크기반의 미디어 콘텐츠 산업을 시장 중심으로 키워 내겠다는 비전과 의지가 제시된 행사이기도 하였다.

향후에도 이러한 콘텐츠 마켓이 글로벌 네트워크 기반의 통합 마케팅 역량의 지속적인 고도화로 글로벌 마켓에서의 문화콘텐츠의 성장과 비전, 구체적인 가능성을 재고해 나가야 한다. 영국, 독일, 미국, 일본 등 선진국이 산업 혁명의 성취를 국제 규모의 마켓, 박람회를 통해 산업적 성과로 이어 나갔듯이 우리의 경우도 최고의 IT 기반 인프라 위에서 성장 발전해 온 대한민국 디지털 문화, 문명의 성취를 산업적 성과로 이어가기 위해서는 보다 더 국제 규모와 수준의 전시 컨벤션, 박람회가 개최되어야 한다.

창조적인 콘텐츠 마켓의 창출을 통해 관광, 지역 경제, 내수경제를 연계 활성화 시켜 나갈 수 있어야 한다. 지역 창조도시 성장 발전 전략과 연관 산업의 시너지 발전을 도모해 나갈 수 있어야 한다. 이러한 창조적 문화콘텐츠 마켓의 비전을, 콘텐츠 생태계 가치사슬 선순환 기회를 문화콘텐츠마켓에서 창출해 나가는데 있어 문화콘텐츠 마케팅 기획 역량은 반드시 요구되는 필요 역량이라 하겠다. 문화콘텐츠 마케팅 기획역량의 진정한 의의는 크리에이티브 인사이트 역량인데, 이는 전혀 연관성이 없는 듯 보이는 구조에서 의미 구조를 발견하는 크리에이티브 인사이트 역량을 뜻한다. 콘텐츠 크리에이티브 전략 기획 역량은 통시적, 공시적, 거시적, 미시적 시각과 안목, 역량과 경험을 요구하며 고객 접점 니즈의 파악과 서비스 역량, 디테일 전략 및 프로세스 관리 역량, 글로벌 파이프라인 및 커뮤니케이션 역량을 요구한다.

2. 문화콘텐츠와 포지셔닝 전략

문화콘텐츠 산업은 지난 10여 년 동안 창조경제, 창조산업 클러스터의 핵심 섹터로 포지셔닝 해왔다. 그리고 콘텐츠생태계 선 순환 관점, 가치사슬 네트워크 관점, 클러스터 관점으로 인식하게 되면서 지식체계가 확립되었다. 한류의 확대는 우리 스스로도 놀라움을 금치 못하였으며, 선진국의 기존 높은 진입장벽과 문화장벽에도 불구하고 국가 간 경계를 넘어 가치를 창출하면서 고객 마인드에 매우 긍정적 인식을 심어 왔다. 대 고객관계에서도 높은 포지셔닝을 유지해 왔다.

예컨대 드라마 〈겨울연가〉와 주인공 배용준의 긍정적 이미지에서 확립된 높은 포지셔닝은 일본 시장을 중심으로 현재도 유지되고 있으며 국가 브랜드 이미지 재고에도, 기업 브랜드 이미지 재고에도 기여한바 적지 않다. 이러한 문화콘텐츠 포지셔닝 전략이 창출되기까지는, 오랜 세월 동안 문화콘텐츠 지식체계를 확립해 온 과정, 콘텐츠 지식랠리를 집중적으로 전개해 온 과정을 거쳐야만 했다. 문화콘텐츠가 한류의 확산과 산업적 성과를 창출한 과정은 우리 사회의 소중한 경험 자산일 것이다.

이렇듯 포지셔닝은 마케팅 전략 관점에서 잠재고객의 마인드에 자기 자신을 차별화하는 방식으로 정의할 수 있는데, 문화콘텐츠 포지셔닝을 보다 정확히 이해하기 위해서는 역시 1995년과 문화콘텐츠의 관계를 이해할 필요가 있다. 1995년은 전 세계가 www와 WTO 체제로의 편입을 통해 글로벌화, 세계화가 본격적으로 시작되는 해이다. 즉, 우리 사회는 1995년을 기점으로 인터넷 브로드밴드 기반이 급속하게 확산되기 시작하였으며, 나아가 디지털융합이 본격화되면서 대한민국의 경우, 세계화의 물결이 어떤 나라보다도 빠르게 전개되고 격변의 시기를 시작한 해라 하겠다.

지난 미국 클린턴 행정부 시절 '인포메이션 수퍼 하이웨이'를 주창한 엘 고어 부통령이 정작 미국이 아닌 대한민국에서 당신이 구상하였던 정보화의 구체적 비전과 변화, 흐름을 확인하게 되었다고 고백한 바 있으며, 디지털 문화, 디지털 패러다임이 오히려 대한민국에서 보다 활발히 전개되었던 것이다. 즉, 대한민국이 세계에서 가장 빠르게 인터넷 브로드밴드 기반을 구축하였고, 디지털 문화의 다양한 경험을 축적해 왔는데, 이에 대한 디지털 패러다임과 이로 인한 문화의 변동, 변화 현상 디지털융합 환경이 경제, 사회, 문화적으로 전개되어 가면서 창출되는 다양한 경험의 지식체계화가 이루어졌던 것이다. 1990년대 후반에 닥친 국가 IMF 경제위기와 인터넷 벤처 버블, 붕괴라는 위기 상황의 돌파구로 문화콘텐츠를 창안, 개념을 정립하고 이론적 체계를 세워 나가면서 콘텐츠 지식랠리를 전개한 수년간의 창발적 노력이 2000년대 초반 이후 이른바 본격적인 한류 확산에 요구되는 콘텐츠 고도화에 일조하였으며, 문화콘텐츠에 대한 대 고객관계에서 높은 포지셔닝이 확립되는 계기가 되었다.

향후에도 문화콘텐츠가 포지셔닝을 유지해 나가는 일은 매우 중요한데, 이를 위해서는 사실상 오랜 동안 경험과 지식을 축적하여온 콘텐츠 크리에이터와 지식 경험 역량과 네트워크를 구축한 기업이 창조적 역할과 브랜드 포지셔닝 등의 소임을 수행해야 할 것이다. 이제 문화콘텐츠의 포지셔닝은 우리사회를 창조경제 사회, 경험 중시 사회라는 보다 선진화된 사회로 진화·발전시켜 나가도록 하는 데 기여하고 있다.

문화콘텐츠의 포지셔닝 전략은 상품 포지셔닝 전략, 기업 브랜드 포지셔닝 전략, 도시 마케팅 포지셔닝 전략, 국가 브랜드 포지셔닝 전략 등으로 세분화될 수 있다.

문화콘텐츠의 포지셔닝 전략으로서는 시장 환경에서 문화콘텐츠 가치를 창조하는 과정에서 캐릭터 모델링, 스토리텔링, 디자인 아이덴티티, 테크놀로지 인사이트를 적용해 나가는데 대 고객 관계 관리의 포지셔닝 전략에서 일관성을 유지해 나가는 일이 될 것이다. 문화콘텐츠 OSMU 프로세스와 라이선싱 판권 관리에서 장르별 유통배급 환경이 선 순환 체계를 유지할 수 있도록 하는 대 고객 마인드와 관계 서비스 포지셔닝에서의 일관성을 유지하는 것이 가장 중요할 것이다.

이를 위해서는 문화콘텐츠의 창작 기반의 확충이 필요하며, 콘텐츠 제작과 수급 환경을 고려해 나가는 전략적 포지셔닝이 또한 요구된다. 보다 바람직한 포지셔닝 전략은 국제 공동제작 등을 통해 글로벌 시장으로의 확장을 지속적으로 해나가는 일이다. 또한 지역 관광 문화 산업의 자원의 효율적 배분과 내수 경제 활성화를 통해 문화콘텐츠 산업이 지역과 국민 경제에 실질적인 기여를 할 수 있다는 역할 포지셔닝을 통해 문화콘텐츠 프로젝트가 보다 활발하게 전개되고, 지속적인 투자가 이루어지도록함으로써 관련 기업이 성장, 발전하고, 일자리가 확대되는 등 시장에서의 선 순환 체계를 확립하는 일이다.

중소기업과 대기업, 지역 지자체도 선진국의 기존 시장의 진입 장벽과 시장 경쟁 우위를 넘을 수 있는 가장 효과적인 투자 전략이라는 인식의 확대와 문화콘텐츠 포지셔닝을 통해 보다 효과적인 브랜드 커뮤니케이션 전략을 구현해 나갈 수 있다.

3. 문화콘텐츠 마케팅의 지식체계

문화콘텐츠 마케팅의 특성은 콘텐츠 OSMU(원소스 멀티 유즈) 전략 목표의 실현이 플랫폼 네트워크 기반의 기술 진화, 융합 미디어 서비스 형태의 변화에 따라 크게 영향을 받게 된다는 것이다.

이러한 변화 요인과 트렌드에 대한 인사이트 역량은 문화콘텐츠 마케팅의 지식체계에서 매우 중요하다. 이러한 역량과 지식체계 위에 양질의 콘텐츠 창출 전략은 가능할 것이다. 문화콘텐츠 마케팅의 구성요소는 창조경제 패러다임 변화에 따른 특성 변화와 인식 체계에 기반한다. 이는 집단 지성, 집단 창조, 콜레보레이션 협업 체계, 롱테일, 오픈플랫폼, 지식 네트워크, 콘텐츠 생태계 가치사슬, 창조산업 클러스터 체계이며 문화콘텐츠 마케팅 트렌드 인사이트 체계라 하겠다.

글로벌 미디어 기업들도 매체 환경의 특성 변화에 따른 전략 수립과 대응을 하고 있다.

매체 환경의 특성 국경없는 미디어… 빅3의 성공전략

디지털 기술의 발전으로 방송과 통신의 융합이 급속하게 진행되면서 방송과 통신의 경계가 급속히 허물어지고 있다. 해외의 방송 및 통신 사업자는 방통융합 환경에 적극 대응, 방송과 통신을 아우르는 종합 미디어 기업으로 발전하면서 고부가가치를 창출하고 있다. 그러나 한국 미디어 산업은 방통융합 환경에 적합한 법적·제도적 틀이 새롭게 정비되지 않은 상황인 데다 글로벌 미디어 그룹을 상대로 힘겨운 싸움을 벌여야 하는 개방을 앞두고 있다.

이런 상황에서 최시중 방송통신위원장은 5일(현지시각) 미국을 방문, 마이클 콥스 연방통신위원회(FCC) 위원장 대행 만나 주요 현안에 대해 의견을 교환하고, 양 기관 간의 협력강화 방안에 대해 논의했다.

또 9일까지 미국에 머물며 타임워너, 디즈니, CNN과의 면담을 통해 최근의 방송통신 동향과 글로벌 미디어 그룹의 현황 및 발전전략 등을 파악할 예정이다.

■ **글로벌 미디어 그룹 빅3 현황**—글로벌 미디어 그룹은 자신들의 콘텐츠 판매와 유통망 확대를 위해 인수합병 등을 통해 세계 미디어 시장에서 영역을 점차 확대하고 있다. 미국 상무부에 따르면 글로벌 미디어 및 엔터테인먼트 시장은 2008년 1조 7천억 달러 규모에서 2024년 5조 7천억 달러 규모로 성장할 것으로 예상되는 황금 시장이기 때문이다. 이른바 글로벌 미디어 그룹 빅3로는 뉴스 코퍼레이션, 월트 디즈니, 타임워너 등을 꼽을 수 있다.

루퍼트 머독 회장이 이끄는 뉴스코퍼레이션은 미국과 영국, 호주 등에 신문과 방송, 인터넷, 출판사 등을 소유한 초대형 미디어그룹이다. 인수합병을 통해 현재 세계 52개국에 170여개 신문사를 포함, 780여개 미디어 관련 기업을 소유하고 있다. 이 회사는 영상제작, 방송, 케이블, 위성, 잡지 및 광고, 신문, 서적출판 등의 다양한 미디어 분야의 사업을 통해 수익을 얻고 있다. 지난해 329억 9천 600만 달러의 수입을 올렸으며, 그중 영상제작 분야가 20.3%로 가장 큰 수익을 올렸다.

월트 디즈니는 2008년 기준으로 연 수익이 378억 달러에 달하는 세계적인 가족 엔터테인먼트 미디어 그룹이다. 미디어 네트워크, 테마파크와 리조트, 스튜디오 엔터테인먼트, 물품 분야의 4가지 사업을 하고 있다. 4개의 핵심 사업분야 중에서도 미디어 네트워크 분야의 비중이 가장 높다. 2008년도 미디어 네트워크 분야의 수익은 161억 1천 6백만 달러로 그룹 전체 수익의 42.6%를 차지하고 있다. 디즈니는 미키마우스 등의 많은 캐릭터를 토대로 애니메이션 등의 콘텐츠를 확보하고, 브랜드 가치를 인정받고 있으며, 인터넷, 휴대전화, 애플의 아이팟 등 뉴미디어 분야에도 성공적으로 진출했다.

타임워너는 콘텐츠의 생산과 유통, 판매망까지 소유하는 수직 계열화된 글로벌 미디어 커뮤니케이션 복합 기업이다. 우리에게 잘 알려진 주간지 타임, CNN 뉴스, 워너브러더스 영화사를 한 지붕 아래 두고 있어 인쇄와 방송매체 융합의 상징처럼 여겨진다. 지난해에 매출 469만 8천만 달러에 43억 8천 600만 달러의 영업이익을 올렸다. 타임워너의 사업영역은 5개 부문에 걸쳐있다. 인터넷 접속 서비스 등을 제공하는 AOL, 미국 내 1천 100만 가입자(미국 내 2위)에 케이블 방송+인터넷+전화 서비스를 제공하는 타임워너케이블, 워너브러더스 등의 영화제작사, HBO와 CNN 등을 갖춘 터너브로드캐

스팅 방송사, 타임과 포천 등이 그것이다.

▋**미국 미디어 소유규제 현황**─공교롭게도 글로벌 미디어 분야 매출 세계 1~3위는 모두 미국 기업들이다. 2007년 기준으로 뉴스 코퍼레이션의 미디어 부문 매출은 167억 달러다. 타임 워너가 147억 달러, 월트 디즈니가 132억 달러로 그 뒤를 잇고 있다. 미국은 75년부터 신문방송의 교차소유를 원칙적으로 허용하고 있으나 동일 지역 내에서는 금지하고 있다. TV방송국의 A등급 권역 또는 라디오방송국의 주요 서비스 지역이 신문 발행지역과 완전히 겹칠 때에는 일간 신문과 지상파 방송국 동시 소유가 금지된다.

미국의 방송통신 정책 및 규제 기관인 연방통신위원회(FCC)는 2007년 말 동일시장에서 신문방송의 교차소유를 금지하는 현행 규정을 전미 상위 20개 시장구역의 경우에 한해 1개 신문사가 1개의 지상파 TV·라디오 방송국을 소유할 수 있도록 완화하는 내용의 개정안을 통과시켰다. 그러나 지난해 5월 미 의회는 FCC의 개정안을 부결하는 상하원 합동 결의안을 채택했으며 부시 대통령이 이에 대해 비토권을 행사하지 않아 결국 부결됐다. 이밖에 지상파 방송사업자에 대한 외국인 지분 제한선은 20%이지만 1인 지분 제한은 없다.

▋**경쟁력의 원천은 콘텐츠와 몸집 키우기**─세계적인 미디어 빅3 그룹은 공통적으로 콘텐츠 부문이 사업의 핵심축을 이루고 있다. 뉴스코퍼레이션의 핵심 사업은 영화제작과 지상파 및 케이블 채널 운영, 신문사 경영이며, 전송관련 사업은 위성방송(영국의 BskyB)에 제한되어 있다. 타임워너 역시 영화나 방송 콘텐츠 사업의 경우 세계적 시장을 대상으로 제작하고 유통하는 전략을 구사하고 있다.

영화제작과 방송채널(지상파, 케이블) 부문이 그룹의 핵심 사업인 디즈니는 콘텐츠를 전송하는 사업(케이블 SO, 통신사업 등)에는 전혀 진출하지 않은 순수 미디어 그룹을 지향하고 있다. 아울러 이들은 지속적인 인수합병을 통해 미디어 시장의 큰손으로 성장했으며 미디어 콘텐츠들을 엔터테인먼트 위주로 제작해 그룹 운영의 시너지를 창출하고 있는 것으로 평가받고 있다.

─KBI 뉴미디어 지식포럼

문화콘텐츠 마케팅 크리에이티브는 초창기 엔터테인먼트 온라인게임 중심의 비즈니스 환경의 특성을 반영한다.

2000년 대 초반 국내 최대 게임 개발사 중의 하나인 넥슨은 이미 국내에서 최대 동시 접속자 기록을 보유하고 있는 온라인게임 〈크레이지 아케이드 비엔비〉(이하 비엔비)의 중국에서 동시접속자 70만 명을 돌파 세계 신기록을 달성했다.

이를 기념하여 넥슨 중국 파트너사인 상하이 산다 네트워킹 탕쥔(唐駿) 총재는 한 언론사와이 인터뷰 간담회에서, "귀여운 캐릭터와 누구나 쉽게 할 수 있는 게임방식에 한국에서 성공한 부분 유료화라는 좋은 수익모델이 시너지가 되어 이렇게 성공을 할 수 있었다고 보며, 중국에서는 최초로 시도한 유료화 방식이었지만 넥슨의 완성도 높은 게임과 마케팅 노하우로 인해 세계 최대 기록을 달성할 수 있었고 그런 치원에시 김사쌔를 선날하게 되었다"고 말했다.

이렇게 넥슨과 같은 한국 대표 게임기업의 경우 〈바람의 나라〉, 〈비엔비〉, 〈아스가르드〉, 〈일랜시아〉, 〈테일즈위버〉, 〈마비노기〉 등과 같은 완성도 높은 게임을 기획하고 개발하면서 연간 수백억의 매출을 올리는 데에는 수많은 마케팅 노하우와 기술개발, 서비스 운영 경험이 축적된 결과라 하겠다.

즉, 넥슨의 경우 게임 서비스 기술에 마케팅 전략이 융화된 한층 고도화된 고객관리와 서비스의 유지를 위한 게임 기술력의 진화, 발전이라는 성과와 뒷받침이 그 성장 배경이라 하겠다.

예컨대, 넥슨은 멀티유저 그래픽 인터넷 게임 엔진(DOOMVAS)와 같은 서버 운영기술을 개발함으로써 여러 대의 서버를 소프트웨어적으로 연결하여 게임유저수의 증가로 인한 시스템이 과부하를 분산시키고, 유저가 게임을 이용하는 동안 서버 간의 물리적인 단절감을 최대한 느끼지 못하도록 구현하여 많은 사람들이 동시에 여러 서버에 접속하여 게임을 이용하더라도, 게임의 재미가 반감되지 않도록 엔진개발 자체도 마케팅 전략에 입각하여 설계하고 있다.

이러한 게임이 개발 단계별 마케팅 전략과 특징으로는 게임 콘텐츠 기획 및 비즈니스 전략 기획 단계, 게임콘텐츠 스토리 구축 단계, 캐릭터 디자인 기획 단계, 게임시스템 및 캐릭터 시스템 구축 및 프로토타입 개발 단계, 클로즈베타 테스트 운영 단계, 오픈베타 테스트 운영 단계, 마케팅 홍보 프로모션 이벤트 단계, 캐릭터 머천 라이선스 유통 및 배급 단계, 본격 서비스 단계 등에서 나타나는 마케팅 컨셉과 특징을 찾아내고 이의 고객관리 운영 노하우가 축적되면서 이의 해결책을 소프트웨어적으로 가능하도록 찾아내고자 하는 노력과 이의 실현 및 시행착오의 반복된 축적으로 핵심 역량이 고도화된 것이라 하겠다.

게임 콘텐츠 기획 및 비즈니스 전략 기획 단계의 경우 예컨대, 국내의 한정된 시장을 대상으로 보고 게임을 개발할 것인가, 아니면 중국 등 해외 시장을 겨냥하여 콘텐츠 기획을 할 것인가, 게임과 영화 등 해외 공동 프로젝트로 개발할 것인가 등을 자금조달계획과 함께 충분히 고려하고 게임개발 기획을 하면서 이에 관한 마케팅 전략을 함께 수립하는 단계이다. 게임콘텐츠 스토리라인 구축은 캐릭터 디자인, 모델링, 머천 라이선싱, 스토리텔링, 브랜드 구축, OSMU 등 향후 게임콘텐츠 비즈니스의 여러 가능성과 시장 전략 가능성을 고려하여 진행한다.

게임 프로토타입 개발단계는 본격 게임개발에 들어가기 전에 기획 컨셉에 부합한 게임콘텐츠의 기초 시안작업으로서 캐릭터 스타일가이드, 게임 배경 디자인, 게임 운영 환경 기본 형태와 전체 CI를 잡기 시작하는 단계로써, 시장성, 작품성 등 재미와 감동을 주는 성공 가능한 게임콘텐츠로서의 가능성을 초기에 평가하는 단계이다. 이 단계에서 일반적으로 게임개발기획서와 함께 게임 시스템, 캐릭터 시스템 프로토타입 개발 컨셉 역시 목표 타겟 시장과 마케팅 전략에 기반한 철저한 고객 유저의 관점에서 수립되어야 하며 이 단계에서부터 사실상 홈페이지와 커뮤니티등을 통해 보다 충성도 높은 타겟 고객층을 확보하기 위한 다양한 이벤트를 시작하게 된다.

이 단계에서의 핵심 고객으로서 또는 클로즈 베타테스터를 공개 모집하면서 고객관리에 들어가게 되는데 마케팅이론에서 이른바 혁신수용자(기술애호가)들이다. 이는 클로즈 이전 단계부터, 개발자와 게임 개발에 대한 다양한 주제로 이미 교류를 하고 반응하기 시작하는 게임 유저들이라 하겠다.

이들은 게임 개발 컨셉, 시장 트렌드, 경쟁 환경, 개발되는 게임의 구조를 고객의 관점과 입장에서 파악하고 분석하여 타당하고 적절한 의견을 제시하기도 한다. 이들은 또한 비평도 마다하지 않지만 초기 단계의 게임을 시장에서 보다 더 성공하는 게임으로 개발하는데 있어 매우 소중하게 관리되어야 하는 고객이자 이후 성장 단계까지 함께 가야할 마케팅 파트너이기도 하다.

클로즈베타 테스트 단계에서의 핵심 마케팅 전략은 클로즈베타가 본격적인 오픈 베타를 시작하기 전에 일어나는 문제점들과 버그 등을 최소화하여 유저들의 게임 플레이가 원활하도록 하기 위해 실시하는 베타 테스트 기간이므로 예컨대 888명 등 한정된 인원으로 시간제한을 두어 마음대로 플레이 하도록 함으로써 고객 반응을 체크하고 이를 게임개발에 투영하는 마케팅 활동이 되겠다.

이 단계에서부터 보다 적극적으로 고객 데이터베이스를 구축하고 CRM (고객관계 관리)기능을 반영함으로써 게임이 서비스 단계에서 보다 고객 관점에서의 충실한 게임으로 업데이트가 되도록 함으로써 고객 만족을 극대화해야 한다.

온라인게임의 베타 테스트는 게임의 완성도를 높이기 위해, 게이머에게 게임을 선보이면서 제반 게임 진행시 아쉬운 문제점을 체크하고 보완해 나가는 중요한 마케팅 수단으로 자리잡은 지 오래이다.

일종에 고객에게 선보이는 관문이라 하겠다. 일반적으로 클로즈베타 테스트를 2~3차에 걸쳐 진행하는데 오픈 베타 테스트 단계의 경우에는 수차례의 클로즈 베타 테스트를 마치고 본격적인 상용화를 진행하기 이전, 서버를 완전히 오픈하여 누구나 참여하여 무료로 게임을 즐길 수 있도록 서비스를 진행한다.

대외적으로 최대의 마케팅 홍보 효과와 회원 유치, 클로즈 베타 테스트에서 발견된 문제점들을 최종적으로 수정하고 상용화 서비스에서는 문제가 최대한 발생하지 않도록 하기 위해서 실시하는 테스트이다.

이 오픈 베타는 짧게는 몇 개월에서 길게는 1년이 넘게 실시하기도 한다. 대외 광고 홍보 프로모션 이벤트 단계의 경우 게임을 국내 및 해외에 보다 잘 알리고 홍보하기 위한 광고 홍보 프로모션 이벤트를 체계적으로 집중하는 단계이다.

이 부분에서 유념해야 할 점은 온라인게임의 경우 이 단계에서도 개발비용과 운영비, 마케팅 비용등이 추가적으로 발생한다는 점이다. 특히 이 부분은 마케팅 전략 차원의 투자자 IR 커뮤니케이션에서 충분한 이해와 배려가 있어야 하며 유료화 또는 부분 유료화 시행 시점을 정하고 라이선싱 전략과 다양한 OSMU 전략의 구현으로 부가수익의 창출 시기와 자금의 조달 시기 운영시기 등을 또한 고려해야 한다.

또한 이 단계에서 무료화 또는 유료화, 부분유료화 전략에 대한 신중하고도 세심한 검토가 있어야 하는데, 사업은 모든 경우를 상정해야 하므로 다양한 사례와 벤치마킹을 통해 치밀한 마케팅 전략을 추진해야 하며, 유료화 정책도 매우 신중하게 접근하고 어떤 전략이 회원관리에 최선이고 또한 수익모델 확대에 최상인가를 여러 전문가들과 함께 시장 원리에 따라 의사결정을 해나가야 할 것이다.

아울러 게임 산업 전체를 지켜가는 지혜는 업계와 사회가 공감하는 바람직한 수익모델의 정립일 것이다. 또한 게임 산업이 지속적으로 확대 발전하기 위해서는 보다 공정한 경쟁시장 환경을 조성하고 시장을 확대 발전시켜가고자 하는 노력과 게임산업 전체의 생태계의 균형발전이 매우 긴요하고 이를 위한 업계 공동의 노력은 아무리 강조해도 지나치지 않을 것이다.

콘텐츠 크리에이티브 인사이트 역량은 콘텐츠의 시장 리스크를 최소화하면서 투자 수익을 최대화할 핵심 역량이 되겠다.

이러한 단계별 프로세스를 이해하는 것은, 참여 인력, 역할, 역량, 투자, 기대이익, 발생할 수 있는 가능 리스크 등에 대한 사전 기획 단계에서 꼭 필요한 분석 체계이다. 또한 단계별 프로세스상에 예상되는 계약관리 프로세스 체계에 대해서도 이해가 선행되어야 한다. 콘텐츠 매니지먼트 계약관리와 이에 관한 사항에 대해 관계 등을 정립하는 내용에 대해 협의를 우선 집중해야 한다.

콘텐츠로의 계약관리 등에 초점을 맞추면서, 전체 문화콘텐츠 비즈니스 체계에 대한 측면을 종합적으로 고려한 사항이 되어야 한다. 그리고 제반 권리 관계의 획정과 이에 따른 기대되는 가치 창출, 수익 창출과 그 규모 등을 산정하고 이에 대한 역할과 배분 구조를 정리하는 게 타당할 것이다.

콘텐츠 계약관리의 추진 체계와 프로세스에 대해서는 좀 더 세부적인 정립을 통해 그 내용의 평가와 가치 창출, 역할 구분 및 수익의 배분구조가

합리적으로 산출될 수 있을 것이다. 무형의 자산 가치가 중시되는 콘텐츠 비즈니스의 특성상 이러한 리스크 요인이 적지 않은 것이 꼭 고려해야 할 요소인 것이다.

한편 문화콘텐츠 지식체계 확립의 중요한 목적은 콘텐츠 생태계의 선 순환이 실현되기 위해서는 시장에서의 콘텐츠 크리에이터와 전문가들의 창발적 노력과 창조적 역량이 창조경제 시대에 부합하는 창조적인 투자 시스템과 선 순환 될 수 있을 때, 투자 환경에서의 투자의 선 순환체계가 확립될 것이다. 이러한 투자의 선 순환 체계의 정착과 활성화는 시장에서의 창조적인 BM(비즈니스모델)의 창출과 투자 시스템에 의해 좌우될 것이다.

4. 문화콘텐츠 마케팅 기획 인사이트

문화콘텐츠 지식체계는 지속 가능한 글로벌 킬러콘텐츠 창출 체계, 방법론이자, 글로벌 미디어 전략의 요구되는 핵심 지식체계이다. 그리고 지식체계의 비전과 목표는 콘텐츠 창조산업 클러스터 체계의 확립이다. 창조산업 클러스터 체계의 확립을 통해 지역 문화산업을 꽃 피울 수 있다.

창조경제 패러다임에 대한 대응과 콘텐츠 창조산업 클러스터 정책 전략 등 문화콘텐츠 지식체계의 확립은 양질의 일자리 창출과 경제 활성화에 긴요하다. 문화콘텐츠 마케팅 크리에이티브는 문화콘텐츠 마케팅 기획 인사이트 지식체계와 문화콘텐츠 가치사슬 생태계의 기반에서 창출될 가능성이 높다. 명확한 비전과 이정표, 창의적인 전략 대안과 아이디어, 아이템의 창출 역시 가능할 것이다. 콘텐츠 산업은 창조경제, 창조산업 클러스터의 핵심 섹터로 생태계 선 순환 관점, 가치사슬 네트워크 관점, 클러스터 관점으로 인식이 고도화 되었다.

창조경제 패러다임과 문화콘텐츠 크리에이터 비전 체계는

- 문화콘텐츠 산업의 시장 활성화를 위해 콘텐츠 생태계의 선 순환, 창조산업 클러스터 정책 전략 체계 확립
- 콘텐츠 산업의 필요한 정책 우선순위와 크리에이티브 인사이트 체계 확립
- 전국 지역에서, 해외에서 내수경제와 수출경제를 견인할 창의적인 문화콘텐츠 개발 체계의 확립이 이루어져 나가도록 해야 한다.

문화콘텐츠 마케팅 인사이트 체계에서 문화콘텐츠 정책 크리에이티브가 매우 중요한 것은 우리의 산업구조가 창조경제 패러다임이라는 새로운 전환기에 놓여 있고 문화콘텐츠 지식체계가 우리 개개인의 사업에도 크게 영향을 미치고 있으며 정책 크리에이티브도 그 핵심에 있다는 점일 것이다.

콘텐츠 크리에이티브 관계 네트워크, 파이프라인으로 축적된 창조적 콘텐츠 지식 기반은 문화콘텐츠 산업의 시장창출에 매우 중요한 가치이다.

이러한 문화콘텐츠 지식체계 기반 위에서 창조산업 클러스터 체계가 활성화된다면, 우리 경제의 전반적이고도 내실있는 성장과 발전이 있을 것으로 판단된다. 지속 가능한 킬러콘텐츠 창출 역량, 글로벌 시장 개척과 마케팅에 요구되는 전문 역량 역시 그 분야에 집중적으로 고민하고 연구해온 콘텐츠 크리에이터, 전문가의 역량과 역할이 매우 중요할 것이다.

콘텐츠 마케터의 문화콘텐츠 마케팅 기획 인사이트 핵심 역량은 무엇보다 글로벌 경쟁시장 환경의 변동, 트렌드 인식 역량, 국내 및 해외 콘텐츠 정책 및 법 제도 변화에 대응 역량, 콘텐츠 테크놀로지 진화 및 발전으로 인한 시장변동, 콘텐츠 수급 환경의 조절, 틈새 및 차별화 전략 역량, 미디

어 융합 환경에서의 마켓 채널 네트워크, 양질의 킬러콘텐츠 창출에의 기여, 콘텐츠 시장 리스크 매니지먼트 역량 등이다.

일반 제조업과 매우 다른 콘텐츠 산업의 특징은 모방이나 캐치업이 쉽지 않은 창조가치라는 점이다. 시장과 현장에서 축적된 문화콘텐츠 지식체계는 경험 기반의 지식 역량이다. 정책 역량 역시 이러한 경험 기반의 지식 역량을 바탕으로 콘텐츠정책 지원 체계를 콘텐츠 생태계 관점, 가치사슬 관점, 창조산업 클러스터 관점으로 혁신하고 재창조해나가야 한다.

초창기부터 10여 년 동안, 현재까지도 여전히 상존하고 있는 디지털 패러다임의 '정책 리스크-시장 리스크-국가 리스크'의 악순환 고리를 선 순환 체계로 전환시키기 위한 보이지 않는 노력 역시 문화콘텐츠 정책 환경에서의 리스크 관리라고 하는 마케팅 크리에이티브 인사이트에 기반하고 있는 보이지 않는 핵심 가치로 재평가, 재인식 되어야 한다. 그래야 보다 정확히 시장 기반의 창의적인 정책 기획과 대안이 도출될 수 있고, 문화콘텐츠 정책 크리에이티브와 시장의 문화콘텐츠 마케팅 인사이트 체계에서 연계 고리가 만나게 될 것이다.

필자는 이러한 과정에서 형성되고 축적된 다학제적 지식 네트워크가 바로 네트워크 2.0에서 문화콘텐츠 지식체계를 확립하도록 하는 지식 인프라가 되었다고 생각한다. 그동안의 노력이 시장에서부터 공감대가 형성, 확산되고, 대학에도 적지 않게 인식 기반이 확대되었다. 정부 정책으로도 적극 수용되었으며, 한류의 본격 확산에도 기여하였다. 이를 통해 예산과 재정의 운용 체계가 산업의 생태계의 선 순환, 시장 메커니즘에서의 선 순환 발전이라는 기대 성과가 예상된다. 한편 대학을 중심으로 문화콘텐츠학이 확산되어 왔으며, 문화콘텐츠 대학원 개설 등이 확대되고 있다. 또 이러한 대학을 중심으로 중국 등 해외 유학생들이 급증하고 있다. 이렇듯, 짧은 시간임에도 우리 사회에 문화콘텐츠에 대한 인식이 그 저변에서 부터 확대되고 뿌리를 내리고 있다는 점은 매우 중요한 시사점이라 할 것이다.

지역경제를 활성화시킬 수 있는 대안으로서도 지역문화산업과 문화콘텐츠개발 전략이 매우 유효하지만, 이를 추동시키고 성장시킬 중요한 기반으로서, 창조적이고도 실용적인 비즈니스 환경 체계로서 창조산업 클러스터 체계에 대해 전반적이고도 종합적인 재평가와 전략 체계의 재정립이다. 콘텐츠 서비스 플랫폼 체계와 통합 브랜드 체계의 확립은 콘텐츠 창조기업, 중소기업, 투자자들에게 효율적인 비즈니스 환경, 투자 환경, 글로벌 시장에서의 사업 환경, 서비스 환경을 제공하고자 하는 데에 목적과 가치를 두고 있다.

그동안의 경험과 사례를 볼 때, 아무리 취지가 좋아도 콘텐츠 생태계와 가치사슬, 클러스터 기반에서 웹 2.0, 미디어 2.0, 네트워크 2.0, 환경과 정책 2.0, 교육 2.0이 함께 콘텐츠 크리에이티브 파이프라인으로 구축되지 않으면 소기의 성과를 거두기가 쉽지 않은 것이다. 이는 융합과 창조경제시대 패러다임으로의 변화, 시장 환경의 변화에 그 원인이 있다.

우리는 지난 세월동안 디지털 융합과 창조경제시대를 경험해 왔다. 이러한 창조경제의 중심이 문화콘텐츠 창조섹터이고 이러한 창조섹터의 핵심 기반이 콘텐츠와 미디어 산업임을 지속적으로 강조하여 왔다. 콘텐츠 창조산업은 창조 기업과 산업의 성장과 자생력을 확보하는 전제 조건이 생태계 가치사슬 선 순환, 클러스터 체계라는 인프라 기반 위에서 가능하며, 여기에서 KFS(Key Factor of Success)는 콘텐츠 크리에이티브 인사이트 역량이다.

그리고 결국 이는 콘텐츠 크리에이터라는 사람의 문제로 귀결되며, 따라서 이를 실현하기 위한 콘텐츠 크리에이터의 창발성과 역량을 발굴하고 이들에게 다양한 기회를 제공하고 현장에서의 지식과 경험을 지속적으로 축

·적해 나가도록 하는 정책 지원 시스템과 투자, 매니지먼트 시스템에 대한 발상의 전환이 절실히 필요한 시점이다. 그리고 디지털 융합과 창조경제 패러다임, 한류 문화콘텐츠 산업 환경으로의 변화는 결국 글로벌 트렌드가 되었으며 거스를 수 없는 대세가 되었다.

콘텐츠 크리에이터들이 창조하는 문화콘텐츠 프로젝트와 비즈니스 모델이 시장에서 콘텐츠 생태계의 선 순환을 이루면서 활발하게 창출되도록 하며, 이를 통해 창조적 인재들이 지속적으로 배양되는 토양을 만들어 내도록 해야 한다. 이에 콘텐츠 크리에이티브 가치사슬 지식 네트워크, 글로벌 콘텐츠 크리에이티브 파이프라인을 구축하는 핵심 역량이 문화콘텐츠 마케팅 인사이트의 핵심이며, 콘텐츠 크리에이터의 창조경제 패러다임 환경에서의 마켓 크리에이티브 인사이트 체계라 하겠다.

참고문헌

___단행본

고정민, 『문화콘텐츠경영전략』, 커뮤니케이션북스, 2007.
김유리, 『문화콘텐츠 마케팅』, 한국문화사, 2006.
명운화, 『바츠히스토리아』, 새움, 2008.
이인화, 『한국형 디지털스토리텔링』, 살림, 2005.
조동성·김보영, 『디자인 혁명』, 한스미디어, 2006.
최승호, 『전략 기획에센스』, 새로운제안, 2005.
허정아, 『디지털시대의 문화콘텐츠기획』, 연세대학교 출판부, 2005.
앨빈토플러·하이디토플러, 『부의 미래』, 김중웅 역, 청림출판, 2006.
잭 트라우트 & 알 리스, 『포지셔닝』, 안진환 옮김, 을유문화사, 2005.
조앤 마그레타, 경영이란 무엇인가, 김영사, 2006.
짐콜린스, 『좋은기업을 넘어 위대한 기업으로』, 김영사, 2006.
톰 피터스, 『미래를 경영하라』, 정성묵 역, 21세기 북스, 2006.
필립 코틀러, 『마케팅을 말하다』, 비즈니스북스, 2005.
필립코틀러, 『마케팅리더쉽』, 세종서적, 2003.

___보고서

2009 서울저작권포럼, 문화체육관광부, 저작권위원회, 2009. 6. 4.
KMCM 2009 코리아미디어 & 콘텐츠마켓, 중소기업청, 코트라, 2009. 6. 29~30.
고정민, 한국문화산업발전방안, 삼성경제연구소, 전경련 신성장동력포럼, 2008. 3. 11.
김기덕, 문화콘텐츠 융합교육의 현황과 방향, 건국대, 중앙대 문화콘텐츠기술연구원, 2008. 2. 21.
디지털시대 표현의 자유, 방송통신위원회, 주한 영국대사관, 문화체육관광부, 2009. 7. 3.
문화콘텐츠의 창의성, 미디어창의성 연속기획 세미나, 한국언론학회, 2009. 1. 16.
박기수, 문화콘텐츠 융합교육의 현황과 방향, 한양대, 중앙대 문화콘텐츠기술연구원, 2008. 2. 21.
유네스코 창의도시 네트워크 포럼, 유네스코한국위원회, 문화체육관광부, 2009. 7. 16.
윤호진·이동훈, 미디어 융합에 따른 콘텐츠 산업 분석 및 공공문화콘텐츠 활성화 방안, KBI 보고서, 2008.
이원형·전충헌, 새 정부의 문화콘텐츠 정책과 방향, 중앙대 문화콘텐츠기술연구원, 2008. 5.
전국 문화산업 정책 워크숍, 문화체육관광부, 시도 문화산업 관계관 회의, 2008. 3. 27.
전충헌, 환·황해권 개발 리더 양성 아카데미 중국 상해 포동지구 현장 사례연구, 전라북도 창조경영, 2007. 11. 21~23.
정경원, 디자인산업발전전략, KAIST, 전경련 신성장동력포럼, 2008. 3. 11.

__기사
Inews24, 「임문영의 IT 생각」, 2009. 7.
inews24, 「존 챔버스 시스코 CEO 경쟁보다 시장 변화에 주목」, 2008. 4. 15.
게임스팟코리아, 「온라인게임과 만화의 궁합」, 2009. 6. 30.
뉴시스, 「해리 포터와 혼혈왕자」, 2009. 7. 20.
데일리 노컷뉴스, 「짝퉁 뮤 등장」, 2009. 7.
전자신문 ET단상, 「UCC 핵심가치와 융합모델」, 2008. 3. 6.
조선닷컴 위클리비즈, 「미래는 예술적 독창성에서 판가름」, 2009. 7. 3.
한국경제신문, 「스토리강국을 만들자」, 2009. 5.

__웹사이트
한국콘텐츠진흥원 www.kocca.or.kr
전충헌의 콘텐츠 코리아 칼럼 contentskorea.or.kr
미디어가이드 지식포럼 www.mediaguide.or.kr
서울캐릭터라이선싱페어 2009 www.characterfair.kr
한국미디어콘텐츠마켓 2009 kmcm.kotra.or.kr
코리아디지털컨텐츠 www.kodic.com
코리아디지털콘텐츠연합
연세대 미디어아트연구소 ima.yonsei.ac.kr
인문콘텐츠학회 humancontents.or.kr